TRANSVERSÕES:
ENSAIOS DE FILOSOFIA & PEDAGOGIA POP

CHARLES FEITOSA

UNIRIO

POP LAB
Estudos em FILOSOFIA POP

UNIRIO
Universidade Federal do Estado do Rio de Janeiro
Programa de Pós-Graduação em Artes Cênicas

Este livro foi financiado com bolsa de produtividade em pesquisa (PPQ-UNIRIO) e com verba PROAP/PPGAC-UNIRIO.

Para Renata, Tales, Valentim, Ninja e Tigresa.

AGRADECIMENTOS

Aos meus amigos e parceiros de transversões, nas artes, na filosofia e na vida, meu carinho e minha gratidão, em lista extensa, mas incompleta: Ana Izabel Aguiar, Mónica Alarcón (*in memoriam*), Nilton dos Anjos, Fabíola Araújo, Marinete Araújo, Miguel de Barrenechea, Bruno Beltrão, Luiz Bicca, Gerd Bornheim (*in memoriam*), Camila Croce, Angela Donini, Izabella Faya, Renato Ferracini, Gilvan Fogel, Tiago Fortes, Roberto Gomes, Ute Guzzoni, Rafael Haddock-Lobo, Sheila Kaplan, Eugenio Lacerda, Zeca Ligiéro, Daniel Lins, Marcos Lopes, Luciana Lucena, Julio Ludemir, Susanne Luedtke, Roberto Machado (*in memoriam*), Tetê Mattos, Antonio Menezes, Jair Miranda, Edélcio Mostaço, Renato Nogueira, Eduardo Nunes, Frédéric Pagès, Aline Pais (*in memoriam*), Desirée Pessoa, Diana Pichinine, Olímpio Pimenta, Paulo Pinheiro, Ecio Pisetta, Maria Alice Poppe, Maria Rejane Reinaldo, Renato Rezende, Monica Rodrigues, Henrique Saidel, Ecio Salles (*in memoriam*), Rosa Sanjuan, Bianca Scliar, Joel Shapiro, Silvia Soter, Rosana Suarez, Vanessa Teixeira, Marcia Tiburi, Paola Vasconcelos, Ana Wegner, Valéria Wilke, Bat Zavareze, François Zourabichvili (*in memoriam*). Agradeço também a cada um dos meus estudantes nesses cerca de 20 anos de experimentações. A escuta atenta das valiosas contribuições de tantas vozes singulares dá o tom deste livro.

APRESENTAÇÃO

É de alegria urgente a obra que agora se apresenta. Presente em duplo viés: como experimentações do e para o pensamento num tempo de fluidez, para muitos, assustadora; mas também como oferta que dispõe e se dispõe para o olhar. Um presente para o presente. O autor como buscador, e a partir dos cenários que, a uma só vez, percorre e recria, no interesse de propor conexões, se deixa levar a encruzilhadas improváveis. Como não se percebe a partir de paralelos, dos quais se diz que no infinito se encontram, são os cruzamentos que lhe interessam, como os das ruas que se atravessam, forjando as esquinas. O pop é corte e cio: vã é a filosofia que se isola. Pop é a filosofia que se lança. Assim, sem pretender o alvo, mas tornando alvo aquilo que alcança.

A multiplicidade de interesses numa mistura entranhada de temas e signos, imagens e conceitos, quase receando objetificar o que absorve ao observar ou observa ao absorver, traz consigo não mais (ou somente) uma filosofia contemplativa ou espantada, mas também combatente. Paradoxalmente, paira um agito, similar àquele gerado pelo alquimista na tentativa de junção de elementos que até então não foram aproximados. Não pelo medo da incompreensão pelos pares, já que as experimentações não temem o improvável, mas se alimentam justamente daquilo que não se prova; o alquimista se agita justo por tentar aproximar aquilo que outros separaram ou discerniram.

Neste sentido, o que se apresenta é uma compilação de textos pulsantes que reformula, e a seu modo repropõe, o par ensaio e erro, no cortante e cioso: ensaio é errância. E talvez não seja mera coincidência que o primeiro ensaio já nos indique um percurso esburacado (em meio às esquinas).

Nilton dos Anjos
Doutor em Ciência da Literatura, e atualmente Decano do Centro de Ciências Humanas e Sociais (CCH) da UNIRIO.

NOTA INTRODUTÓRIA: TRANSVERSÕES

SOBRE O TÍTULO *Transverter* é um neologismo inspirado na ambiguidade do prefixo "trans", que indica tanto um movimento de "ir além" como de "ser atravessado por". A cultura, tal qual a conhecemos no Ocidente, tem se pautado por diversas dicotomias hierárquicas de valores, tais como ser x devir, mente x corpo, sujeito x objeto, mesmo x outro, indivíduo x sociedade, homem x animal, masculino x feminino etc. Essas dicotomias costumam se apresentar na forma de "versões" ou de "inversões". Chamo de *versões* as hierarquias binárias mais tradicionais, aquelas que costumam privilegiar o idêntico em detrimento do diferente, do tipo "o belo é superior ao feio" ou "a razão é mais confiável do que os afetos". *Inversões*, por outro lado, representam as diversas tentativas históricas de superar essas hierarquias tradicionais pela reação ou reversão dos polos. Inversões carregam consigo o potencial de desestabilização das hierarquias, tal como quando se defende que "a moda agora é o feio e não mais o belo" ou que "devemos nos guiar pelo coração e não pela razão". As *inversões* comportam, por outro lado, o risco de prolongar e até mesmo de aprofundar as dicotomias hierárquicas ao se fixar no gesto reativo de mera defesa dos contrários, quando por exemplo se absolutiza a feiura ou os sentimentos em detrimento da beleza ou da racionalidade. A meu ver, o movimento pendular de versões e inversões, que caracteriza uma certa tendência do pensamento moderno, determina previamente o horizonte da cultura, criando muitas vezes dilemas existenciais, estéticos e políticos impossíveis de serem resolvidos. A *filosofia pop*, alinhada às pesquisas contemporâneas, evita solucionar as tensões e impasses da atualidade através de meras reversões ou de sínteses reconciliadoras. A *filosofia pop* tem como projeto propor *transversões* dos binarismos e das hierarquias, ou seja, estratégias de pensar/agir/sentir/imaginar capazes de desconstruir, tanto na vida acadêmica quanto cotidiana, o caráter essencializante das noções de "humano", de "disciplina" e de "cultura", que continuam a nortear, ainda que implicitamente, nossos discursos, nossas práticas e, principalmente, nossas instituições. A *filosofia pop* busca abrir e ocupar um espaço de liberdade para ser ocupado por experimentações, que não apenas respeitam a complexidade, a diversidade e pluralidade dos saberes, como também se deixam atravessar ou se hibridizar por essas diferenças, de forma impura e fecunda.

SOBRE O LIVRO Em rememoração e, principalmente, comemoração dos cerca de 20 anos da publicação do meu artigo "O que é isto – filosofia pop?" (2001), completados em plena quarentena, no ano de 2021, resolvi selecionar uma pequena coletânea de textos sobre o tema. Alguns são inéditos, em sua maioria escritos em 2022. Alguns já foram publicados em versão digital, outros já foram impressos, mas são de difícil acesso, a não ser em sebos e bibliotecas. As versões aqui reunidas foram ligeiramente corrigidas e expandidas [*as notas de rodapé em itálicos são acréscimos*] a partir de artigos e ensaios publicados esparsamente em revistas acadêmicas, anais de congresso, jornais, sites de cultura etc.

O critério de apresentação segue o fio condutor de expor momentos de idas e vindas entre um projeto de filosofia pop e um mais amplo, de pedagogia pop. Ou seja, a partir da minha experiência de fazer e ensinar filosofia em um modo mais acessível sem perder a densidade inerente aos conceitos, rumo a uma proposição mais radical, que eu chamo provisoriamente de "pedagogia pop", quer dizer: a potência de fazer e ensinar qualquer ciência ou arte de modo leve e ao mesmo tempo rigoroso, combinando conteúdos canônicos com saberes cotidianos e/ou oriundos da cultura de massa.

A seleção dos textos é marcada por critérios afetivos, temáticos e cronológicos, mas não abrange a totalidade da produção no período. Trata-se de um recorte marcado tanto por lacunas, como por repetições, e algumas vezes até por contradições. Quando se rememora etapas da trajetória acadêmica costuma-se na verdade silenciar sobre os acasos e as contingências, os encontros e desencontros fortuitos, as instabilidades existenciais e as influências imprevistas, enfim, sobre o papel imponderável mesmo do corpo e dos afetos na constituição do *corpus* (a obra) do autor. Isso sem falar do tom predominantemente épico, como se tudo fossem acertos e vitórias, muitas vezes escondendo o caráter tragicômico das angústias de quem, à época, não tinha a menor ideia de para onde esses ensaios de pensamento iriam se encaminhar. Não se trata, portanto, de um caminho linear, ascensional e ininterrupto, mas muito mais uma série heterogênea de quedas e errâncias. Por fim, o objetivo da presente seleção não é o de sistematizar uma metodologia de ensino para ser replicada mecanicamente nas áreas de filosofia e pedagogia, mas apenas de recolher em um mapa as experimentações dessas duas décadas. Quiçá possam servir de inspiração para outras e melhores iniciativas de divulgação das artes, das ciências e da filosofia no futuro.

BURACOS NA FILOSOFIA [2022]

Como os buracos funcionam? **Ana Martins Marques (poetisa brasileira, 1977-).**

THERE'S THE BALL! Durante minha graduação, nos anos 80, diversas vezes fui interpelado por parentes, amigos e professores com a pergunta "para que serve isso?". Uma cena que parece traduzir a suposta ineficácia da filosofia frente à ciência encontra-se no famoso filme *Monty Python ao vivo no Hollywood Bowl* [*Monty Python Live at the Hollywood Bowl*]. O grupo britânico de humor, que atuou entre 1969 e 2014, misturou nesse filme específico trechos de uma apresentação ao vivo em 1980, no famoso anfiteatro de Los Angeles/Califórnia, com sequências oriundas de especiais realizados para a TV alemã na década de 70, o *Monty Python's Fliegender Zirkus* [*O circo voador do Monty Python*]. Bem no estilo do grupo há diversas alusões intelectuais, especialmente direcionadas contra a filosofia, evidenciando a formação acadêmica (em Cambridge e Oxford) de vários dos integrantes.

O esquete em questão se chamava no original *International Philosophy* e é facilmente acessível pelas plataformas de conteúdo da internet. Foi filmado em um estádio de Munique/Alemanha, reunindo duas seleções de filósofos, os gregos *versus* os alemães. Era uma ideia realmente hilária: a Grécia e a Alemanha foram de fato, ainda que em diferentes épocas, celeiros privilegiados de célebres pensadores. O Brasil da década de 80, ao contrário, era visto como uma potência do futebol, mas não da filosofia. Colocar filósofos gregos para jogar futebol com filósofos alemães era uma estratégia no mínimo inusitada. Conforme uma entrevista de Terry Jones (1942-2020), um dos líderes do grupo, a proposta do esquete era a de promover um choque de opostos: corpo x mente, prática x teoria; concreto x abstrato; coletivo x individual[1].

---

1 Conforme artigo do filósofo Julien Baggini, "Who's the Thinker in the White?",

Esse texto foi pensado como um ensaio de apresentação do presente livro. Agradeço imensamente à amiga filósofa Fabíola Araújo pelas valiosas sugestões.

 ▲ Cena do *Futebol dos filósofos*, Monty Python (1982), (reprodução da internet).

De um lado Hegel, Kant, Leibniz, entre outros, todos trajados conforme suas respectivas épocas. Nota-se a presença de Franz Beckenbauer (1945-) no time dos alemães e a voz do comentador da partida (Michael Palin) ressalta que é uma surpresa. De fato, o que faz Beckenbauer, capitão da vitoriosa seleção alemã de 1974, em um time dos filósofos? Do outro lado surgem Sócrates, Platão, Aristóteles etc., em suas indefectíveis togas brancas. O narrador comenta então que a inclusão de Arquimedes no time grego é inesperada. Esse é de fato um detalhe inquietante. Arquimedes de Siracusa (287-212 a.C.) era sabidamente matemático e astrônomo, mas isso por si só não era uma característica exclusiva, pois quase todos os filósofos antigos se interessavam também por física, matemática, astronomia, medicina, zoologia e até botânica, evidenciando uma concepção ainda não especializada e estanque dos saberes. Por que então Arquimedes, descrito também como filósofo na maioria das biografias, destoa do resto do time? Será pelo fato dele ter antecipado em mais de mil e quinhentos anos aquelas experimentações práticas e aqueles dispositivos técnico-mecânicos, que só se tornariam paradigmáticos a partir do século XVI? Talvez. Na época em que Arquimedes vivia, a principal forma de conhecer o mundo ainda era a da dedução contemplativa, que não dependia ainda de instrumentos que fortalecessem a visão do micro ou do macro, mas apenas do uso adequado da razão e da lógica.

Após a apresentação das duas equipes entram em campo o trio de arbitragem, composto por Agostinho e Tomás de Aquino, filósofos tradicionalmente oriundos de matrizes religiosas, e Confúcio, um nome que não costuma nem ser mencionado nos cursos mais tradicionais de história da filosofia. Tudo se passa como se somente os santos fossem capazes de imparcialidade diante das pressões políticas ou econômicas durante a partida. Mas a piada principal do esquete se desvela quando o juiz anuncia o início da partida e os jogadores dos dois times, ao invés de buscar a bola, começam a andar de um

---

publicado em 28 de abril de 2010 no jornal *The Guardian*: https://www.theguardian.com/theguardian/2010/apr/28/monty-python-philosophers-football-match.

lado para outro, alguns em círculo, a maioria com os rostos marcados pela concentração e pela seriedade. Algumas duplas ou trios se formam em acalorada discussão, mas ninguém se interessa em chutar qualquer coisa para desespero do narrador. Quando a câmera foca na a redonda esquecida no meio do campo, ele grita: "*There's the ball, there's the ball!*" [em tradução livre: Olha lá a bola, olha lá a bola!].

EUREKA Na segunda parte do *match* a situação se agrava: Nietzsche, o *enfant terrible* da filosofia, discute com o juiz e recebe cartão amarelo. O técnico alemão Martinho Lutero faz uma substituição de Wittgenstein, pai da filosofia analítica, por Karl Marx, aquele que disse nas famosas "Teses sobre Feuerbach" (1845), que a filosofia até então estava muito ocupada em interpretar o mundo de diferentes maneiras, mas era finalmente chegada a hora de transformá-lo. Em uma ironia injusta com as teorias sociais modernas, Monty Python sugere que tudo continua como dantes, para a decepção do locutor e da torcida, mesmo com a entrada de um animado Marx. A partida parecia rumar para um empate sem gols até que Arquimedes, aquele mesmo cuja inclusão foi anunciada como uma surpresa no time dos gregos, parece ter uma ideia, grita *eureka* e toca finalmente na bola. Diante dos alemães atônitos, os jogadores gregos trocam passes e o capitão do time, Sócrates, faz o gol da vitória. Sempre fico pensando que se foi um gol de cabeça, é um detalhe que provavelmente deve ter também alguma significação oculta na paródia. Os alemães ainda tentam refutar o gol com argumentos éticos, epistemológicos e ontológicos. Marx é o único a apelar para uma regra existente no futebol, ao reclamar de impedimento, infração que inclusive pode ser constatada pelo ângulo da reprise na segunda câmera, mas o gol é confirmado pelo trio de arbitragem e a Grécia vence o campeonato.

Percebe-se que o intuito da paródia do Monty Python é jogar com a oposição entre a utilidade da ciência x inutilidade da filosofia, especialmente ao valorizar a famosa exclamação *eureka* ["encontrei"] atribuída à Arquimedes de Siracusa, por ter resolvido o desafio de medir a densidade da coroa do rei Hierão. A filosofia, ao contrário, parece ter um problema para cada solução. A problematização que a filosofia traz não costuma ser vista como a condição necessária para a busca de outras e melhores soluções, mas apenas como um incômodo improdutivo. Tal perspectiva simplificadora é a mesma que guia os atuais cortes de horas-aula das áreas de humanas nas matrizes curriculares do ensino médio e superior do país, substituindo-as por disciplinas aparentemente mais "úteis" como "projeto de vida" e "matemática financeira". Minha impressão é de que, por mais inusitada, a brincadeira do Monty Python é um remix de uma anedota muito antiga, tem mais de dois mil e quinhentos anos. Não estou me referindo às famosas e clássicas paródias de Aristófanes, mas à anedota arcaica. Junto com o pretenso primeiro pensador surgiu já a primeira pilhéria sobre a filosofia e ainda uma indicação sobre o primeiro buraco da sua história.

A QUEDA DO MITO Para mim, a grande surpresa do futebol dos filósofos é que Tales não tenha sido listado, nem como titular, nem como reserva, pelos roteiristas do Monty Python. Tales de Mileto é considerado pelos manuais de filosofia como a primeira voz a divergir das explicações mitológicas do mundo. *Mythos* quer dizer literalmente "narrativa", é uma história que descreve uma ação. Na filosofia, designa uma forma específica de explicar a realidade, mais especificamente, uma narrativa que explica as coisas através de seu começo (*gênesis*), na maioria dos casos, da ordem do sobrenatural[2]. Toda introdução à filosofia começa contando da queda do *mythos*, ou seja, da gradual transição das explicações fantasiosas e imaginativas para as explicações racionais e argumentativas, fundamentadas em algum princípio unificador e universalizante (em grego: *arché*). Curiosamente, a

2 O uso atual e corriqueiro da palavra "mito", especialmente no futebol e na política, aponta para um sentido diferente, o de "modelo" e "exemplo", mas a noção de algo ilusório e mentiroso continua vigorando implicitamente na atualidade, como por exemplo, no título da famosa série australiana da Discovery TV, em que dois especialistas em efeitos especiais vão destruindo, na perspectiva da metodologia científica, diversas lendas e superstições urbanas: os *Mythbusters*, literalmente, os detonadores de mitos. Nesse sentido específico, a filosofia foi o *Mythbuster* original.

narrativa oficial sobre o começo da filosofia, na passagem do *mythos* ao *logos*, também contém um *mythos*. O discurso oficial que narra a origem da filosofia diz que ela começou na Grécia no século VII a.C., como uma espécie de milagre abrupto, como se não houvesse contextos precedentes, como se não tivessem ocorrido reformulações de materiais prévios ou intercâmbios com outras culturas, seja da China, do Egito, da Babilônia etc. Faz parte também dessa narrativa mágica da origem da filosofia a crença de que foi Tales de Mileto (625/4-545 a.C.) um dos primeiros, senão o primeiro de todos, a inaugurar essa nova forma de pensar. Com Tales os mitos começam a cair do seu pedestal, enquanto formas mais eficientes de explicar a realidade. Em seu lugar ergue-se a filosofia e, mais tarde, a ciência moderna.

Foi Aristóteles quem eternizou a afirmação antimito e pró-racionalidade de Tales ao afirmar que o princípio de tudo é a água (*Metafísica*, I.3., 983b20–984a7). É bem verdade que a conexão entre "água" e "todo" soa aos ouvidos contemporâneos tão fantasiosa como os próprios mitos, mas foi considerada oficialmente o grito de independência em relação às teorias dominantes da época, excessivamente marcadas pela imaginação. Nas *Lições sobre história da filosofia* (1805-1831), Hegel reitera em tom triunfante que, através da sentença de Tales, "a filosofia começa, porque através dela se chega à consciência de que o um é a essência, o verdadeiro, o 'único que é em si e para si'" (HEGEL, 1986, p. 203).

Se Hegel tiver razão ao afirmar que a história da filosofia nos apresenta à "galeria dos heróis da razão pensante" [*die Galerie der Heroen der denkenden Vernunft*] (HEGEL, op. cit, p. 20), então Tales aparece como uma espécie de Aquaman da antiguidade, aquele que com o poder da água fez desabar os mitos e instituiu uma nova forma de pensar. Embora Hegel até soubesse que Tales tinha estado no Egito, ele minimiza a indicação de que o verdadeiro berço da filosofia estaria na África, e não na Grécia. Segundo Hegel, Tales teria apenas "aprendido geometria" (ibid., p. 195) no Egito[3]. Na perspectiva

3 Sobre a exclusão da África na história da filosofia de Kant e Hegel, ver o extraordinário livro, ainda sem tradução no Brasil, de Peter K. J. Park: *Africa, Asia,*

dialética, a sentença de Tales constitui a primeira *Aufhebung* [o célebre movimento tríplice de negação, conservação e elevação] da história da filosofia: remove "a imaginação selvagem, infinitamente colorida de Homero" e ao mesmo tempo promove o primeiro degrau da escalada da razão, a saber, a intuição, ainda simples, mas pelo menos já livre de qualquer fantasia, do "pensamento de que apenas um é" (ibid., p. 204).

Em contraste, Nietzsche é bem mais cuidadoso. No terceiro parágrafo da sua *Filosofia na época trágica dos gregos* (1873), o jovem Nietzsche se refere a Tales apenas como o "começo" da "filosofia grega", mas não da filosofia em geral. Ao contrário de Hegel e de toda a tradição, Nietzsche não reconhece uma origem pura da filosofia entre os helenos, mas elogia sua capacidade de degustar e remixar outras culturas: "Nada é mais tolo do que atribuir aos gregos uma cultura autóctone, ao contrário, eles sorveram toda a cultura viva de outros povos e, se foram tão longe, é precisamente porque sabiam retomar a lança onde um outro povo a deixou, para arremessá-la mais longe" (NIETZSCHE, 1986, I, p. 806). A famosa antropofagia cultural oswaldiana não é um privilégio do modernismo brasileiro, mas faz parte, para Nietzsche, da história de todos os povos, em maior ou menor grau, mas sempre de forma estrutural.

Além disso, embora Nietzsche reconheça a força do pensamento "tudo é um", contido na afirmação "a água é a matriz de todas as coisas", não a poupa de suas marteladas críticas ao descrevê-la como uma "monstruosa generalização" [*ungeheure Verlallgemeinung*] e como um procedimento de "violência tirânica" [*gewaltherrisch*] contra toda a empiria (ibid., p. 813). É interessante observar que o verbo mais usado por Nietzsche para descrever a contribuição de Tales na história da filosofia é "saltar" [*springen*]: o primeiro filósofo grego não teria superado [*überwunden*], mas apenas saltado sobre [*übersprungen*] as "parcas observações da natureza da sua época" (ibid.). Tales, assim como a filosofia em geral, tem,

---

and the History of Philosophy: Racism in the Formation of the Philosophical Canon, 1780–1830, publicado em 2013.

segundo Nietzsche, a tendência de "transpor as cercas da experiência" [*über die Hecken der Enfarhung hinweg*], de "saltar para adiante" [*vorausspringen*], mobilizado por pés alados.

O MITO DA QUEDA Quem salta, sempre corre risco de tombar. A filosofia começou com a queda do mito. Mas a narrativa de origem da filosofia é também a história da queda do primeiro filósofo. Eu gosto de imaginar que foi essa famosa anedota sobre o alheamento da realidade decorrente do pensamento que provavelmente inspirou o esquete do Monty Python, embora o grupo de humor britânico pareça aí se pautar por uma antiga tradição, nunca explicitada, mas típica dos próprios autores clássicos da filosofia, aquela de nunca mencionar suas principais fontes de inspiração.

Sobre a vida pessoal de Tales pairam mais dúvidas do que certezas: se seus pais eram gregos ou fenícios; se era de família nobre ou de migrantes; se viveu como celibatário ou se casou e teve filhos. Ao contrário do que a historiografia tradicional faz crer, o suposto primeiro filósofo do suposto milagre grego não tinha nada de puro, era um habitante das fronteiras, tanto entre ocidente e oriente, como entre Europa e África. Com um pouco mais de segurança sabe-se que era alguém de renomada sabedoria, exímio matemático e astrônomo, capaz de descrever e até prever fenômenos celestes e climáticos. Dos seus escritos pouco se sabe, mas das suas ações, algumas programadas, outras acidentais, preservaram-se algumas memórias. A mais famosa das suas intervenções programadas talvez seja a lenda de que teria previsto condições meteorológicas ideais para o plantio de olivas em uma determinada época, arrendando todos os moinhos destinados à produção de azeite e ganhando muito dinheiro com o excedente da produção. Essa história é narrada por Aristóteles na *Política* (AII; 1259ª 9-18) e talvez tenha sido uma estratégia de reabilitação de sua imagem, pois aqui Tales não parece ser um pensador desastrado, mas alguém com bastante sabedoria prática.

A mais famosa de suas ações foi, contudo, involuntária. A tradição apresenta o milesiano caminhando tão absorto em meditações sobre o universo que acabou caindo em um buraco, sofrendo diversas escoriações e despertando risos debochados dos passantes. Trata-se de um dos tombos mais famosos da história, e deixou uma cicatriz indelével no corpo da filosofia, uma espécie de lembrete: quem pensa demais o mundo, acaba por se afastar daquilo mesmo de que se quer acercar. Platão diz no *Teeteto* que Tales caiu em um *phrear*, que pode ser traduzido como um poço, cisterna, enfim, um buraco gerado artificialmente. Na geologia costuma-se falar em erosão provocada por "ação freática" ou em "erupções freáticas", quando o magma provoca deslocamento de águas subterrâneas. No apocalipse cristão o mesmo termo é usado para designar o abismo dos demônios (Cf. APOCALIPSE 9,1-2). Um poço é um buraco feito na terra para achar água; não por mera coincidência, a água é o princípio de tudo, conforme Tales. A história da recepção da anedota simplificou poço primeiramente em uma "vala", depois em uma "fossa", "fenda", até se tornar um mero buraco (*bothros*, em grego), com ou sem água.

PEQUENA FILOSOFIA DOS BURACOS Na nossa memória e na nossa imaginação os buracos aparecem quase sempre como um vazio a ser preenchido: buraco na rua, na fruta, no dente, no estômago, no coração. Associar buracos com falta e imperfeição resulta provavelmente da ontologia dominante, de origem parmenídica, que não apenas opõe o nada ao ser, como também o desqualifica. Da mesma maneira que a noite, as sombras e a escuridão costumam ser vistas apenas como interrupções da luz, e os silêncios e as paradas apenas como falhas da comunicação ou uma ausência de movimento. Tal perspectiva reducionista não dá conta da importância dos buracos na nossa vida, sem os quais a vida seria impossível. As janelas da casa são buracos nas paredes que tornam qualquer espaço habitável. A própria pele que habitamos é um feixe poroso, através da qual transpiramos e interagimos com o mundo. Como existiríamos sem os orifícios corporais para comer, respirar e urinar?

Afinal, os buracos existem? O que é um buraco? E mais, é possível dizer o que um buraco é? Não seria um contrassenso tentar responder a essa pergunta, equiparável à tentativa de definir o nada?

A filosofia costuma ignorar ou tratar os buracos como algo que simplesmente deve ser preenchido. Uma das raras passagens onde é analisado com um pouco mais de atenção é o trecho de *O ser e o nada* (1943), de Jean-Paul Sartre (1905-1980), que tematiza a relação entre corpo e nada através de uma breve fenomenologia dos buracos. Infelizmente, Sartre repete o mantra metafísico de que (1) os *trous* são apenas vazios esperando para serem preenchidos, (2) que um dos aspectos mais fundamentais da essência humana seria a tendência para "tapar buracos", da infância até à maturidade, até chegar à inacreditável tese de que (3) a condição feminina se determina por um corpo esburacado à espera de recheio: "a obscenidade do sexo feminino é a de qualquer coisa que seja *escancarada* [béante]; é um chamado do ser, como o são, aliás todos os buracos; em si, a mulher chama uma carne estranha que deve transformá-la em plenitude de ser por penetração e diluição" (SARTRE, 2005, p. 748). Na verdade, obsceno é o sexismo explícito da análise existencial sartriana nesse trecho. Em uma nota de rodapé, Sartre admite que sua abordagem é incompleta, na medida em que não considera outra tendência fundamental do ser humano, a de cavar buracos [*percer des trous*]. Tal "preenchimento" teórico, entretanto, não ameniza o traço logo-falo-cêntrico da fenomenologia sartriana dos buracos. Além disso, o problema mais importante não foi enfrentado, a saber, a incapacidade de suportar o nada enquanto nada, sem tentar corrigi-lo.

Para pensar os buracos talvez seja preciso se inspirar em Martin Heidegger (1890-1976), na sua famosa reflexão de 1929, *O que é a metafísica?*, quando ele afirma que não é possível dizer objetivamente o que o nada é, pois, ao tentar fazê-lo, acabaríamos transformando-o em alguma coisa: "O perguntar pelo nada – pela sua essência e seu modo de ser – converte o interrogado em seu contrário. A questão priva-se a si mesma de seu objeto específico" (HEIDEGGER, 1982, p. 234). Isso não quer dizer que é impossível falar do nada, mas somente que é necessário buscar outras formas, pré-reflexivas, de deixar o nada se revelar. É o que acontece, indica Heidegger, quando estamos tomados pelas atmosferas afetivas da despedida, do luto ou da angústia. Nessas atmosferas o nada não se manifesta como alguma coisa disponível, mas enquanto nada, mesmo. Para Heidegger a linguagem poética é o modo por excelência através do qual o nada pode ser acessado, ainda que indiretamente. O que eu quero acrescentar aqui, a partir da fenomenologia negativa do nada em Heidegger, é que talvez os buracos também possam ser uma forma cotidiana de experimentar o nada. Infelizmente a dimensão nadificante dos furos, cavidades e orifícios costuma ficar em último plano em relação ao "ser" que os rodeia. Assim como em Heidegger será preciso recorrer a outras formas de linguagem – talvez oriundas das artes ou do pensamento oriental, ou quem sabe ainda a partir da perspectiva animal e até infantil – para falar dos buracos de modo não objetivante, reducionista ou dualista.

VAZIOS COLORIDOS Sabemos que no taoísmo, por exemplo, não apenas ser e nada estão sempre em conexão, como há sempre a indicação de que o não ser é até mais originário e primordial. É o que parece indicar o famoso verso 11 do *Tao Te King* sobre a virtude do vazio de Lao Tsé: "Trinta raios convergentes unem-se formando uma roda, / mas é o vazio entre os raios que facultam seu movimento. / O oleiro faz um vaso, manipulando a argila, / mas é o oco do vaso que lhe dá utilidade" (LAO TSÉ, 1990, p. 55). Na poesia e na literatura ocidentais também encontramos algumas pistas. Um dos últimos escritos do escritor de origem tcheca Franz Kafka chama-se *Der Bau* (1923). Em alemão traduz-se literalmente como "A construção", mas o conto é conhecido em português também como "A toca". A narrativa gira em torno da intensidade vital com que um animal, provavelmente uma toupeira, se dispõe a construir e defender o buraco labiríntico em que vive: "Quero que a construção não seja outra coisa senão o buraco destinado a salvar minha vida, e que ela realize essa tarefa claramente definida com a máxima perfeição" (KAFKA, 1998, p. 81). Na perspectiva animal o gesto de construir não se realiza no mero preenchimento dos espaços vazios, mas sim na sua expansão e ocupação. Buraco, aqui, é casa, refúgio, castelo, muralha, fortaleza, reino, enfim, possibilidade de ar.

O grande poeta e cabaretista alemão Kurt Tucholsky (1890-1935) arriscou uma pequena, mas singular teoria sobre os buracos, no seu famoso texto *Zur soziologischen Psychologie der Löche* [Sobre a psicologia sociológica dos buracos], de 1931. Há algumas afirmações mirabolantes, tais como: "Um buraco está onde algo não está", "por que não existem meio-buracos?"; "Se em todo lugar existisse uma coisa, não haveria buracos, nem filosofia e muito menos a religião, que advém do buraco"; "O buraco é a pedra fundamental da ordem dessa sociedade" (STEIN, 2018, pp. 113-115). No meio dessa caótica ode aos buracos o autor sugere uma distinção que me parece fundamental, a saber, a de que existem "pessoas-alguma-coisa" e "pessoas-buraco": "nossa linguagem é feita por pessoas-algo [*Etwas-Leute*]; as pessoas-buraco [*Loch-Leute*] falam no seu modo próprio" (ibid., p. 114). A linguagem dominante, tanto da ciência tradicional como dos meios de comunicação, é determinada pela objetivação; só importa o que é. As pessoas-buraco seriam sensíveis à mistura paradoxal entre ser e não-ser que constitui os buracos e a existência em geral. As pessoas-algo estão sempre ocupadas e distraídas somente com o que veem; as pessoas-buraco sempre percebem algo mais na realidade, que excede ao visível, embora de forma alguma o transcenda.

No Brasil, o escritor Guimarães Rosa pertence certamente ao grupo das pessoas-buraco. No famoso prefácio à coletânea de contos intitulada *Tutaméia* (1967) ele nos brinda com diversas descrições poéticas do nada: "O nada é uma faca sem lâmina, da qual se tirou o cabo..."; ou ainda, citando um menino: "É um balão, sem pele" (ROSA, 2010, p. 22). Os buracos também comparecem para descrever o não-ser através de uma lógica para além de todos os binarismos: "a rede é uma porção de buracos, amarrados com barbante"; "O O é um buraco não esburacado" e de novo na perspectiva de uma criança, uma menina de 4 anos, que ao descrever o Vale do Anhangabaú do alto do Viaduto do Chá em São Paulo teria dito: "Mamãe! Olha! Que buraco lindo!" (ibid., p. 24).

Especialmente intrigante para mim é a seguinte história em *Tutameia*: "Entra uma dama em loja de fazendas e pede: 'Tem o Sr. pano para remendos?' 'E de que cor são os buracos, minha senhora?'" (ibid.,

p. 25)". Será preciso desenvolver toda uma outra forma de filosofia para ser capaz de ver as cores do vazio. Não apenas uma filosofia dos buracos, mas uma filosofia-buraco: esburacada e esburacante, a saber, que eu espero que a filosofia pop possa vir a ser. Infelizmente, para a filosofia tradicional praticada em nossas instituições de ensino, o senso comum aparece muitas vezes apenas como um buraco no caminho, algo muito mais para ser tapado, saltado ou desviado, ao invés de respeitado e reconhecido nas suas singularidades.

QUEM RI DA FILOSOFIA? Após esse pequeno excurso por uma filosofia e uma poética dos buracos, voltemos ao tombo originário de Tales. Essa história parece inspirar por analogia o enredo principal do esquete "futebol dos filósofos" e talvez seja até mesmo uma das chaves de compreensão do cômico em geral. O tema da queda é um dos exemplos mais recorrentes da teoria bergsoniana sobre o riso e o cômico: "Alguém, a correr pela rua, tropeça e cai: os transeuntes riem. Não se riria dele, acho eu, caso se pudesse supor que de repente lhe veio a vontade de sentar-se no chão. Ri-se porque a pessoa sentou-se sem querer. Não é, pois, a mudança brusca de atitude o que causa riso, mas o que há de involuntário na mudança, é o desajeitamento" (BERGSON, 1978, p. 9). Quem é que ri da queda de Tales? Assim como em todos os mitos, há aí também muitas variações do tema.

Hegel menciona a história de Tales nas suas *Lições sobre a história da filosofia:* "Ele caiu em uma vala [*Graben*], enquanto olhava e observava as estrelas. O povo [*Volk*] zombou dele sobre como ele poderia reconhecer as coisas celestiais, uma vez que ele nem sequer viu o que estava a seus pés" (HEGEL, p. 196). Hegel não menciona o horário nem determina claramente quem é que zomba do filósofo. *Das Volk* pode ser qualquer um, são as pessoas em geral, o senso comum, aqueles que pensam de forma acrítica e assistemática. Há implicitamente nessa imagem a ideia de que aquele que ri está aquém do objeto do riso.

Já o historiador antigo da filosofia Diôgenes Laêrtios garante que foi uma velha serviçal quem testemunhou a cena: "Contava-se que certa vez, quando era levado para fora de casa por uma velha serviçal para observar as estrelas, Tales caiu numa vala, e seu grito de socorro levou a velha a dizer: 'Como pretendes, Tales, tu, que não podes sequer ver o que está à tua frente, conhecer tudo acerca do céu?'" (LAÊRTIOS, 1987, p. 21). A imagem da "mulher velha" é um lugar comum das paródias e costuma ser duplamente pejorativa, tanto pela idade, como pelo gênero. A versão mais antiga da anedota remonta às famosas fábulas de Esopo (620-542 a.C), que menciona um astrônomo sem nome, pensando e tropeçando, junto a um passante igualmente anônimo, talvez um vizinho, que exclama: "Meu camarada, por que você tenta observar coisas no céu se não é capaz de ver as coisas na terra?" (ESOPO, 1985, p. 61). Esopo, que foi contemporâneo de Tales, acrescenta sua avaliação moral da narrativa: "Poderia aplicar essa fábula às pessoas que, alardeando sua fama, são incapazes de realizar as coisas cotidianas da vida" (id.).

A mais notória menção, entretanto, aparece no já mencionado *Teeteto* de Platão (428/7–348/7 a. C.), quando vários detalhes importantes são adicionados à narrativa. Em primeiro lugar, não seria um astrônomo qualquer, mas sim uma das pessoas mais sábias da antiguidade. Em segundo lugar, Platão assevera que a cena era noturna e o filósofo observava as estrelas ao cair na cisterna. Por fim surge a importante indicação de quem ri da queda; obviamente não é um colega filósofo, nem um cidadão qualquer. O riso não veio de um vizinho, tampouco de um heleno, não era sequer um homem:

> *Sócrates* – Foi o caso de Tales, Teodoro, quando observava os astros; porque olhava para o céu, caiu num poço. Contam que uma jovem servente trácia, decidida e espirituosa [em grego: *chariessa*], zombou dele, ao dizer-lhe que ele procurava conhecer o que se passava no céu, mas não via o que estava junto dos próprios pés. Essa pilhéria se aplica a todos os que vivem para a filosofia. (174 a4-b6)

A versão platônica parece à primeira vista confirmar o lugar-comum de que a falta de senso prático acompanha estruturalmente a ação filosófica. O subtexto da passagem pode ser mais complexo, pois talvez Platão no fundo esteja indiretamente ironizando a incapacidade das pessoas simples de compreender o alheamento do filósofo em

▲ Ilustração de John Tenniel (1820-1914) para a edição britânica de 1884 das *Fábulas de Esopo.*

relação às coisas mundanas. Pode-se finalmente também supor na passagem uma mensagem implícita contra a perspectiva cômica em geral, afinal Aristófanes eternizou a imagem do pensador como alguém que vive nas nuvens. Platão parece sugerir que em última instância o olhar zombador corre o risco de se tornar violência, como no caso do julgamento e condenação de seu mestre. Infelizmente com isso ele nos legou também a imagem de um abismo intransponível entre rir e pensar, como se não houvesse nuances entre rir "contra" os outros, "sobre" os outros, "com" os outros e, principalmente, de si mesmo. O termo grego *chariessa* usado por Platão para descrever a jovem trácia foi traduzido em português por Carlos Alberto Nunes por "espirituosa", e em alemão, na tradução de Hebert Schnädelbach, por *witzig* [divertida], mas no original indica alguém que é plena de *charis*, ou seja, graciosa, carismática. Talvez dependa mais da nossa escolha, se vamos receber o riso da trácia como mero sinal de frivolidade do senso comum ou como indício de intensa vitalidade.

COMO A FILOSOFIA VÊ O SENSO COMUM? Inverto aqui o título do famoso artigo de Hegel, "Wie der gemeine Menschenverstand die Philosophie nehme" [Como o senso comum vê a filosofia?], publicado em 1802 no *Jornal Crítico de Filosofia*, editado por ele em Jena, em parceria com Schelling. Com muita ironia e até mesmo uma certa agressividade, Hegel desqualifica um certo Sr. Krug (em alemão = "jarra"), que teria acusado a filosofia, entre outras coisas, de não comprovar suas afirmações: "O Sr. Krug não pode deixar de entender a coisa como a plebe mais comum e exigir que se deduza cada cachorro, cada gato, e até mesmo a pena com a qual o Sr. Krug escreve" (HEGEL, 1989, p. 52). O senso comum é assistemático e por isso mesmo, na perspectiva da dialética, é um nada de saber ou um saber de nada.

O senso comum não entende a filosofia, mas como a filosofia vê o senso comum? Na perspectiva de Platão o riso acerca da queda de Tales vem de uma jovem, estrangeira e escrava. Podemos supor que a "moça trácia" não tem direito de ir e vir, de estudar, nem de participar da vida pública, em última instância, nem mesmo o direito de rir. A filosofia vê o senso comum não apenas como alguém sem nome, mas também sem história, sem obra, um amálgama genérico e homogêneo, uma massa amorfa. O filósofo alemão Hans Blumenberg (1920-1996), no seu livro intitulado *Das Lachen der Thrakerin: Eine Urgeschichte der Theorie* [O riso da mulher trácia: uma proto-história da teoria] (1987), observa incisivamenteque a Trácia, região atualmente entre as fronteiras da Grécia, Turquia e da Bulgária, é o lugar de nascimento tanto da jovem que ri, como do assim chamado "Zeus das mulheres", também conhecido como Dionisos (Cf. BLUMENBERG, 1987, p. 34); enfimuma área de onde surgem modos diferentes de existência, que trazem dissenso e dissonância.

Já a filósofa italiana Adriana Cavarero (1947-) reclama, com toda razão, que Blumenberg dá mais atenção à origem geopolítica do que do seu gênero: "Eu não tenho certeza se ela era mesmo uma escrava ou oriunda da Trácia, mas sim que era uma mulher que riu de filósofos" (CAVARERO, 1995, p. 50). É importante frisar que é uma mulher, com seus saberes e poderes alternativos, quem audaciosamente ri. Ela ri não apenas da queda de Tales, mas da própria linguagem da filosofia, acostumada a atropelar as diferenças sexuais, raciais e culturais em um "senso comum genérico": "O filósofo (de maneira efetivamente risível) chama essa mulher de 'homem comum' [*man*]" (ibid., p. 50).

BURACOS NA FILOSOFIA O senso comum ri da filosofia, mas a filosofia costuma desprezar o senso comum. Supondo que em geral é um riso de quem não está no poder, mas de quem está despossuído de direitos, trata-se aí as vezes de um gesto afirmativo vital contra a eventual arrogância e prepotência dos eruditos. Há nas diversas versões da anedota da queda de Tales, de Esopo à Monty Python, um silenciamento sutil sobre a sabedoria que a habilidosa e carismática jovem trácia desvela em seu riso, que poderia ser ouvido como uma lembrança de que tanto as estrelas, como os buracos merecem atenção. A sabedoria dos buracos talvez esteja mais conectada com as ruas, os corpos e a vida em geral. Poderíamos denominar os buracos na filosofia como sendo aqueles temas que dão colorido à existência e que foram negligenciados na tradição, conforme protesta Nietzsche no parágrafo 7 de *A gaia ciência:*

> *Algo para homens trabalhadores* – Quem hoje pretende estudar as coisas morais, abre para si um imenso campo de trabalho. Todas as espécies de paixões têm de ser examinadas individualmente, perseguidas através de tempos, povos, grandes e pequenos indivíduos; toda a sua razão, todas as suas valorações e clarificações das coisas devem ser trazidas à luz! Até o momento, nada daquilo que deu colorido à existência teve história: se não, onde está uma história do amor; da cupidez, da inveja, da consciência, da piedade, da crueldade? Mesmo uma história comparada do direito, ou apenas do castigo, falta inteiramente até aqui. Já se tomou por objeto de pesquisa as diferentes divisões do dia, as consequências de uma fixação regular do trabalho, das festas e do repouso? Conhece-se os efeitos morais dos alimentos? Existe uma filosofia da alimentação? (NIETZSCHE, 2012, p. 59)

Os temas mencionados por Nietzsche – afetos, punição, festas, nutrição; e poderíamos incluir aí todas as questões ligadas à pluralidade de gêneros, raças e culturas – estão relacionados ao corpo, ao local e à terra em geral. Em uma época de negacionismo científico, há de fato uma tendência a não "olhar para cima", tal como no título do mais famoso filme de 2021 (*Don't Look Up*, de Adam McKay), em que precisamente dois astrônomos tentam em vão alertar o mundo para a iminência de uma catástrofe. Por outro lado, a mensagem subliminar do filme e da anedota de Tales soa justamente como o oposto, "não olhe nunca para baixo". Arrisco formular a hipótese de que talvez parte do negacionismo científico contemporâneo surja justamente de um ressentimento acumulado (quando não movido por má-fé) contra a tendência também tóxica do eruditismo filosófico, científico e pedagógico de não olhar para os buracos. Acredito que a filosofia e a pedagogia pop consistam justamente em um olhar zigue-zague, ambíguo e estrábico, ao propor *transversões* das condenações recíprocas entre pensar e rir; abstrato e concreto; entre universal e local; entre racionalidade e corporeidade; entre sentido e sentidos; entre ciências e artes; entre erudito e popular; enfim, entre saberes celestes e terrenos.

FUTEBOL E FILOSOFIA A filosofia pop pretende não apenas fazer um discurso sobre, mas também "com", "através" e 'nesses" buracos, deixando-se contaminar pelos vazios coloridos da racionalidade. Voltando à sátira do Monty Python, vale ressaltar que ela reproduz um preconceito bastante difundido: de tanto pensar, o filósofo parece não conseguir ver a bola, isto é, o mundo e a vida. A relação dos filósofos com o futebol não costuma ser muito íntima, com raras e honrosas exceções. Sei que Martin Heidegger, sempre alerta em relação aos perigos da cultura de massa no século XX, abria uma exceção aos domingos à tarde para assistir aos jogos do campeonato alemão transmitidos pela televisão, conforme me confidenciou pessoalmente seu amigo e filósofo H. G. Gadamer (1900-2002).

Sei que Albert Camus (1913-1960) destacou-se como goleiro na juventude e que costumava dizer que devia ao futebol tudo o que aprendera de ética. A frase era bem mais complexa. Foi retirada de uma entrevista de 1959, que tinha como mote a pergunta "por que faço teatro?", e dizia muito mais: "Realmente, o pouco de ética e moral que conheço, aprendi nos campos de futebol e nos palcos do teatro, que continuarão sendo minhas verdadeiras universidades] (CAMUS, 1985, p. 1727). Não era futebol ao invés de teatro (ou de filosofia), mas futebol e teatro (e filosofia)! O fato é que conheço muitos professores brasileiros de filosofia que apreciam futebol, alguns que são até bons de bola, mas nenhum que tenha escrito um livro especificamente sobre o assunto, no máximo alguns ensaios ou menções[4].

Pode ser que a filosofia hesite em pensar o futebol por associá-lo a uma das formas de alienação do homem contemporâneo. Se Theodor Adorno estiver correto, ao afirmar na *Dialética do esclarecimento* (1947) que "Divertir-se significa estar de acordo" (ADORNO, 2002, p. 153), então melhor seria manter-se longe dos estádios. Para a filosofia pop, ao contrário, é possível divertir-se com e manter-se

4 Há um descompasso entre a centralidade do futebol na cultura brasileira e sua tematização pela área da filosofia, mas entre as várias iniciativas isoladas destaca-se com louvor a coletânea de ensaios de diversos autores, organizada por Ronie Silveira, intitulada *O futebol e a filosofia* (Campinas: Ed. Phi, 2014).

crítico em relação à cultura de massa, simultaneamente. É plenamente possível torcer pelas vitórias da seleção brasileira e ao mesmo tempo protestar contra os extremismos nacionalistas. Em uma perspectiva pop-filosófica, o problema da filosofia tradicional com o futebol é provavelmente o mesmo que ela tem com a dança e as artes da performance. Todas essas manifestações culturais são formas de celebração estética do corpo. Nietzsche dizia que os filósofos frequentemente interpretam incorretamente a corporeidade e talvez seja por isso tão difícil conectar a movimentação em campo com os encadeamentos dos conceitos.

Para conjugar filosofia e futebol será necessário, portanto, inventar o já mencionado olhar estrábico, que transverte as dualidades hierárquicas, o olhar da filosofia pop. Jogar futebol pode até ser uma das formas mais acessíveis de se escapar da dualidade metafísica entre corpo e mente, pois enquanto chutamos ou cabeceamos a bola nosso corpo deixa de ser apenas uma "coisa que sente", sendo submetida ao domínio da "coisa que pensa". Em cada drible, passe ou escanteio mostra-se toda a inteligência e sabedoria do corpo e ao mesmo tempo toda a dimensão sensorial e afetiva da razão humana. Uma partida de futebol é uma mistura estranha de espontaneidade e de elaboração, de criatividade e de disciplina, de acasos e de estratégias. Pode vir a ser um desafio instigante para a filosofia, pois entre as quatro linhas do campo comparecem misteriosamente elementos de ética, política e de estética, compondo um espetáculo simultaneamente épico, trágico e cômico.

O LADO POP DE TALES Fico imaginando o que Tales diria hoje se tivesse a oportunidade de se explicar sobre sua queda. O milesiano provavelmente argumentaria que se ele não viu o buraco no caminho é porque ele estava olhando para algo muito mais importante, por exemplo, o sentido do verdadeiro, do bom ou do belo. Mas posso imaginar Tales se mostrando um pouco mais pluridimensional do que a sua imagem eternizada pelo legado da tradição. Há outro famoso aforismo atribuído a Tales de Mileto, que diz: "Tudo está repleto de deuses" (ARISTÓTELES, *De Anima*, 411 a7-8). Essa máxima talvez possa, no contexto dessa pequena poética dos vazios, ser escutada também como a indicação de que até nos buracos da vida cotidiana há uma dimensão anímica, ou seja, algo de excessivo e de extemporâneo, que não apenas possibilita, como mobiliza o pensamento. É preciso imaginar Tales rindo de si mesmo, junto com a jovem trácia, depois de cair no buraco; assim como é preciso vislumbrar mais e melhores parcerias entre rir e pensar, das ciências com as ruas, da filosofia com os saberes cotidianos e populares. Talvez seja possível até mesmo imaginar Tales de Mileto como um dos precursores da filosofia pop.

Paris, outono de 2022.

O QUE É ISTO – FILOSOFIA POP? [2001][1]

Everything is beautiful. Pop is everything. **Andy Warhol.**

O QUE É ISTO: A FILOSOFIA POP? A primeira vez que me deparei com a expressão "filosofia pop" foi na leitura dos *Dialogues* de Deleuze com Claire Parnet: "Os conceitos são como sons, cores ou imagens, são intensidades que vos convém ou não, que passam ou não passam. *Pop'philosophie.* Não há nada a compreender, nada a interpretar" (DELEUZE; PARNET, 1977, p. 10). Reparem que a expressão aparece sem aspas, quer dizer, sem ressalvas. O contexto da passagem é uma menção às novas maneiras de ler e escrever na filosofia, maneiras que podem ser tanto boas como ruins. O texto é intrigante porque não parece evidente se a pop-filosofia é uma boa ou má maneira de ler, escrever e pensar. À primeira vista não me agradou. Talvez minha má vontade venha do fato de que hoje em dia o termo "pop" (abreviação do termo "popular") tenha um significado pejorativo: pop é comercial, pop é superficial, pop é fácil. Quando, por exemplo, Humberto Gessinger, vocalista do Engenheiros do Hawaii, canta que "o papa é pop, o pop não poupa ninguém", o que isso quer dizer? Que não se trata aí apenas de um líder religioso popular, mas quem sabe de uma mercadoria ou ainda de uma marca registrada, exportável e consumível em qualquer templo do planeta. Quando Marcelo D2, do Planet Hemp, canta que o "hip-hop é o pesadelo do pop", o que isso quer dizer? Que a sua música é pretensamente de protesto e não deveria ser confundida com a sonoridade uniforme e uniformizante que domina as rádios.

---

1 Gostaria de agradecer aos professores e amigos Daniel Lins, Luis Orlandi e François Zourabichvili (*in memoriam*) pelas valiosas sugestões durante a elaboração desse ensaio.

Esse texto provavelmente é o primeiro em solo brasileiro a tematizar a noção de "filosofia pop". Foi apresentado no evento Nietzsche e Deleuze, de Fortaleza, em outubro de 2000 e publicado em: LINS, D.; GADELHA, S. (org.). Nietzsche e Deleuze: pensamento nômade. *Rio de Janeiro: Relume Dumará, 2001, pp. 95-104.*

A música pop é aquela produzida e vendida para grandes audiências. Um código estético não explícito diz que essas canções têm que ser simples, facilmente memorizáveis, emocionalmente apelativas.

Nesse contexto, o que seria isto: a pop-filosofia? Certamente uma filosofia que faz sucesso, tanto de mídia como de público. A filosofia pop é aquela que promove best- sellers, dá ibope e lota congressos. De certa maneira pode-se dizer que a filosofia está na moda, tanto na TV como nos jornais. *O mundo de Sofia*, de Jostein Gaarder, está há anos na lista dos best-sellers; há uma série com mais de 30 títulos de muito sucesso chamada *Filosofia em 90 Minutos* (Paul Strathern), que oferece acesso rápido e indolor à obra dos mais variados autores; nos Estados Unidos há um livro que ensina a falar em festas sobre temas da filosofia e impressionar os amigos (*Como conversar com qualquer um sobre qualquer coisa em qualquer hora e lugar*)[2]. A popularização da filosofia está sendo facilitada com o advento do audiolivro e também do e-book, assim como a música está sendo cada vez mais consumida através do formato MP3, na internet, e os filmes através do DVD. Mas a filosofia que se tornou uma moda ainda é filosofia? Não haveria sempre uma relação inversamente proporcional entre o êxito editorial de um autor e a falta de rigor e de profundidade de seu pensamento? Não seriam os best-sellers filosóficos apenas um amontoado de fórmulas simples, receitas prontas e avaliações rápidas demais? Ou será que, ao contrário, é possível ser pop sem ser raso? Enfim, o que pode o "pop"?

URGENTE / IMPORTANTE Se "pop" for sempre sinônimo de uniforme, superficial e comercial, "inclua-me fora dessa", como dizem os cariocas. Mas trata-se de uma maneira de ler, de escrever e de pensar. Tomemos por exemplo o caso Nietzsche. A nenhum outro pensador cabe tão bem o adjetivo de "popular". Sua imagem de poeta, iconoclasta e louco presta-se perfeitamente a uma certa indústria cultural, especializada em fabricar mitos e deles obter dinheiro. E em parte essa exploração é facilitada pelo estilo moderno e atraente do texto

---

2 Ver: CARDUCCI, B. *The Pocket Guide to Making Successful Small Talk: How to Talk to Anyone Anytime Anywhere About Anything*. New York: Pocket Guide Sub, 1999.

nietzschiano. Entretanto, o próprio autor, em *Humano, demasiadamente humano* (1878), nos adverte que é preciso ter mais cuidado com as frases de um pensador que parecem agradáveis, do que com aquelas que não são (Cf. NIETZSCHE, 2008, §484). Existe, portanto, uma maneira pop de ler a filosofia, como um turista em busca de emoções fortes, que na verdade é uma maneira de não ler – afinal, mais vendido, não significa mais lido ou compreendido.

Existe também uma maneira pop de escrever filosofia. O próprio Deleuze critica, em uma entrevista de junho de 1977, intitulada *Entrevista a propósito dos novos filósofos e de um problema mais geral* [Entretien à propos des noveaux philosophes et d'un problème plus général], o surgimento na França dos "novos filósofos" que apresentam um tipo de pensamento marcado pelo marketing e pela propaganda: o filósofo que pensa para a entrevista na TV, para a polêmica no jornal; sujeito de um pensamento ágil, atual e agradável, mas também domesticado e inócuo. Se pop for o que está em voga, então a filosofia pop não é filosofia que virou moda, mas a filosofia "da" moda, quer dizer, a seu serviço e à sua disposição. Nesse sentido, a filosofia pop seria aquela que se ocupa do que é "urgente" e não do que é "fundamental". O urgente é tudo o que pertence à ordem do imediato. A clonagem de seres humanos, a onipresença do computador, a corrupção na política, a destruição maciça da natureza, a má qualidade dos programas de TV são certamente problemas de grande urgência, mas o que há de fundamental neles? O fundamental de um problema pertence a um outro plano, para além dos ditames da moda. Fundamentais são as múltiplas relações de diferenças, singularidades e intensidades que permeiam implicitamente todo o campo das questões ditas urgentes. Não se trata apenas de uma suposta falta de seriedade dos temas. Hoje em dia, por exemplo, está na moda falar de ética, e os filósofos estão sendo chamados a opinar sobre o assunto. Nada mais urgente, é certo. Um pensador, entretanto, deve desconfiar dessa urgência e perguntar-se de onde vem essa vontade repentina de ética, que pode às vezes simplesmente ser sintoma de uma profunda falta de interesse e falta de respeito pelos outros, em suas respectivas singularidades.

▲ A distinção aqui por mim introduzida entre "urgente" e "fundamental" é inspirada por uma das tiras da personagem Mafalda, do cartunista argentino Quino.

Se pop se restringir ao urgente, então a filosofia pop não é filosofia, mas sim jornalismo ou propaganda. Numa expressão de Nietzsche, um tipo de pensamento que se mostra "escravo do atual, do moderno, do instante". Parece então que uma filosofia pop deveria cumprir o que a sua época exige; deveria buscar atender as tarefas que a sociedade lhe impõe. Mas, ao contrário do que às vezes se espera na mídia e na sociedade, o pensar filosófico não tem que conduzir a nenhum saber técnico como o das ciências; não tem necessariamente que trazer nenhuma sabedoria de vida utilizável, nem tem que solucionar nenhum dos mistérios do mundo. A filosofia propriamente dita não tem compromisso com o atual e o moderno, mas sim com o inatual e com o que está em desacordo com o presente. Na verdade, a filosofia no seu sentido mais radical tem um quê de antimoda, de extemporâneo, de não pop. Como conciliar estes dois aspectos?

HERMETISMO / SUPERFICIALIDADE Aqui faz-se necessária uma pausa. Talvez toda essa dificuldade de associar a filosofia com a cultura pop traia, por outro lado, um certo tom aristocrático, elitista ou mesmo esnobe. O filósofo em geral costuma ter certa má vontade contra tudo o que é leve e fácil. O grande público torna-se talvez muito rapidamente reduzido ao "senso comum" (Descartes), à "consciência natural" (Hegel), ao "Man" (Heidegger), à massa (Adorno). Como se tudo que fosse popular fosse ruim. No fundo essa má vontade está associada a certa intolerância contra o "não filosófico" em geral, ou contra o que ao menos não corresponde a certa imagem da filosofia. Talvez essa má vontade estivesse por trás do gesto platônico de perseguir os sofistas e excluir os poetas (que eram populares e agradáveis). Talvez. Isso tudo precisa ser meditado com muita calma. Constata-se, frente ao fenômeno recente de surgimento de uma filosofia pop (da moda), uma certa tradição da filosofia que sempre estabeleceu um contrato – questionável – de exclusividade com o abstrato, o elevado e o profundo. O exemplo mais radical dessa maneira tradicional de escrever, de ler e de pensar é Hegel, conhecido como o autor mais difícil da história da filosofia. Ao contrário do que se possa imaginar, a violência verbal do texto hegeliano não advém de um estilo ruim ou de uma falta de estilo, mas sim de uma certa imagem do pensamento. Para Hegel não há lugar na suas *Introdução às lições sobre história da filosofia* para qualquer forma de "filosofia popular" [*Populärphilosophie*], que trabalhe seus conceitos em uma forma imagética [*bildliche Form*], quer dizer, concreta e acessível. Para Hegel a filosofia popular nasce do coração, do sentimento, dos impulsos, enfim, do nosso ser natural. Se, por um lado, esses pensamentos são marcados por afetividade, por outro, também são superficiais e arbitrários (HEGEL, 1986, v. 20, pp. 113-115). Em um artigo de 1802, intitulado *Sobre a essência da filosofia crítica em geral* [Über das Wessen der philosophischen Kritik überhaupt], ele afirma que "não há nada de mais enojante do que a transformação do sério da filosofia em superficialidade" (HEGEL, 1986, v. 2, p. 176).

A crítica de Hegel talvez seja ainda válida contra o fenômeno recente da filosofia mediática, mas por outro lado ela reduz e exclui do sistema todas outras possibilidades de uma "filosofia popular". Tudo se passa como se só um discurso de difícil compreensão apresentasse peso e densidade[3]. Tudo se passa como se não houvesse na filosofia sempre e de cada vez um componente sensível, sensual ou afetivo.

---

3 Guimarães Rosa, em seu conto "São Marcos", expõe com poesia e humor o poder mágico atribuído ao discurso hermético: "E não é sem assim que as palavras têm canto e plumagem. E que o capiauzinho analfabeto Matutino Solferino Roberto da Silva existe e, quando chega na bitácula, impõe: — 'Me dá dez 'tões de biscoito de *talxóts*!' – porque deseja mercadoria fina e pensa que 'caixote' pelo jeitão plebeu deve ser têrmo deturpado. E que a gíria pede sempre roupa nova e escôva. E que o meu parceiro Josué Cornetas conseguiu ampliar um tanto os limites mentais de um sujeito só bi-dimensional, por meio de ensinar-lhe êstes nomes: intimismo, paralaxe, sinclinal, palingenesia, prosopopese, amnemosínia, subliminal. E que a população de Calango-Frito não se edifica com os sermões do novel pároco Padre Geraldo ('Ara, todo o mundo entende...') e clama saudades das legas arengas do defunto Padre Jerônimo, 'que tinham muito mais latim'..." (ROSA, 1980, p. 238).

Em parte a ênfase hegeliana na "seriedade", explica-se por uma época em que o papel da filosofia na cultura estava em crise pelo advento da ciência moderna. Hegel estava empenhado em recuperar o prestígio do pensamento conceitual. A filosofia deveria ser respeitada não como uma mera teoria do conhecimento, mas sim como um saber efetivo, rigoroso e científico. Um pensamento que se deixasse contaminar então pelo colorido experimental da arte estaria se rebaixando. A filosofia é a forma superior de pensamento, pois está supostamente livre de toda determinação exterior. A filosofia é o pensar que se autodetermina. A arte, apesar de ser uma produção do espírito (contendo, portanto, também um trabalho conceitual), é uma forma de pensar finitizado [*verendlichtes Denken*], por causa de sua imprescindível vinculação com o corpo. A filosofia é o "pensamento livre, ilimitado e puro"; a arte é o resultado de um contágio: o pensamento se mistura com o sensível. Quanto mais facilmente compreensível, menos conceitual. O conceito, ao contrário da obra de arte, diz Hegel nos *Cursos de estética*, é "árido, seco e sem luz" (HEGEL, 2000, p. 31). Quanto mais popular, mais necessidade de imagens e sons; quanto mais civilizado, menos o espírito se satisfaz com o sensível, o sensorial e o sensual.

POP I / POP II O compromisso da filosofia com o abstrato, o elevado e o profundo implicam em uma suspeita estrutural contra o concreto, o vulgar e o superficial, marcas inerentes do "popular". Esnobe ou pop, serão essas então as alternativas que nos restam? Tenho a forte impressão de que tais alternativas passam longe do que Deleuze tinha em mente ao falar em *pop'philosophie*. Aqui é o momento de uma outra pausa, dessa vez para reconstituir a história do termo "pop". Esse termo ganhou uma conotação de raso, fácil e leve somente a partir da década de noventa. Nas décadas de sessenta e setenta, ao contrário, "pop" era o nome para o projeto de reavaliação do mundo através dos movimentos da contracultura: liberação sexual, crítica à ética protestante do trabalho, resistência às hierarquias e às autoridades. Nessa época, a "pop-music" era então muito mais associada à experimentação e ao protesto do que à simplificação e à acomodação (na França, "pop" era o termo usado para designar o rock em geral). Arrisco dizer que há um desenvolvimento (ou uma regressão) de um certo "pop I" (alternativo, marginal, específico) para um "pop II" (comercial, industrial, genérico)[4].

É importante enfatizar que o pop I apareceu como um protesto contra uma certa tradição na arte e na cultura. O movimento visual da "pop art" começou como uma reação contra o estilo do expressionismo abstrato dos anos 40 e 50 (representados por artistas tais como Adolph Gottlieb, Mark Rothko e Barnett Newman, entre outros). A pintura abstrata caracterizava-se por uma excessiva preocupação com os elementos formais da linguagem visual, que exigiam do observador um certo conhecimento teórico dos princípios estéticos vigentes desde a Primeira Guerra Mundial. Para os artistas pop o expressionismo abstrato era tido como exageradamente intelectual, subjetivo e alienado da realidade. Mesmo sem nunca ter lançado um manifesto em conjunto, artistas como Andy Warhol, Roy Lichtenstein, Claes Oldenburg, James Rosenquist e Tom Wesselmann começaram a desenvolver, cada um à sua maneira, uma nova sensibilidade, promovendo um retorno ao figurativo, sem recair num realismo mimético. Inspirados pelas experimentações do dadaísmo e do surrealismo, eles tinham como meta principal reaproximar a arte da vida cotidiana. Aproveito para citar uma passagem de um catálogo de exibição de 1961, de Claes Oldenburgh: "Eu sou por uma arte que toma suas formas da vida mesma, que gira, se estende, se acumula, e que é doce e estúpida como a própria vida". Para que isso se tornasse possível, os artistas pop começaram a trabalhar contra a distinção e a hierarquia entre o "inferior" e o "superior" na cultura. Suas obras caracterizavam-se por embaralhar o que pertence ao erudito e o que pertence ao popular, construindo assim uma sátira sutil ao materialismo da cultura moderna de massa.

---

4 Uma tarefa importante, mas que escapa aos limites do presente ensaio, seria certamente investigar em que medida há relações intrínsecas entre os dois momentos e, ulteriormente, os mecanismos sociais de assimilação dos herdeiros do movimento pop, tais como o punk, o grunge e o tecno. Recomendável nesse sentido é o trabalho de MCROBBIE, Angela: *Postmodernism and Popular Culture*. London/New York: Routledge, 1995.

▲ Gene Moore, em *Bonwit Teller Window Display*, de 1959, cria uma vitrine em que um manequim feminino aparece em pé ao lado de um quadro na parede. Nesse quadro vê-se uma mulher observando um outro quadro, provavelmente em um museu ou galeria. A postura da manequim, ao contrário, não indica nenhum interesse pelo quadro na parede, mas sim um certo alheamento ou indiferença, como se estivesse mais preocupada consigo mesma ou com nada, o que dá no mesmo. Essa instalação provoca ao confundir os espaços reservados para a grande arte com os espaços comerciais, tais como as grandes lojas de departamentos, os super e hipermercados, germes dos futuros shopping centers.

▲ Uma das primeiras obras da arte "pop" foi o trabalho do artista britânico Richard Hamilton intitulado *Just What is it That Makes Today's Home so Different, so Appealing?* (1956). Nessa colagem vê-se uma sala de estar, onde encontram-se misturados elementos da cultura de massa e da cultura de elite. Tudo o que costumava não ser digno de ser apresentado na arte ganha território nessa colagem: modelos de revistas de propaganda, eletrodomésticos e objetos de consumo em geral. Um aspirador de pó coexiste com o retrato na parede de algum nobre aristocrata. A "casa diferente e atraente" de Hamilton parece expor de forma irônica e crítica a fragilidade das fronteiras tradicionais entre o mundo erudito e a vida cotidiana.

Através de técnicas de duplicação, reprodução, incorporação, reciclagem, superposição e colagem de elementos díspares nas telas, os integrantes do movimento ajudaram a consolidar o conceito de "pop" como algo imaginativo, rebelde, original, irreverente, crítico e alegre. Era uma nova estética, uma nova sensibilidade, enfim, uma linha de fuga de dentro do sistema. Partindo da noção de pop I (experimental, iconoclasta, irreverente) portanto, recoloca-se a pergunta, o que é isto então: a filosofia pop?

A FILOSOFIA POP SEGUNDO DELEUZE Sabemos que Deleuze era muito sensível ao caráter revolucionário da arte pop. Encontrei pelo menos duas passagens em que a arte pop é mencionada de forma positiva. Quase no final de *Diferença e repetição* (1969) ele fala da arte em geral como uma forma de produção de diferenças através de repetições. A arte não é imitação, mas repetição. A arte tem a capacidade de se apropriar dos mecanismos de autoprodução da sociedade de consumo, fazendo ressoar o que há de crueldade nas distrações e entretenimentos, o que há de consumismo nas destruições das guerras, enfim, reproduzindo esteticamente as mistificações e ilusões que constituem a essência supostamente "real" da nossa civilização. Segundo Deleuze, cada arte tem suas técnicas através das quais o poder crítico e revolucionário pode atingir seu valor máximo, promovendo uma abertura para a invenção, para a liberdade. Entre os exemplos oferecidos está justamente "a maneira em que a pop-art na pintura soube cultivar a cópia e a cópia da cópia, etc., até a este ponto extremo onde ela se reverte e se torna simulacro (assim como nas admiráveis séries 'serigênicas' de Warhol, onde todas as repetições, de hábito, de memória e de morte, se encontram conjugadas)" (DELEUZE, 1985, p. 375).

A outra passagem em que a arte pop é mencionada encontra-se no final do texto "Platão e o simulacro", no livro *Lógica do sentido*" (1969). O texto trata da "ex-versão"[5] [*renversement*] do platonismo,

---

5 *Em 2001 eu usava ainda o termo "ex-verter", em uma tentativa de tradução do termo deleuziano* renversement, *que normalmente é traduzido como "reverter". "Ex-verter"*

quer dizer, da fuga ao domínio da representação que estabelece uma divisão e uma hierarquia entre inteligível e sensível, essência e aparência, original e cópia. A crise de platonismo se dá a partir da afirmação e produção de simulacros, quer dizer, de imagens construídas a partir da dessemelhança, da alteridade, da diferença. Os simulacros impossibilitam as hierarquias, pois desvelam o original e a cópia, eles mesmos, como simulações. Deleuze diz que o momento da arte pop é justamente um dos ápices dessa capacidade que a arte moderna tem de transformar o artificial do cotidiano em simulacro e, com isso, destruir a suposta realidade dos modelos em que as cópias se apoiam (Cf. DELEUZE, 1989, p. 307).

Se a pop-art tem esse poder revolucionário de promover uma ex-versão do platonismo, seria essa também a vocação da *pop'philosophie*? Sabemos que Deleuze não se limitou a um mero elogio da arte pop, mas incorporou algumas das suas técnicas, tais como a colagem (DELEUZE, 1985, p. 4) ou a assim denominada tática de "*pick up*" (captar a onda, a ocasião, a oportunidade), escrever através da desterritorialização constante das ideias (DELEUZE, 1977, p. 16, p. 25). Além disso, o autor sempre enfatizou o caráter experimental e criativo da sua filosofia. "Não há céu de conceitos", quer dizer, os conceitos não estão prontos e acabados, os conceitos são blocos que reúnem sentidos múltiplos e que, portanto, não explicam nada, mas sim precisam ser explicados. Conceitos exigem problemas e ideias, mas ter ideias é muito difícil, é preciso que haja uma necessidade. A filosofia tem, portanto, uma relação íntima com a arte, é ficção. Por isso Deleuze expressa uma maior preocupação com a forma do que com o conteúdo. O estilo é essa capacidade de "ser como um estrangeiro na sua própria língua" (ibid., p. 11), quer dizer, ser capaz de permitir uma certa heterogeneidade (um balbuciar) no

---

indicaria o movimento de girar para fora das dualidades hierárquicas típicas da metafísica. Somente a partir de meados de 2010 passei a usar o termo "transverter", considerando-o mais adequado por não prometer um "fora" da metafísica, algo impossível, mas um movimento mais sutil e mais ambíguo de atravessar os binarismos e suportar deixar ser atravessado por eles até que lentamente percam a centralidade e a força.

dizer, no escrever, no pensar. Para a criação conceitual é necessário o desenvolvimento de um certo "gosto", cujo procedimento pode ser sutil ou violento. A violência se mostra mais evidente quando Deleuze fala de sua relação com a história da filosofia: roubo, sequestro, violação. Já é famosa a definição de sua maneira de ler como uma forma de "sodomia fértil", quer dizer, de perverter os códigos estabelecidos de como deve se interpretar os ícones do cânone tradicional: "Eu me imaginava chegando pelas costas de um autor e lhe fazendo um filho, que seria seu, e, no entanto, seria monstruoso" (DELEUZE, 1996, p. 14). Deleuze cita nos *Dialogues* um poema de Bob Dylan: "sim, sou um ladrão de pensamentos" (p. 13). Roubar tem uma lógica toda outra da *aufheben* hegeliana. Não se trata de negar e conservar, mas de encontrar e apropriar. Trata-se uma violência contra as estruturas de poder da tradição filosófica, que funciona como uma escola de intimidação, fabricando burocratas incapazes de pensar. Contra essa imagem castrativa do pensamento eram necessárias novas imagens do pensamento, na verdade, um pensamento sem imagem definitiva, um pensamento-acontecimento: *pop'philosophie.*

A filosofia pop segundo Deleuze caracteriza-se justamente por colocar em relação constante a filosofia com a não filosofia, deixando assim que diferentes saberes se interfiram, ressoem, repercutam entre si: "O que me interessa são as relações entre as artes, a ciência e a filosofia. Não há nenhum privilégio de uma destas disciplinas em relação a outra. Cada uma delas é criadora" (DELEUZE, 1985, p. 154.). Arte, ciência e filosofia são respectivamente formas de criação de funções, de agregados sensíveis, de conceitos. Essa busca de aliança com outros discursos vai no movimento contrário da "metafísica da pureza", que tem em Hegel seu maior defensor e que advoga pela imagem imaculada do pensamento. Entretanto, a ideia de uma contaminação recíproca entre filosofia e arte não tem nada a ver com a maneira tradicional de usar obras de arte (poesias, pinturas etc...) como ilustração ou comprovação do discurso filosófico. Esse tipo de atestação é apenas uma tentativa de fazer com que a arte trabalhe para a racionalidade, mas não representa um verdadeiro contágio de discursos. Trata-se de algo diferente. Na filosofia pop o esporte, por exemplo, pode ser visto como uma forma de arte e a filosofia, por sua vez, como uma forma de esporte. Não o esporte tradicional, mas do tipo radical: "Todos os novos esportes – surfe, windsurfe, asa delta [CF: e o skateboard] – são do tipo: inserção numa onda preexistente. Já não é uma origem enquanto ponto de partida, mas uma maneira de colocação em órbita. O fundamental é como se fazer aceitar pelo movimento de uma grande vaga, de uma coluna de ar ascendente, 'chegar entre' em vez de ser origem de um esforço" (ibid., p. 151.). A filosofia pop segundo Deleuze recusa o problema das origens, dos valores eternos, das abstrações, assim como os esportes radicais não se baseiam mais em ponto de apoio ou alavanca. A filosofia pop cria seus conceitos como dobras, para além da oposição e a hierarquia entre profundidade e superfície, assim como no surfe a onda é explorada como um tubo, um dentro que não é interior, um fora que não é exterior (Cf. DELEUZE; GUATTARI, 1991, pp. 38-59). E finalmente na entrevista *Sobre a filosofia* (1988) Deleuze acrescenta: "nada se opõe a que em princípio um curso [de filosofia] seja um pouco até como um concerto de rock" (DELEUZE, 1992, p. 174). Quem já foi a um concerto de rock sabe que se trata de um evento para o qual exige-se uma longa preparação, mas que não segue fórmulas ou receitas, pois é produzido a partir do encontro de alteridades. No palco como na aula, é fundamental uma certa dose de improviso.

A filosofia pop segundo Deleuze não pretende ser apenas uma forma de tolerância com o não filosófico, mas é um assumir com dignidade a dimensão não filosófica que está no coração mesmo da filosofia: "A filosofia não pode se contentar em ser compreendida de maneira somente conceitual, mas se endereça também aos não filósofos, em sua essência" (DELEUZE; GUATTARI, 1991, p. 43). O não filósofo tem que aprender a pensar filosoficamente, o filósofo pop tem que reaprender a pensar não filosoficamente, tem que apelar ao povo. Onde está o povo? O "povo" normalmente é definido pelas relações com seu sangue, solo ou costumes. Um povo nômade, ao contrário, não se define pelos terrenos que ocupa, quaisquer que sejam (relação de parentesco, de nacionalidade, de língua etc.), mas cria seu próprio território, na medida em que o habita, na medida em que corresponde ao apelo do filósofo. O "popular" não existe como algo dado, precisa ser constantemente reinventado, precisa acontecer sempre e de cada vez.

A filosofia pop não é "filosofia engajada", mas é micropolítica, promove e permite desterritorializações. Abandonar o território, com suas regras, repressões e microfascismos e reterritorializar--se, quer dizer, buscar alternativas dentro do sistema, abrir linhas de fuga (vias que nos transportam para fora da moldura, do enquadramento). Linhas de fuga por onde entram correntes de ar (para que não sufoquemos). A filosofia pop não tem que ser a filosofia de ou sobre Deleuze[6], mas pode e deve ser "deleuziana", se entendermos esse termo como sinônimo de criatividade e experimentação. A filosofia pop também não tem que ser moderna a qualquer preço, sob risco de cair nas armadilhas do pop II, quer dizer, do discurso urgente e desvanecente. Por outro lado, talvez a filosofia pop hoje não possa também retornar aos moldes do pop I, dos anos sessenta, uma época de obstinada reação às matrizes culturais estabelecidas. Talvez seja necessário agora inventar o pop III ou o pop IV (já que "pop3" é o nome de um protocolo de trocas de arquivos na internet). Em inglês existe o verbo "to pop", que quer dizer "explodir" (daí o termo "*popcorn*", pipoca, ou o grão que explode). Em inglês existe também uma expressão que aprecio muito: "*to pop the question*".

---

6 Existem nas últimas décadas várias tentativas, dignas de nota, de fazer filosofia pop, quer dizer, de expor a relação intrínseca da filosofia com a não filosofia. Entre vários exemplos a serem mencionados, cito a filosofia dos gestos cotidianos, tais como ouvir música ou fazer a barba, de Vilém Flusser: *Gesten: Versuch einer Phänomenologie*, 1984 [*nesse meio tempo parcialmente traduzido no Brasil pela Editora AnnaBlume*]. Ou ainda o relato de uma reflexão sobre a natureza realizada durante uma viagem de carro da costa leste à costa oeste dos Estados Unidos pela professora alemã Ute Guzzoni; Über *Natur: Auszeichnungen Unterwegs* [*Sobre a natureza: anotações de viagem*], 1995. E mais recentemente a irreverente e bem-sucedida proposta de diversos filósofos americanos em pensar questões éticas a partir dos personagens da série de desenho animado "Os Simpsons": *The Simpsons and Philosophy*, editado por William Irwin, 2001.

Essa frase é usada alusivamente para “propor em casamento”, mas que quer dizer literalmente “explodir a questão”. Talvez a filosofia tenha que ser sempre e a cada vez “pop”, no sentido de deixar explodir as questões que são essenciais, ex-vertendo e reorganizando insolentemente as distinções e hierarquias entre conceito e imagem/som; ciência e arte; profundo e superficial; erudito e popular.

Rio de Janeiro, inverno de 2001.

CHAUÍ E SEUS PLATÕES [2002]

Ensinar e aprender filosofia podem ser atividades estimulantes. Ou não? O filósofo tem prioritariamente um compromisso com a coisa a ser pensada, mesmo que isso possa soar ininteligível e entediante. O não filósofo tende a rejeitar o que não compreende e sente-se ameaçado em suas convicções ao deparar-se com vocábulos e raciocínios inusuais. Para quem está "de fora", a filosofia pode parecer uma grande viagem, um delírio de palavras sem muita utilidade prática. Qualquer professor de filosofia tem, por sua vez, histórias para contar, histórias de resistências, desencontros, impotência. Certa vez, recém-saído da graduação, uma estudante secundarista me perguntou logo na primeira aula, em tom de desafio, qual era o nome da mãe de Platão. Um pouco contrariado, respondi que não me lembrava, mas que tal informação era irrelevante para a compreensão do pensamento platônico. Então ela sorriu e disse, com uma ironia cruel: "Eu sabia que você não entendia nada de filosofia!" Fiquei pasmo. Para mim era difícil lidar com esse tipo de arrogância ingênua, assim como para ela deveria soar insuportavelmente autoritário que um outro decidisse o que é relevante ou não na hora de aprender e ensinar. Refeito do susto, tomei duas decisões importantes. A primeira foi mais prosaica: para evitar futuros desencontros pedagógicos, resolvi decorar o nome da mãe de Platão; aliás não só o da mãe, como o de toda a família (pai, tios, irmãos, primos, etc). A segunda decisão foi mais relevante: passei a dedicar a partir daí maior importância à necessidade de acolher a dimensão existencial na tarefa, em si política, de compartilhar o pensamento com os ainda-não-filósofos.

Essa é a versão não editorada da resenha publicada no Caderno Prosa e Verso do jornal O Globo, *em 08/06/2002, sob o título "Chauí e seus Platões". O título original era na verdade "Mil Platões", uma brincadeira com o livro* Mil platôs, *de Deleuze. Foi após a publicação dessa resenha que recebi um convite de Sheila Kaplan, então editora da Ediouro, para escrever minha própria introdução à filosofia no modo pop, o que acabou resultando, cerca de dois anos depois, no livro* Explicando a filosofia com arte *(2004).*

Tanto para quem ensina, como para quem estuda filosofia, o relançamento nesse ano de 2002 do livro de Marilena Chauí, *Introdução a história da filosofia: dos pré-socráticos a Aristóteles*, deve ser um motivo de comemoração. Trata-se da segunda edição "revista, ampliada e atualizada" de uma minuciosa, mas acessível, exposição dos primórdios da filosofia. Nota-se durante a leitura a preocupação constante da autora em explicitar expressões fundamentais (tais como *ousía, aísthesis* ou *lógos*) à medida que vão aparecendo no texto (um glossário de termos gregos pode ser encontrado no final do livro). Além disso, o uso, mesmo que parcimonioso, de mapas, imagens e informações históricas ajuda a compor um painel do contexto social e político da época do surgimento da filosofia (entre os séculos VII e V a.C.). O livro percorre os passos dos principais pensadores antigos, desde pré-socráticos tais como Parmênides e Heráclito, além dos luminares Sócrates, Platão e Aristóteles, passando ainda pelos sofistas e outros menos famosos como os megáricos, os cínicos e os cirenaicos. Aspectos da vida, da constituição do *corpus*, das principais ideias relativas ao conhecimento e à virtude; à lógica e à arte; à natureza e à felicidade, são analisados de forma competente, às vezes com a enriquecedora cooperação das interpretações modernas e contemporâneas de Hegel, Nietzsche e Heidegger.

Apesar do aparato didático (que inclui índice remissivo, onomástico e uma bibliografia selecionada), Marilena Chauí, professora renomada da USP, escolhe acertadamente não sacrificar a complexidade do tema em nome de um acesso excessivamente simplificado. No primeiro capítulo, por exemplo, que trata do "Nascimento da filosofia", são expostas e, principalmente, mantidas as antinomias em torno da origem da filosofia (pp. 19-29): a filosofia é uma invenção puramente grega ou o resultado de um comércio cultural com a civilização oriental? O gesto filosófico nasce na Grécia de um desejo de harmonia e medida ou da coragem em assumir o lado cruel e sombrio da existência? Seria a filosofia uma refutação ou o coroamento da mentalidade mitopoética? Já no capítulo dedicado a Platão (4. "O nascimento da razão ocidental"), ao invés de apresentar uma imagem única, supostamente autêntica do antigo pensador, a autora enfatiza a "variedade de Platões" (p. 222), conforme a diversidade de leituras e de interpretações (há o Platão do neoplatonismo, do cristianismo, do renascimento, dos românticos, de Nietzsche etc.). Chauí mostra que essa pluralidade de imagens, quase como se fossem "Mil Platões", não é argumento para a acusação de que a história da filosofia é uma espécie de vale-tudo interpretativo. Ao contrário, a diversidade das faces deve ser reconhecida justamente como a força do pensamento platônico (uma característica que também se aplica ao pensamento parmenídico, heraclitiano ou aristotélico), na medida em que manifesta o potencial inesgotável de suas indagações diante das questões culturais, políticas e científicas de cada época.

O livro termina com uma breve exposição da *Poética* de Aristóteles, obra fundamental para a compreensão dos rumos atuais da arte. Não há como evitar uma certa sensação de prazer interrompido. A editora prevê o lançamento dos próximos volumes (sobre helenismo e patrística; pensamento medieval e renascentista; filosofia moderna, respectivamente) a partir do início de 2003. Entretanto, em uma recente entrevista ao suplemento Megazine, do jornal *O Globo*, a autora confessa ter começado a reavaliar o projeto ao perceber que o livro não estava sendo lido por estudantes secundaristas, público-alvo original, mas por alunos avançados da graduação em filosofia. Como uma engajada defensora do ensino de filosofia no segundo grau, é compreensível sua decepção (vale lembrar que, ano passado, o projeto de lei, aprovado pelo Senado e pela Câmara dos Deputados, que tornava obrigatória as disciplinas de filosofia e de sociologia no ensino secundário foi vetado[1]. Perdeu-se assim a oportunidade de atenuar os efeitos dos quase vinte anos de proibição do ensino de filosofia, durante o regime militar. É notório que há um declínio generalizado no nível do ensino médio. Todavia, talvez seja também a hora de reconhecer um certo esgotamento da ideia de que a iniciação ideal à filosofia passe prioritariamente através da sua história, em particular da filosofia grega. O início da filosofia não é nunca o mais fácil e nem o mais acessível. Há certamente um

1 *O presidente à época era o sociólogo Fernando Henrique Cardoso.*

excesso de preocupação com a tradição nas nossas aulas de filosofia. Sabemos desde Hegel que a história da filosofia é a "nossa história", somos o resultado de um longo processo de ensaios e erros. Sabemos também desde Heidegger que a coisa do pensar tem sempre sua própria historicidade. É por isso que qualquer reflexão sobre problemas mais urgentes e atuais permanecerá sempre na superfície, caso não leve em conta sua genealogia metafísica. Os impasses éticos da clonagem humana, por exemplo, só poderão ser plenamente enfrentados se acompanhados de um questionamento da tradicional definição aristotélica de homem como um animal predominantemente pensante e falante, cujo sentir e ouvir são secundários. A história da filosofia pode, entretanto, funcionar como uma instituição repressiva, tolhendo nossa capacidade de criar conceitos próprios. Talvez tenha chegado o momento apropriado para tentar outras maneiras de oferecer o convite à filosofia, seja atribuindo mais prioridade a temas e aos problemas do que à série cronológica dos autores; seja usando material mais dinâmico (jornais, quadrinhos, filmes, letras de música) como inspiração para o pensamento. Nada substitui a leitura dos clássicos, onde os problemas são tratados de forma rigorosa e radical. Mas para ensinar e aprender filosofia é preciso repetir o gesto investigativo dos filósofos, ao invés de simplesmente comentar os resultados dessas investigações. A própria autora diz na referida entrevista que pretende doravante usar letras dos rappers para ensinar política e ética aos jovens. Enquanto ainda não for disponível o resultado dessa luminosa experiência, a leitura da *Introdução à história da filosofia* de Marilena Chauí continua sendo uma obrigação para quem quer entender como chegamos e como podemos escapar dos dilemas culturais da nossa época, que oscila entre a mera continuidade das grandes e desgastadas narrativas tradicionais e a completa ausência de interesse pela busca de sabedoria e pela criação de novos valores. Finalmente, para quem ficou curioso, confira na página 212 do livro de Chauí o nome da mãe de Platão e impressione seus amigos, alunos ou professores.

Rio de Janeiro, outono de 2002.

DICAS PARA O PROFESSOR:

EXPLICANDO A FILOSOFIA COM ARTE [2004]

Caro (a) prof. (a),

O livro *Explicando a filosofia com arte* foi planejado como um texto de apoio para o ensino e a prática da filosofia. O livro é dividido em 7 capítulos, sendo o primeiro introdutório e os outros, temáticos. Os capítulos podem ser trabalhados durante um ano letivo no ensino médio ou dois semestres no ensino superior, sempre respeitando o andamento da compreensão de cada turma. A leitura do livro pode ser complementada com atividades que ampliem o entendimento e a profundidade das discussões. Este caderno contém uma série de sugestões nesse sentido.

Lembre-se sempre que *Explicando a filosofia com arte* não é nem uma história, nem uma enciclopédia da filosofia, mas uma aproximação ao pensar, com o apoio da arte, através de temas, questões e problemas.

Para realizar um curso de filosofia que não seja vazio de interesse para os alunos é preciso um pouco de coragem para sair do terreno seguro do mero comentário aos autores e a seus sistemas, onde o professor apenas é fonte de informações ou segue receitas já previamente elaboradas. Por isso, sinta-se encorajado a não se restringir apenas ao conteúdo do livro, mas a usá-lo como um modelo flexível, que

Em 2004 a Ediouro me solicitou material adicional de apoio para os professores de ensino médio que quisessem usar o meu livro Explicando a filosofia com arte *como suporte paradidático no ensino de filosofia e de artes. Infelizmente esse material permaneceu inédito até agora. Não é um "manual do professor", pois não coloca "nada à mão". Sinto, ao contrário, como se tivesse aberto meu baú sentimental de livres associações entre temas, conceitos e materiais das artes. Era o início da expansão da internet, mas ainda muito antes da explosão das redes sociais digitais. Essas "Dicas para o professor" constituem o making of do meu livro e eu o compartilho na expectativa de que alunos ou professores façam o mesmo, cada um e a cada vez do seu modo.*

pode ser alterado – seja através da inclusão de outros autores, seja através da expansão dos temas a serem discutidos em sala de aula.

A meta não é apenas conhecer o pensamento dos grandes filósofos, mas pensar a partir deles e às vezes até para além deles. Ensinar filosofia de um modo não estritamente histórico exige uma atitude dinâmica do professor. A leitura dos textos "clássicos" sobre os temas é sempre recomendada, mas também é saudável exercer um certo desrespeito pelo "cânone" filosófico. Outros textos, literários, teatrais, poéticos etc. podem inspirar também a reflexão. Visitas organizadas a museus, teatros ou cinemas são experiências sempre enriquecedoras. Além disso, às vezes uma observação bem orientada de um gesto simples da vida cotidiana, tal como "olhar-se no espelho", pode ser o caminho mais fácil para um mergulho aprofundado no mundo da filosofia.

Um dos principais perigos da abordagem temática consiste em acreditar que não é preciso mais ter cuidado com o que é dito e com a forma como é dito. Ao contrário, quanto mais nos afastamos dos autores e insistimos com as questões, mais rigor e precisão se faz necessário. Só é possível improvisar a partir de uma base sólida e bem fundamentada.

Para evitar que a aula se transforme apenas em uma discussão até animada, mas totalmente vaga e desconectada de uma abordagem filosófica, é importante que o professor assuma a posição de mediador, ajudando a organizar as ideias, evitando longos desvios do tema proposto, chamando a atenção para aspectos menos evidentes da questão. Além disso, é recomendável que o contexto histórico dos autores mencionados seja apresentado pelo professor durante as aulas, sempre que possível, como uma referência adicional para as discussões.

A avaliação em filosofia é sempre um desafio, já que não há um certo ou um errado absoluto. Recomendo observar a participação de cada aluno nas discussões e estimular constantemente a leitura e a escrita. As redações devem ser avaliadas mais pela qualidade do que pela quantidade, isto é, pela capacidade de articular a compreensão do conteúdo com uma postura de autonomia e de coerência em relação aos assuntos investigados.

Minha experiência como professor de filosofia mostrou a importância decisiva de conversar constantemente com os alunos para saber os livros que estão lendo, os programas que estão vendo na TV, as músicas que estão ouvindo nas rádios, enfim, para conhecer o mundo no qual eles transitam. Essas conversas tornam a aula um acontecimento singular, ao mesmo tempo rico e envolvente, facilitando o contato dos alunos com a experiência do pensar.

A atividade de ensinar pressupõe um gesto de "doação de tempo" – no sentido derridiano – por parte do educador, uma espécie de generosidade irrestrita e incondicional, desde a disposição para o planejamento das aulas, passando pela busca constante de novos materiais, até a capacidade para ouvir e entender seus alunos. *Explicando a filosofia com arte* não pode fazer nascer essa hospitalidade com as diferenças, mas espera contribuir para tornar ainda mais intenso o trabalho daqueles que já fazem do ensino da filosofia seu ofício e sua paixão.

CAPÍTULO I

O objetivo deste capítulo é explicar que a filosofia é um jeito diferente de olhar para o mundo, mas não uma forma de alienação da realidade. As atividades desse primeiro módulo devem se pautar por experiências que promovam surpresa, admiração e até crise a respeito de nossas certezas.

1) Uma boa e simples experiência consiste em observar o ambiente ao redor dos alunos e promover uma discussão. A disposição das carteiras é em círculo ou em fileiras? Qual disposição indica um ambiente de maior ou menor submissão às regras? A mesa do professor está um degrau mais elevado? Isso é sinal de uma suposta autoridade? De onde vem essa autoridade? As janelas estão abertas ou fechadas? A paisagem ajuda ou atrapalha o pensamento? Essas perguntas devem direcionar os alunos a se questionarem finalmente sobre o que é uma aula e o que é ensinar e aprender. Por que as aulas têm

sido feitas assim? Sempre foram dessa maneira? E, principalmente, têm sempre que continuar desse jeito? Mesmo que as perguntas fiquem sem respostas, o objetivo do experimento é exercitar um olhar diferente sobre o mundo à nossa volta.

2) Como leitura adicional, sugiro a leitura de *Resposta à pergunta: que é esclarecimento [Aufklärung]* (1784), um ensaio curto, mas vigoroso, de Immanuel Kant (1724-1804). Esse texto pode ser muito interessante para trabalhar com jovens e adolescentes, pois trata da questão da "menoridade". A "menoridade", no sentido jurídico, diz respeito à idade em que a pessoa não é ainda responsável por si própria, dependendo de um adulto que decide e responde por suas decisões. Kant mostra que a "menoridade" não se restringe à idade legal, mas à atitude que cada um tem diante da vida. Qualquer pessoa, não importa a idade, pode continuar "menor" se precisar de um tutor, seja um professor, um padre ou um político, enfim, alguém que o alivie da tarefa de pensar por si próprio e de tomar as suas próprias decisões. "Esclarecimento" significa então ter coragem de aprender a pensar autonomamente, isso que nada mais é do que mais uma definição da atitude filosófica diante do mundo. Durante a leitura vale a pena ainda discutir acerca da possibilidade ou não de esclarecimento não apenas do indivíduo, mas de uma comunidade, um povo ou uma nação.

3) Outra leitura adicional interessante é o texto de Gilles Deleuze intitulado *O ato de criação* (1987). Trata-se de uma palestra dirigida para estudantes de cinema, onde Deleuze defende a tese de que a filosofia é uma "arte de criar conceitos". A definição deleuziana traz duas importantes consequências; primeiro, que a atividade criativa não é uma propriedade exclusiva dos artistas (ou dos profissionais de propaganda); segundo, que os conceitos não estão prontos e acabados em um "céu de conceitos", esperando para serem observados, contemplados ou elucidados. A leitura dessa palestra pode servir de pretexto para uma discussão acerca do papel da criatividade na arte e na ciência e em que medida a educação escolar pode incentivar ou reprimir a imaginação dos alunos.

4) Um filme cuja exibição e discussão seria apropriada aqui é *Fahrenheit 451* (1966), de François Truffaut. Baseado em livro de Ray Bradbury publicado em 1953, o filme mostra um estado totalitário em um futuro próximo, onde os "bombeiros" têm como função principal queimar qualquer tipo de material impresso, pois foi convencionado que literatura é um propagador da infelicidade. Até que um bombeiro começa a questionar tal linha de raciocínio quando vê uma mulher preferir ser queimada com sua vasta biblioteca ao invés de permanecer viva. A partir desse filme pode ser discutida a relação entre ler e pensar, como condição de possibilidade para o surgimento de uma resistência contra as formas totalitárias de poder.

5) Outro filme recomendado é *Janela da alma* (2002), de João Jardim e Walter Carvalho. São vários depoimentos de pessoas com diferentes graus de deficiência visual, da miopia discreta à cegueira total, sobre o modo como percebem o mundo. O escritor e prêmio Nobel José Saramago, o músico Hermeto Paschoal, o cineasta Wim Wenders, o fotógrafo cego franco-esloveno Evgen Bavcar, o neurologista Oliver Sacks, a atriz Marieta Severo, entre outros, falam sobre o significado de ver ou não ver em um mundo saturado de imagens. A partir desse filme pode ser reforçada a noção de que existem várias maneiras de se ver o mundo, entre os quais destaca-se o olhar filosófico, aquele que se pretende praticar durante o curso.

CAPÍTULO II

O objetivo principal deste capítulo é mostrar que vivemos em uma época em que o "real" não é homogêneo, nem constitui uma base absolutamente segura para a nossa existência. Essa situação pode ser tanto aterrorizante quanto instigadora. Durante o capítulo são discutidas as vantagens e desvantagens das principais teorias do real: o realismo e o relativismo. Por fim, busca-se mostrar que a coragem de dizer "adeus ao real" pode representar um primeiro passo rumo a uma sociedade livre dos discursos absolutizantes e dogmáticos.

1) Muitas observações do cotidiano podem ser feitas aqui, todas apontando para a ambivalência das perspectivas. Um automóvel pode ter vários significados, seja para um motorista, um pedestre, um guarda de trânsito ou um ladrão. O importante é fazer o aluno perceber que a pluralidade de realidades não se funda na pluralidade de pessoas, como se "cada cabeça fosse um mundo". É algo muito mais radical: cada pessoa pode ter várias realidades, o mesmo automóvel pode ter várias significações para a mesma pessoa, dependendo da atitude que ela assumir em cada situação, por exemplo, em uma rua congestionada, na plateia de uma corrida, em uma oficina ou ainda tentando dormir apesar do barulho de uma rua movimentada à noite. Existem tantas realidades quantas forem as interpretações, de uma ou de várias pessoas.

2) Uma leitura fundamental para discutir as teorias do real é a "Alegoria da caverna", de Platão. É importante frisar que esse texto está inserido em uma investigação sobre a justiça (*A república*). Ao invés de tentar definir essa difícil noção, Platão mostra Sócrates descrevendo uma cidade justa, perfeita e ideal. A alegoria serve como um argumento para convencer o leitor de que há um mundo mais verdadeiro do que aquele acessível pela percepção sensível. A leitura dessa alegoria pode enriquecer a análise de filmes mencionados no capítulo, tais como *Matrix*, *Clube da Luta* e *13º andar*, todos, não por coincidência, realizados em 1999.

3) Recomendo também a leitura do §57 de *A gaia ciência* (1882), de Nietzsche. Em certo momento do aforismo ele diz, em tom de desafio: "Ali, aquela montanha! E aquela nuvem! O que é 'real' nelas? Subtraiam-lhes a fantasmagoria e todo o humano acréscimo, caros sóbrios! Sim, se pudessem fazê-lo!". A estratégia de Nietzsche consiste em expor a história passada da noção de "realidade", mostrando como ela é produzida através de séculos e séculos de interpretações apaixonadas.

4) Além dos filmes mencionados no capítulo, recomendo também assistir com os alunos a película *O gabinete do Dr. Caligari*

(1919), de Robert Wiene. Esse clássico do cinema parece à primeira vista contar apenas mais uma história de suspense: Francis, um homem internado em um hospício, fala a um outro, em flashback, de uma série de assassinatos cometidos em uma cidade do interior da Alemanha. Tudo começa a partir da chegada de uma feira itinerante na qual se destaca o Dr. Caligari, um velho assustador, que comanda Cesare, um homem sonâmbulo que dorme em um esquife e é capaz de predizer o futuro. Na verdade, o filme promove uma inquietação no espectador, na medida em que embaralha as fronteiras entre o que é supostamente real e o que é sonho ou fantasia.

5) Por fim, sugiro a exibição e discussão do longa de animação *Waking Life* [Vida que desperta] (2001), de Richard Linklater. O filme narra a estória de um jovem que aos poucos começa a ter dúvidas se a sua vida cotidiana não é um sonho do qual não consegue acordar. É recomendável que os alunos assistam ao filme munidos de blocos de anotações, pois diversas teorias filosóficas e científicas a respeito dos sonhos são mencionadas pelos personagens, em um clima de suspense e de mistério.

CAPÍTULO III

O objetivo do terceiro capítulo é refletir sobre a ciência e a técnica. A ciência ocupa um lugar central em nossa sociedade, e é considerada, com certa razão, o máximo de desenvolvimento da humanidade. A proposta do capítulo é contar os principais passos das histórias das relações entre a filosofia e a ciência, mostrando que nem sempre a ciência foi praticada da maneira como a conhecemos hoje, e que, consequentemente, não tem que permanecer sempre assim. Não se trata de uma recusa da eficácia da tecnologia, mas de um alerta acerca das vantagens e das desvantagens do conhecimento para a vida humana na terra.

1) A vida cotidiana está contaminada de tecnologia e de ciência em todos seus aspectos. Uma boa ideia para começar uma discussão sobre o tema é observar a evolução dos instrumentos de escrita, da argila até o computador, passando pela pena, caneta e máquina de escrever. Nessa observação os alunos podem ser estimulados a refletir sobre o grau de envolvimento do corpo no ato de escrever com cada um desses instrumentos e ainda sobre a questão de se o tipo de aparelho escolhido interfere no conteúdo e na forma da escrita.

2) Uma leitura complementar fundamental é o livro de David Hume (1711-1776) chamado *Investigação sobre o entendimento humano* (1648), especialmente o capítulo V. Nesse famoso texto o pensador escocês sugere que os princípios da causalidade e da indução, bases da ciência moderna, não se fundam nem na experiência, nem na racionalidade, mas em uma crença adquirida pelo hábito. A leitura desse texto pode ser acompanhada por uma análise dos modos de procedimento argumentativo nas disciplinas científicas lecionadas tradicionalmente na escola e, mais profundamente, da crença de que elas se fundam em uma racionalidade pura.

3) Paul Feyerabend é citado várias vezes no capítulo III. Seu principal livro, *Contra o método* (1975), realiza uma denúncia das relações entre saber e poder e propõe uma reavaliação do modo como o ensino da ciência é absorvido pela sociedade. Recomendo especialmente a leitura do capítulo XVIII, onde o filósofo mostra como os assim chamados "milagres tecnológicos" contribuem para a ideia fantasiosa de que a ciência é uma atividade livre de ideologias políticas e econômicas.

4) A internet é uma fonte inesgotável de material de ensino, na forma de textos, imagens ou sons, suprindo as eventuais deficiências das bibliotecas das nossas escolas. Uma dica de leitura adicional aqui é o texto de Max Shulman intitulado "O amor é uma falácia", que pode ser consultado no site http://www.cella.com.br/conteudo/conteudo_99.pdf. Trata-se de uma minipeça de teatro, muito

inteligente e muito bem-humorada. É a história de um estudante que resolve aperfeiçoar a mente de sua futura namorada, ensinando-lhe os fundamentos da lógica. Essa peça pode ser facilmente encenada com os alunos e é um ótimo pretexto para uma discussão sobre a sutil diferença entre silogismos e falácias tanto no amor, como na ciência e na política.

5) Além dos filmes mencionados no capítulo III, recomendo *A guerra do fogo* (1981), de Jean-Jacques Annaud. O filme se passa nos tempos pré-históricos. A tribo Ulam vive em torno de uma fonte natural de fogo. Quando este se extingue, três membros saem em busca de uma nova chama. É importante enfatizar a facilidade de obter fogo nos dias de hoje, graças à tecnologia. O antigo mito de Prometeu, que rouba o fogo dos deuses, pode também ser trazido à discussão.

CAPÍTULO IV

O capítulo IV trata da natureza, essa dimensão misteriosa ao redor de nós e em nós. O objetivo principal é mostrar que a natureza tem sido predominantemente considerada como uma instância inferior, uma espécie de matéria bruta, disponível para apropriação, controle e exploração. Essa atitude vale tanto para a natureza inanimada que nos circunda, como para os animais e ainda para a natureza que há em nós, nosso corpo. Propõe-se então uma posição de resistência contra essa postura de dominação, mesmo nos aspectos em que ela parece menos evidente, como na vida cotidiana, por exemplo.

1) Aulas ao ar livre no pátio da escola são uma ótima maneira de tornar ainda mais concreta e profunda a discussão sobre nossa relação com a natureza. Simples passeios pelas ruas do bairro podem gerar uma atmosfera mais apropriada do que uma sala fechada e apertada para conversar sobre os elementos culturais e naturais que compõem uma paisagem. Visitas a parques e zoos são também atividades complementares ideais para discutir a noção de

"animalidade", desde que acompanhadas de um referencial teórico pré-programado.

2) Uma boa maneira de se exercitar o olhar filosófico pode ser uma questão provocativa, que subverte nossa compreensão usual das coisas. Plantar uma flor ou uma árvore é considerado hoje um ato ecológico, ao passo que caçar, ao contrário, está associado à crueldade contra os animais e a natureza em geral. Entretanto, não seria o ato de plantar um gesto perverso, o exemplo básico da relação violenta do homem contra a natureza? Plantar envolve uma astúcia ambiciosa: cava-se buracos no chão, colocam-se sementes, que são cobertas com terra. Então senta-se e espera-se. A perversão do gesto está no fato de quando plantamos, estamos forçando a natureza a trabalhar para nós e contra si própria. Caçar, ao contrário, pode ser menos perverso e violento do que plantar. Na caça coloca-se armadilhas ou redes e espera-se com medo ou esperança pela surpresa. A espreita na caçada é uma relação ambígua, pois de um lado pressupõe um tipo de raciocínio estratégico, que nenhum animal de rapina seria capaz. Mas por outro lado trata-se de um raciocínio não calculista, já que está sujeito ao acaso e à imponderabilidade. A polêmica em torno dessas e outras questões similares pode contribuir para uma reaprendizagem de nosso olhar sobre a técnica e a natureza.

3) Uma leitura adicional interessante aqui é o capítulo "O corpo como expressão e fala", do livro *Fenomenologia da percepção* (1945), de Merleau-Ponty. Trata-se de uma investigação acerca da ambiguidade que constitui nosso corpo, algo que temos e que ao mesmo tempo nos tem. O autor parte do pressuposto de que não é possível determinar claramente na existência humana uma parte que sente e outra que pensa. O corpo é, ao contrário, a dimensão sensível do pensamento; o corpo pensa e é inteligente. Merleau-Ponty defende a noção de que a mente é apenas a dimensão invisível do corpo; o pensar é estruturalmente afetado pela percepção sensível e pelas emoções.

4) Sugiro também assistir ao filme *Dersu Uzala* (1975), do cineasta japonês Akira Kurosawa. Dersu Uzala é um caçador que vive nas florestas da Sibéria em completa comunhão com a natureza. Certo dia conhece o chefe russo de uma expedição cartográfica. Apesar das diferentes visões de mundo, nasce daí uma profunda amizade. O filme pode ser visto como um painel básico acerca das diferenças das experiências da natureza no Ocidente e no Oriente.

5) Outro filme interessante, principalmente para jovens e adolescentes, é o premiadíssimo curta brasileiro *Ilha das Flores* (1989), de Jorge Furtado. Trata-se de um documentário ficcional, pois apresenta verdades através de simulações e encenações. O filme conta com humor a trajetória de um tomate, desde a sua produção e revenda pelo supermercado até chegar ao lixo, onde é rejeitado como alimento por porcos, mas disputado acirradamente por crianças pobres famintas. Além de ser uma sutil paródia do modo tradicional de se ensinar, através de um bombardeio de informações inúteis, o filme é também uma indignada denúncia contra as condições sociais ainda vigentes no Brasil. Além disso, *Ilha das Flores* incita a uma reavaliação do lugar tradicional do ser humano na natureza, em contraste com os animais (os porcos) e os vegetais (o tomate).

CAPÍTULO V

Arte e beleza são os temas deste capítulo. Busca-se questionar a expectativa que a filosofia coloca para a arte, a saber, que ela diga a verdade sobre o mundo de uma forma agradável. Diversas respostas possíveis para essa expectativa são analisadas – a arte é perigosa ou é edificante – até chegarmos na era moderna, onde a arte conquista para si o direito de não ter deveres, nem mesmo o de expressar a beleza. A filosofia contemporânea tem um papel crucial nesse processo, ao reconhecer e ajudar a preservar esse direito.

1) Uma atividade instigante seria procurar nas mídias de massa, tais como jornais, TV e revistas, indícios da "ditadura na beleza" na sociedade brasileira. Diversas questões poderiam ser discutidas a partir daí: a beleza ajuda a vender mais? Qual o papel da beleza ou da feiura de um político na sua campanha eleitoral? É eticamente justificável a seleção de candidatos a emprego segundo critérios de boa aparência? A importância da beleza nas relações sociais no Brasil é supervalorizada em contraste com outras culturas? Qual a relação entre beleza, bem e verdade?

2) A polêmica em torno da arte e da beleza pode ser fortalecida com a leitura complementar de *Hípias Maior*, de Platão. O diálogo tem como tema a busca de definição de beleza. O objetivo de Platão era confrontar a imagem do filósofo Sócrates contra o "sofista" Hípias. Os sofistas da Grécia antiga gabavam-se de poder ensinar sobre qualquer assunto, das coisas justas às coisas belas. Durante o diálogo, Sócrates simula um amigo imaginário que vai revelar a fragilidade de todas as definições propostas por Hípias. O tema da discussão, a diferença entre a pergunta "o que é belo?" e "o que é o belo?", é fundamental para entender o procedimento específico da filosofia.

3) Outra leitura recomendada é um ensaio de Imannuel Kant, "Observações sobre o sentimento do belo e do sublime" (1764). Esse texto de Kant é de fácil leitura, pois reúne apenas "observações", e não "reflexões filosóficas". Isso quer dizer que a diferença entre o belo e o sublime é descrita ainda como se fosse uma característica das coisas mesmas. Mais tarde, com a publicação da *Crítica do juízo*, Kant insistirá que a diferença está muito mais no sentimento que cada um tem, de estímulo ou de comoção, independentemente do objeto que está sendo contemplado.

4) Existem muitos filmes que tratam da questão da arte. Um título recente é o *Arca russa* (2002), de Aleksandr Sokurov. O filme foi inteiramente rodado no Museu Hermitage, ex-palácio dos czares russos, em São Petersburgo (ex-Leningrado, na nomenclatura soviética). A

ideia é transformar as obras de arte do museu em um desfile de três séculos de história: Pedro, o Grande; Catarina, a Grande; Catarina II; Nicolau e Alexandra. O baile que encerra o filme funciona como metáfora para os últimos brilhos do império russo.

5) Um outro filme instigante é o documentário sueco *Arquitetura da destruição* (1989), de Peter Cohen. O filme propõe a tese de que o nazismo não era apenas um projeto político, mas também estético, de eliminação da feiura do mundo, identificada pelos alemães como sendo todos os que eram diferentes deles, tais como os judeus, os ciganos, os negros, os homossexuais, os deficientes físicos ou mentais. O filme nos faz pensar que a definição tradicional de beleza, enquanto lugar da ordem, da integridade e da harmonia, carrega dentro de si, como um germe pronto para explodir, a exclusão violenta de tudo o que não se adequar a esses critérios, como se a feiura fosse uma doença para ser curada ou extirpada. Mas não seria isto, que sentimos imediatamente como feio, apenas uma das muitas formas do "outro" se manifestar?

CAPÍTULO VI

O tema do sexto capítulo é o amor. Trata-se de um assunto antigo na história e ao mesmo tempo sempre atual. A questão do amor é importante porque concerne à relação que estabelecemos com a alteridade. Além disso, a dimensão amorosa está presente na própria atividade filosófica, embora nem sempre isso seja reconhecido. O objetivo do capítulo é mostrar que o discurso metafísico e cotidiano sobre o amor trabalha com a noção de fusão e de permanência indefinida. A proposta é questionar os limites dessa concepção e propor uma visão alternativa desse sentimento, enquanto uma experiência transitória de pluralização da existência.

1) Atividades lúdicas são apropriadas aqui. Uma delas seria pesquisar as letras das músicas de sucesso no Brasil e no mundo, da

década de cinquenta aos dias de hoje, buscando identificar nelas os elementos da metafísica tradicional do amor. Esse mesmo tipo de pesquisa poderia ser feito também com obras pictóricas, literárias ou cinematográficas. O material de pesquisa poderia servir de base para uma discussão sobre novas possibilidades de interpretar os sentimentos, desde uma perspectiva que privilegie a finitude do homem, ou seja, seu pertencimento à terra, sua dimensão corporal, seu caráter de ser mortal.

2) *O banquete* de Platão é leitura obrigatória nas discussões sobre o amor. Tanto a ideia de que amor promove a fusão dos indivíduos, quanto a menção à dimensão amorosa da própria filosofia estão expostas nesse texto. Outros títulos aconselháveis para um aprofundamento da questão são a *Metafísica do amor* (1819), de Schopenhauer, e, mais recentemente, *O erotismo* (1957), de Georges Bataille. Ambos textos apresentam teses provocativas; o primeiro, associando o desejo amoroso à necessidade instintiva de reprodução da espécie; o segundo, ao enfatizar a dimensão transgressora do erotismo. Especialmente em um ensaio da segunda parte, intitulado "Sade e o homem normal", em que Bataille procura mostrar como o assim chamado "homem normal" costuma interpretar a força de quem se entrega plenamente ao desejo como sintoma de uma doença insidiosa.

3) O amor é matéria-prima básica da arte, especialmente da literatura e da poesia. Fazer um contraste entre as diferentes atmosferas presentes nos poemas românticos de Manuel Bandeira e nos poemas eróticos de Carlos Drummond de Andrade pode ser o começo de uma discussão intensa sobre as várias possibilidades de vivenciar o amor. Recomendo ainda a leitura do romance *Uma aprendizagem ou o livro dos prazeres* (1969), de Clarice Lispector. O livro conta a história de Lóri, professora primária que passa a viver no Rio de Janeiro após sair da casa de seus pais, em Campos. Ela acaba conhecendo Ulisses, um professor de filosofia, começando então uma jornada em busca de si própria e do prazer sem culpa. Lispector narra a conquista de uma experiência diferenciada de amor a partir de uma ótica feminina.

4) Além dos filmes mencionados no capítulo VI, recomendo ainda *Crônica de um amor louco* (1981), de Marco Ferreri. Inspirado na vida e na obra do poeta underground Charles Bukowski, o filme narra a estória de um poeta anárquico e bêbado, que vive entre prostitutas e marginais. O filme consegue recriar a atmosfera ambígua da poesia de Bukowski, que envolve tristeza e agressividade, lirismo e violência, sensibilidade e revolta. Ver esse filme não é uma experiência agradável no sentido do "entretenimento", mas vale como uma indicação de como o amor pode ser vivenciado para além da metafísica da fusão.

5) Por fim, recomendo assistir a espetáculos de dança, ao vivo ou em videogravações, ou mesmo observar a dança em alguma festa. A dança é um espaço privilegiado para se pensar a relação entre indivíduo e sociedade sob o prisma da interação entre corpos. O pensamento político tradicional costuma interpretar a sociedade sob a mesma lógica da fusão que rege a metafísica do amor, ou seja, como um corpo coletivo (o todo), onde cada indivíduo (a parte) tem uma função específica e planejada. Vejo na dança em geral uma ruptura sutil com a teoria política tradicional, que coloca o todo (a sociedade) como meta das partes (os indivíduos). A coreografia dos bailarinos num palco ou numa pista de dança nos projeta muito mais além, para um lugar em que o todo não mais existe enquanto uma unidade homogênea e, consequentemente, em que os indivíduos não são mais apenas partes. Ao contrário, na dança é exposto o modo como existimos: seres diferentes, instáveis, autônomos, que se tocam e se distanciam de muitas maneiras, que se associam e desassociam conforme o contexto e a situação. Dançar junto não significa mais, então, que as partes busquem se fundir em uma comunidade harmoniosa e sincrônica, nem que uma totalidade se coloque a serviço de um de seus membros. Dançar em companhia se mostra como uma experiência festiva, onde singularidades encontram outras singularidades de maneira assimétrica; tornando-se elas próprias outras, muitas, plurais. Vejo aí uma rica metáfora para o viver em conjunto, seja por amor, seja por vizinhança na cidade e no mundo.

CAPÍTULO VII

O tema do último capítulo pode parecer estranho em um livro voltado para jovens e adolescentes, mas o objetivo é justamente esse, mostrar que é possível ter consciência da morte sem perder a alegria pela vida. Esse capítulo tem uma leve inspiração existencialista, mas vai além ao defender que é somente a partir do reconhecimento da própria finitude que cada um poderá reconhecer e assumir a responsabilidade diante dos outros seres finitos à sua volta.

1) Um texto para ser lido e debatido é o conto de Tolstói, *A morte de Ivan Ilitch* (1886). Trata-se da estória de um funcionário público, que leva uma vida medíocre até que descobre sofrer de uma doença terminal. Com muita sensibilidade, Tolstói narra as tentativas frustradas da família e dos médicos de lhe dar consolo; a indiferença dos colegas do trabalho; o incômodo que o fato de estar morrendo provoca na sua sociedade; a sua crescente solidão e isolamento. Esse conto é uma minuciosa descrição do modo impessoal como a morte costuma ser encarada nos nossos dias.

2) Como leitura suplementar, sugiro também o livro de Albert Camus (1913-1960), *O mito de Sísifo* (1942). Nesse livro o filósofo argelino se inspira na mitologia grega para elaborar uma reflexão sobre a existência. Tal como no caso de Sísifo, condenado a erguer uma pedra até o alto de uma montanha e vê-la rolar para baixo sempre de novo, o tempo humano na terra parece muitas vezes ser inútil e sem sentido. Mas a vida é bela, ainda que absurda. Pode ser vivida por ela mesma, sem que haja um fim ou uma meta para justificá-la. Camus mostra que essa sabedoria ambígua, também chamada de sabedoria trágica, nada tem a ver com resignação ou esquiva, mas com uma atitude criativa diante da vida.

3) A música reproduz como nenhuma outra forma de expressão artística a atmosfera de mistério que cerca nossas representações sobre a morte. "O ouvido é o órgão do medo", disse Nietzsche certa vez. Ouça com os alunos, por exemplo, o *Réquiem* de Mozart de 1791. Os réquiens, músicas em homenagem aos mortos, tiveram sua origem nas missas dos mortos praticadas pelos católicos desde o século X, e são famosos pela sua assustadora intensidade. O "Réquiem" (KV 626) de Mozart foi deixado inacabado e é cercado de especulações. Teria sido encomendado por um cavalheiro mascarado e consumido as últimas forças do já debilitado Mozart, tornando-se seu próprio réquiem. Outra peça interessante para ouvir e debater é o poema *O rei dos elfos*, de Goethe (1749-1832) musicado pelo compositor alemão Franz Schubert (1794-1828) em 1815. Baseado em uma antiga lenda dinamarquesa, o poema descreve a angústia de um pai ao ver seu filho sendo sequestrado de seus braços pelo rei dos elfos, criaturas misteriosas e sombrias, habitantes da floresta.

4) Assista o filme *O processo* (1963), de Orson Welles. Trata-se de uma adaptação do livro homônimo de Franz Kafka, escrito em 1925. O personagem principal acorda pela manhã e encontra a polícia em seu quarto. Ele é informado que está sendo processado, mas ninguém lhe diz a razão. Na tentativa de descobrir a causa da acusação e declarar sua inocência, ele começa uma peregrinação pelos meandros do sistema judicial. Mas a busca permanece infrutífera, parecendo não haver nenhuma chance de ele escapar deste pesadelo. O livro de Kafka, transformado em imagem em movimento por Welles, é uma metáfora para a busca incessante do ser humano de um sentido para a vida e de uma justificativa para o fato de ter que morrer. A vida parece, sob o ponto de vista humano, um processo judicial misterioso que termina sempre com uma condenação injusta, a morte.

5) Por fim, é bom lembrar que o tema do último capítulo do livro é muito sério e pode causar uma certa indisposição nos alunos. Muitas pessoas acreditam até mesmo que falar sobre a morte deve ser evitado, sob o risco de atraí-la mais rapidamente. Essas crenças e

superstições são muito difundidas e têm suas raízes na infância do indivíduo e da própria humanidade. A recusa a falar sobre a morte é uma indicação de que todo mundo sabe do que se trata, ainda que inconscientemente, quando se trata da morte. Uma maneira de contornar essa compreensível resistência é recorrer ao riso, uma poderosa astúcia pedagógica. O cômico explora o desmascaramento das contradições que constituem os projetos e as ações das pessoas, sem que elas caiam em desespero nesse processo. O riso tem essa capacidade ambígua de fazer tremer todas as verdades e de estremecer todas as angústias. O riso diante da morte é uma atitude absurda e por isso mesma recomendada. Diversas comédias, como as de Woody Allen (*Hannah e suas irmãs*, de 1986, por exemplo), suscitam esse tipo de riso, que é um sorriso da razão, mas também um riso irracional, já que não tem razão de ser. Pensar e sorrir, eis o desafio mais radical da filosofia.

Rio de Janeiro, inverno de 2004.

O ENSINO DA FILOSOFIA COMO UMA ESTRATÉGIA CONTRA A TAREFA DA INTERDISCIPLINARIDADE [2004]

INTRODUÇÃO Há dois pressupostos básicos para a discussão a seguir. O primeiro diz respeito ao fato de que os problemas relativos ao ensino de filosofia no nível médio estão sempre de alguma maneira conectados aos problemas do ensino de filosofia no nível superior, isso quer dizer, com os debates sobre as reformas curriculares, metodológicas e didáticas. A questão da interdisciplinaridade insere-se, portanto, nesse eixo que vai do ensino médio à pós-graduação. O segundo pressuposto refere-se ao fato de que os problemas de ensino de filosofia (no nível médio ou superior) tocam sempre o problema do encontro entre a filosofia e a não filosofia. Por não filosofia entenda-se não somente o aluno em geral, mas também o senso comum, a religião, a arte, a ciência... Em geral espera-se que o encontro seja unilateral, isto é, que a transformação só se dê no lado do não filósofo, mas o ideal do encontro deveria apontar para uma transformação dos dois polos, como um encontro assimétrico entre desiguais.

Convivo cotidianamente com a complexidade de uma prática interdisciplinar, tanto de ensino, como de pesquisa. Na UNIRIO sou responsável por disciplinas obrigatórias (Introdução à Filosofia, Epistemologia) ou optativas (Estética, Filosofia da História, Filosofia da Cultura) para alunos da graduação de pedagogia, história e teatro. Há vantagens e desvantagens nessa situação. Uma desvantagem consiste no fato de eu não poder desenvolver estudos aprofundados de autores com esses alunos, já que a maioria não tem uma formação básica em filosofia. Os estudantes de primeiro

Nesse artigo começo a prestar atenção nos prefixos da linguagem filosófica e a nutrir uma simpatia pelo termo "trans-", que mais tarde vai se configurar no neologismo "transverter". Publicado em KOHAN, W. (org.) Filosofia: caminhos para seu ensino. *Rio de Janeiro: DPA, 2004, pp. 87-100.*

período muitas vezes nunca tiveram aulas de filosofia no ensino médio ou, quando tiveram, em geral não gostaram. Por outro lado, há uma vantagem em lecionar para não filósofos. É que esses alunos, principalmente nas disciplinas optativas, demonstram uma curiosidade e uma disposição para o pensar ainda mais intensa do que muitos dos que estão matriculados regularmente nas graduações de filosofia. Minha experiência como professor dos departamentos de filosofia do IFCS/UFRJ e do IFAC/UFOP mostrou que estes alunos tendem a se tornar dogmáticos, principalmente depois que descobrem o filósofo de suas preferências. No encontro com não filósofos, ao contrário, sou obrigado muitas vezes a rever minhas posições e a enriquecer meus pontos de vista sobre a filosofia. Dessa experiência venho procurando produzir textos para não filósofos, menos acadêmicos, mais claros, e textos para filósofos, onde procuro chamar a atenção para a tarefa de encontrar novos caminhos para a filosofia. É no contexto dessa prática que quero refletir sobre a relação entre o ensino da filosofia e a prática interdisciplinar.

A TAREFA: O USO DA FILOSOFIA PARA PROMOVER A INTERDISCIPLINARIDADE Será que a tarefa da interdisciplinaridade é uma questão realmente essencial ou é só urgente? A distinção entre "essencial" e "urgente" vem da personagem Mafalda, e é mencionada no meu manifesto informal por uma "filosofia pop", de 2001. A filosofia hoje em dia procura atender às exigências da época, do momento. É moda falar de ética, de clonagem, de corrupção dos valores. O filósofo é chamado a dar sua opinião e a dar uma luz, mas muitas vezes esses problemas urgentes são apenas sintomas de questões mais fundamentais e mais difíceis, tais como o advento do niilismo no mundo e no Brasil; a crescente tecnificação das relações do homem com a natureza; ou ainda a imagem do ser humano enquanto animal racional.

A busca da interdisciplinaridade é uma reação a uma constatação epocal: vivemos em um mundo de fragmentação, de saberes desconectados. Na universidade o quadro é de superespecialização nas disciplinas, de reducionismo e isolacionismo, a ponto dos pesquisadores não conseguirem mais se comunicar entre colegas da mesma área, que dirá de áreas diferentes... Espera-se da prática interdisciplinar a superação desse quadro de superespecialização e de fragmentação das disciplinas. Os cientistas, tanto das áreas humanas como exatas, esperam que a filosofia os ajude a reverter esse quadro no seio da universidade. Por sua vez, o Ministério da Educação espera que a filosofia ajude a consolidar a prática interdisciplinar desde o ensino médio.

No documento *Diretrizes curriculares aos cursos de graduação em filosofia* (1998), uma comissão de especialistas no ensino da filosofia (formada por Nelson Gomes, Oswaldo Giacoia e Álvaro Valls) enfatiza a necessidade de atender às tarefas expostas na Lei de Diretrizes e Bases da Educação (LDB). Que tarefas são essas? Segundo a comissão, "é pacífica a convicção de que os egressos [da graduação em filosofia] podem contribuir profissionalmente também em outras áreas, no debate interdisciplinar, nas assessorias culturais, etc.". Quando a LDB destaca as diretrizes curriculares do ensino médio em geral, ela já se preocupa em apontar para um planejamento e desenvolvimento do currículo de forma *orgânica*, como uma tarefa de todos [e de ninguém], superando assim a organização por disciplinas estanques e revigorando a integração e articulação dos conhecimentos, num processo permanente de interdisciplinaridade. Entretanto, em se tratando das diretrizes curriculares para a filosofia na publicação do Ministério da Educação (páginas 327-349 dos PCN – Parâmetros Curriculares Nacionais para o Ensino Médio) a expectativa é muito mais explícita, pois fala-se de um "papel primordial para a filosofia no ensino médio" na opção pela interdisciplinaridade, "proposta como eixo estruturante a ser privilegiado em toda formulação curricular" (PCN, p. 327). Na Resolução 03/98, §2, alínea b do artigo 10 da LDB, lê-se: "As propostas pedagógicas das escolas deverão assegurar tratamento interdisciplinar e contextualizado para os conhecimentos de filosofia". Os PCNs citam ainda, como uma das competências ou habilidades a serem desenvolvidas em filosofia, "articular conhecimentos filosóficos e diferentes conteúdos e modos discursivos nas ciências naturais e humanas, nas artes e em outras produções culturais" (PCN, p. 339). No comentário seguinte lê-se: "a filosofia pode cooperar decisivamente no trabalho de articulação dos diversos sistemas teóricos e conceptuais curriculares, quer seja oferecida como disciplina específica, quer, quando for o caso, esteja inserida no currículo escolar sob a forma de atividades, projetos, programas de estudo, etc..." (PCN, p. 340).

CRISES Eis aí a tarefa, ensinar filosofia para promover a interdisciplinaridade. Entretanto, é preciso sempre ter cuidado com as tarefas que são solicitadas ao filósofo, pois elas podem esconder armadilhas. As perguntas são: trata-se de uma tarefa realmente essencial, ou apenas urgente? A filosofia deve ajudar? A filosofia pode ajudar?

A resposta para todas essas perguntas parece ser *sim*. A filosofia de Platão a Heidegger tem sido chamada de um "discurso sobre o que há de mais universal", de "rainha das ciências", "exame das condições de possibilidade do conhecimento", "auxiliar da ciência", metassaber, metateoria, metadiscurso. Ela estaria, portanto, habilitada a recuperar a unidade perdida dos saberes fragmentados, dispersos e compartimentalizados.

Por outro lado, talvez não! Parece-me que hoje a filosofia na universidade sofre dos mesmos problemas para os quais ela foi solicitada a resolver. Basta observar a divisão, ou melhor, o fosso atual entre a filosofia analítica e a filosofia continental nos nossos departamentos. Além disso, a produção em filosofia revela uma crescente especialização; profissionais dedicam toda a sua vida ao estudo de apenas um autor, às vezes de apenas uma fase da vida desse autor. Essa superespecialização, essa erudição infinita, é valorizada e premiada na academia, interpretada como índice de um trabalho denso e rigoroso; ao passo que os que se dedicam a pesquisas mais temáticas são por vezes acusados de falta de seriedade ou diletantismo. A ANPOF, tradicionalmente um espaço de encontro com pesquisadores de diferentes áreas, ou seja, uma oportunidade singular de conhecer o que está sendo feito tanto em estética, filosofia medieval ou epistemologia, vem se mostrando cada vez mais compartimentalizada com o advento dos GTs (Grupos de Trabalho). Embora os GTs tenham sido planejados para dar ordem e visibilidade ao enorme volume de trabalhos apresentados em quatro dias, na prática contribuem para a crescente segmentação da filosofia na academia. Com honrosas exceções, a maioria dos GTs são dedicados ao estudo de um autor (Nietzsche, Descartes ou Spinoza), e não a temas e problemas. Os participantes tendem a passar a maior parte do tempo nos seus respectivos grupos, isso quer dizer, ouvindo e falando sobre o que já conhecem, num vocabulário já familiar, um quase jargão, que raramente é questionado. Enfim, num debate que não coloca em risco os saberes e posições, e também não os enriquece muito.

Esse é o quadro no interior da filosofia, na sua relação consigo própria. Sinto esse obstáculo, a dificuldade de diálogo com discursos diferentes, também na relação da filosofia com a não filosofia, seja no debate com outras áreas das ciências humanas, das ciências naturais, das artes, da mídia ou dos leigos, em geral. Em suma, a filosofia é "filha do seu tempo", como costumava dizer Hegel; ela está impregnada da mesma fragmentação, segmentação e compartimentalização que assola a universidade e o mundo contemporâneo.

A busca da prática interdisciplinar é uma espécie de reação a uma crise, a crise da fragmentação e da especialização; mas a fragmentação é ela mesma um sintoma de uma crise muito mais profunda e radical. É difícil falar sobre a nossa própria época, pois não temos distância suficiente, mas arriscaria dizer que vivemos em uma época especial de crise, uma época de transição, na qual a especialização das disciplinas é apenas um sintoma. Esse momento de transição está maravilhosamente expresso em uma frase de Heidegger, verbalizada no seu famoso poema filosófico intitulado *Da experiência do pensar* (1954): "Nós chegamos demasiado tarde para os deuses e demasiado cedo para o Ser" (HEIDEGGER, 1969, p. 31). Hoje em dia sentimos que as verdades absolutas, as grandes narrativas, que davam unidade e sentido à vida e aos saberes, perderam sua força: não nos convencem mais. Qualquer pessoa na rua, se perguntada sobre o que é o bom, o verdadeiro ou o belo, dirá que estes não são conceitos absolutos, mas incertos, frágeis, flexíveis. A sensação difusa diz respeito à perda de uma noção rígida sobre a objetividade, a homogeneidade e a firmeza do real. Segundo Heidegger, embora não acreditemos mais nos deuses (as verdades absolutas), ainda não sabemos como lidar com o ser, ou seja, com a liberdade e a multiplicidade de significados que a realidade pode assumir a partir daí.

Essa situação de crise não surgiu do nada, é resultado de uma longa história. Não cabe aqui desenvolver os principais pontos dessa história, mas antes apontar quais parecem ser, a meu ver, as principais *reações* a essa sensação de perda. Entendo que as principais reações à crise de transição podem ser nomeadas, ainda que precariamente, de niilismo e de nostalgia:

1. *Niilismo*: se não há verdades absolutas, então não há verdade nenhuma, nada vale a pena, ou só o nada vale, a verdade é o nada. A reação niilista traduz-se em indeterminação e insegurança, pois não há mais critérios ou parâmetros absolutos para as escolhas éticas e políticas, ao contrário, reina desorientação e uma certa indiferença. Constata-se então uma crescente banalização do mal, do falso, da feiura...

2. *Nostalgia*: uma saudade do tempo em que se sabia com clareza o que era certo ou errado; direita ou esquerda; belo ou feio.

A sensação de perda das grandes verdades e a reação nostálgica a essa perda é tema de diversos filmes, tais como *Matrix*, *O Show de Truman*, *Clube da Luta*, *13º andar*, todos realizados no final do milênio (1997-1999) sempre com a mesma temática: a sensação de desconfiança de que aquilo que era tido como real se dissolve na ilusão, mas logo em seguida surge a esperança e a promessa de um novo real, mais sólido e seguro do que anterior, mesmo que frio e desértico. Nenhum desses filmes aponta para a possibilidade de que a perda das verdades absolutas, totalizantes e unificantes possa ser um momento propício para a invenção de novos valores, para além de todas as certezas.

Talvez então a superespecialização e a fragmentação dos saberes seja um dos aspectos dessa crise de paradigmas. A perda das verdades absolutas é uma condição propícia para a desarticulação dos saberes e conhecimentos, já que não há um real ou uma teoria do real única, que sirva de solo comum para todos os campos de saber. Desconfio que a busca de uma prática interdisciplinar no ensino da filosofia, tal como vem sendo postulada nos textos e documentos, insere-se no âmbito dessas reações à crise da transição. Para responder então à questão – se a tarefa da interdisciplinaridade é mesmo essencial ou somente urgente e se a filosofia deve ou não atender a essa tarefa – será preciso portanto revisar os termos da própria questão: o projeto de interdisciplinaridade tende a reavaliar o conhecimento em função de uma pluralização da verdade ou do real, ou significa apenas uma reação típica da nostalgia que quer restaurar algum tipo de teoria, certeza ou lei que amarre, integre, acolha a dispersão em uma totalidade unificante?

DESEJO DE TOTALIDADE Minha hipótese é que o projeto de interdisciplinaridade, tal como tem sido pensado, apresenta uma retórica de restauração de uma visão de conjunto, de uma totalidade, enfim, de uma organicidade. Esse desejo de totalidade reflete uma nostalgia de um "real" estático e seguro, que serviria de parâmetro para nossas escolhas e ações.

Em diversos textos e documentos constata-se a retórica do orgânico, do organismo e da totalidade. Nos PCNs lê-se: "A consequência de uma opção pela interdisciplinaridade deve ser, portanto, a formação de cidadãos dotados de uma *visão de conjunto* [grifado no texto] que lhe permita, de um lado, integrar os elementos da cultura, apropriados como fragmentos desconexos, numa identidade autônoma e, de outro, agir responsavelmente tanto em relação à natureza quanto em relação à sociedade" (p. 340). Ainda na mesma página é citado o ensaio de Ingrid Xavier (*Ser, não-ser e vir-a-ser da interdisciplinaridade*, Rio de Janeiro, 1997) onde lê-se: "A interdisciplinaridade, antes de ser uma tentativa de estabelecer conexões primárias entre as disciplinas, deve orientar-nos, inicialmente, no sentido de perceber a inter-relação entre as expressões da realidade. É compreendendo a realidade como totalidade que poderemos educar para a totalidade".

Penso que a ideia de totalidade é atualmente injustificável, pois, como diria Adorno: "o todo é o não-verdadeiro" (ADORNO, 2008, p. 40). A integração dos fragmentos isolados no todo pode ser muito *violenta*, como se aquilo que é "diferente" fosse enterrado, ainda vivo, na lógica do organismo. A imagem do organismo diz respeito à ideia de que cada parte do corpo tem uma função específica, rigidamente predeterminada, da qual não se pode escapar. Se uma parte escapa, precisa então ser ou curada ou extirpada, como células cancerosas de um corpo sadio...

Penso que a crítica à particularização dos saberes deveria, portanto, ser feita em nome de um respeito à multiplicidade e à pluralidade, e não como uma busca de organicidade ou de totalidade. Talvez tenhamos que abandonar não apenas a retórica da visão em conjunto, mas também a ideia de parte, de particularização, de fragmentação, pois todas essas noções só têm sentido em função do seu contrário, que é o todo, o conjunto, a unidade, que teria se perdido na pós-modernidade. Talvez o todo, enquanto sistema bem organizado das verdades e dos saberes, seja apenas um mito e nunca tenha existido de fato.

A questão da interdisciplinaridade é mesmo muito urgente, mas muito mais essencial é pensar a crise de paradigmas pela qual estamos passando; a fragmentação ou especialização é apenas um dos aspectos dessa crise. A filosofia pode e deve contribuir para o debate, desde que não aceite muito rapidamente as regras do jogo que lhe é apresentado. Será preciso colocar em suspeita o projeto de reconstituir a unidade perdida do real e de suas teorias. Tenta-se com isso costurar o incosturável... Segundo um famoso aforismo do jovem Hegel, para a cultura é melhor "não 'remendar' mas avançar através da ruptura" [nicht "Flicken", sondern durch Zerrissenheit hindurchgehen] (HEGEL, 1936, p. 370).

DA ÁRVORE DO SABER AO CURRÍCULO RIZOMÁTICO A ideia de uma "transdisciplinaridade" parece menos comprometida com o desejo de reconstituição da totalidade do que a de "interdisciplinaridade". Sabemos que reina uma certa imprecisão dos termos, pois em muitos dos textos e documentos mencionados estes aparecem como se fossem sinônimos, sem maiores explicitações... Inter-, trans-, multi-, pluri-... os autores variam, mas concordo com a seguinte diferenciação (baseada no *Manifesto da Transdisciplinaridade* [1994], do filósofo romeno Basarab Nicolescu):

Disciplinar: trata-se do saber específico ("disciplina" diz tanto saber como ordem); é uma maneira de organizar e delimitar um território de trabalho, de concentrar a pesquisa e as experiências dentro de um único ângulo de visão...

Multi- ou pluridisciplinar: estudo de um mesmo objeto por várias disciplinas, não há conexão entre elas a não ser o objeto em comum...

Interdisciplinar: interação entre duas ou mais disciplinas, transferências de métodos de uma por outra (ex. associação da física com a medicina, geografia com a sociologia, arte e informática). Tendência a ansiar pela totalidade. Muitas vezes essas associações acabam por resultar em uma nova disciplina, que sintetiza as características de áreas distintas, como, por exemplo, a medicina nuclear ou a geografia cultural. A prática interdisciplinar tende a reafirmar o poder da disciplina.

Transdisciplinar: Entre, através e além de qualquer disciplina, a prática transdisciplinar supõe não a totalidade, mas a complexidade, a diversidade e a pluralidade intrínsecas à realidade... Trata-se muito mais de uma atitude do que uma disciplina específica.

Minha experiência em programas interdisciplinares é a de dissenso. Há uma certa dificuldade de comunicação, pois os professores e pesquisadores formados disciplinarmente têm que desaprender de suas disciplinas. Os relatos que ouvi sobre as equipes interdisciplinares revelam que perde-se muito tempo para explicar o que cada um faz e às vezes nunca se sai dessa etapa... Mesmo com a melhor intenção de conhecer a realidade do outro e entender suas terminologias, é muito difícil encontrar uma linguagem comum.

A estrutura institucional também não ajuda, a própria LDB define a universidade no Art. 52 como "instituições pluridisciplinares de formação dos quadros profissionais de nível superior, de pesquisa, de extensão e de domínio e cultivo do saber humano". A lei não define escola com a mesma precisão, mas pode-se presumir analogamente que são instituições pluridisciplinares de formação básica e/ou profissionalização média. Pluri- quer dizer: diversas disciplinas trabalhando isoladamente para compreender o mundo. Então trabalhar transdiciplinarmente é trabalhar contra a própria ideia da escola e da universidade, do modo como vem se organizando nos seus currículos historicamente.

A palavra currículo vem do verbo latino: *currere* = correr. Curso, carreira, *curriculum vitae*, caminho percorrido na vida. Na pedagogia essa palavra designa o conjunto estruturado de disciplinas e atividades, organizado com o objetivo de possibilitar certa meta, proposta e fixada em função de um planejamento educativo. Currículos tradicionais são baseados na metáfora tradicional da estrutura do conhecimento como uma grande árvore, cujas extensas raízes devem estar fincadas em solo firme, com um tronco sólido que se ramifica em galhos e mais galhos, estendendo-se assim pelos mais diversos aspectos da realidade... Dentro dessa metáfora da "árvore do saber", o tronco seria a própria filosofia; os galhos, as diferentes especializações, sem ligações entre si – a não ser através do tronco comum.

Essa metáfora da "árvore do saber" não é minha, ela aparece já em Descartes e é denunciada por Deleuze/Guattari no livro *Mil platôs* como "sistemas hierárquicos que comportam centros de significação e de subjetivação" (DELEUZE; GUATTARI, 1980, p. 25). Os saberes são classificados segundo critérios de maior ou menor proximidade ao centro; assim, os currículos disciplinares podem privilegiar os ensinos de ciências ou de matemática em detrimento do ensino de literatura, história ou mesmo educação física...

Como alternativas a esses *sistemas* arborescentes, Deleuze e Guattari sugerem a imagem dos rizomas, quer dizer: raízes entrelaçadas, descentralizadas, complexas, sem ordem fixa. A ideia do "corpo sem órgãos" seria algo equivalente ao rizoma – pensar o corpo como um feixe de forças, de múltiplos agenciamentos, interconexões, sem um centro irradiador, sem a ideia de que cada parte tenha uma função única e específica, tendo que contribuir para o bom funcionamento do todo.

Como seria então um currículo rizomático, que tivesse como modelo um corpo sem órgãos e não o organismo, que buscasse uma transversalidade ou transdisciplinaridade e não uma interdisciplinaridade, ou seja, que instaurasse como uma estratégia contra a reintegração dos fragmentos na unidade, no centro? Uma produção de saber e ensino sempre e de cada vez diferente, a partir de múltiplos referenciais! Talvez isso não seja possível, pois as instituições e seus "currículos" são por definição marcados por uma estrutura disciplinar. Como se insere o ensino da filosofia em tal contexto? Parece-me que a tarefa da filosofia é promover estratégias de desarticulação das ações disciplinares, seja nas práticas de pluri-, de multi- ou de interdisciplinaridade. Há lugar para a filosofia na escola e na universidade tal como a conhecemos até agora?

PEQUENA CONCLUSÃO Segundo Nietzsche (no livro *Schopenhauer educador*) a educação é uma espécie de generosidade e tem como obstáculo diversos tipos de egoísmos. O egoísmo dos negociantes, preocupados somente com o que dá lucro e riqueza; o egoísmo do Estado, preocupado em manter o poder e formar gerações que sejam úteis às instituições vigentes; o egoísmo da aparência, daqueles que querem ocultar o tédio de suas vidas através da moda, do fausto, do "bom gosto" (Cf. NIETZSCHE, 2003, pp. 185-188). Mas o pior egoísmo é o da ciência e de seus seguidores: os eruditos. Os eruditos são egoístas, entre outros motivos, porque se preocupam muito mais com os problemas do conhecimento do que com os sofrimentos do homem. Além disso, os eruditos são aqueles que praticam um olhar sagaz para as coisas próximas, mas sofrem de miopia em relação ao longínquo e ao geral. Em suma, o erudito é um mestre na decomposição de textos e imagens em manchas fragmentadas sem coesão. Ficam satisfeitos com a estreiteza de sua visão, assim como as toupeiras ficam à vontade dentro de suas tocas. As tocas dos eruditos são suas disciplinas. A prática transdisciplinar do ensino e da pesquisa na filosofia pode vir a ser um ato de resistência contra o egoísmo dos eruditos, uma estratégia de desarticulação das tocas e de suas toupeiras, um espaço de liberdade para quem quer ser fecundo e ir além.

Rio de Janeiro, outono de 2004.

NO-NADA:

FORMAS DO NIILISMO NO BRASIL [2006]

NO-NADA Somos europeizados até na forma de sermos niilistas ou apresentamos um jeito nacional, todo próprio, de se estar "no-nada"? A seguinte reflexão visa examinar a questão de se existem formas especificamente brasileiras de niilismo. Começo citando um importante texto dos anos 80:

> Não sou brasileiro,
> Não sou estrangeiro,
> Não sou brasileiro,
> Não sou estrangeiro,
> Não sou de nenhum lugar,
> Sou de lugar nenhum.
> Não sou de São Paulo, não sou japonês.
> Não sou carioca, não sou português
> Não sou de Brasília, não sou do Brasil
> Nenhuma pátria me pariu
> Eu não tô nem aí
> Eu não tô nem aqui.
> ("Lugar nenhum", Titãs. In: *Jesus não tem dentes no país de banguelas*, 1987).

Sucesso dos anos 80, lembro-me que essa música era altamente instigante, tanto para o corpo como para a mente. De fato, existem duas maneiras de se ouvir o texto da música dos Titãs. A primeira, mais evidente, configura-se como um hino ao nada, pois as fórmulas "eu não tô nem aí, eu não tô nem aqui" parecem denotar uma falta de responsabilidade com qualquer valor, verdade ou lei e um consequente afundamento no conformismo do famoso "Impessoal" [*Das Man*] heideggeriano. A outra maneira, menos evidente,

Ensaio publicado originalmente de forma digital na revista Flusser Studies, *v. 3, Rio de Janeiro, 2006.*

pode entender a expressão "Não sou de nenhum lugar, sou de lugar nenhum" como uma forma alternativa de se pensar a condição brasileira, para além da tradição europeia. Mas o que seria estar "no-nada" de forma brasileira?

Para referir-me às supostas formas brasileiras de niilismo tomo emprestada a famosa expressão "nonada", que dá início à obra máxima de Guimarães Rosa. Não estou sugerindo com isso que Rosa seja um niilista, pelo contrário, estou apenas me apropriando de um de seus brasileirismos como uma espécie de emblema para a questão: existe um niilismo à brasileira? "Nonada. Tiros que o senhor ouviu foram de briga de homem não, Deus esteja. O senhor ri certas risadas... Olhe: quando é tiro de verdade, primeiro a cachorrada pega a latir, instantaneamente – depois, então, se vai ver se deu mortos. O senhor tolere, isto é o sertão. (...) O sertão está em toda parte" (*Grande sertão: veredas*, 1989, p. 22). O termo "nonada", que abre *Grande sertão: veredas*, de 1953, e é de extrema importância para a significação do romance, virou, na tradução inglesa, apenas "nothing". Curt Meyer Clason, o famoso tradutor da edição alemã, considerava intraduzível esse termo, um dos "oito mil neologismos do Rosa", e o transformou em uma frase principal, com quatro palavras de uma sílaba cada uma, para tentar manter o impacto: "Hat nichts auf sich" [não tem nada para oferecer]. Ou seja, "nonada" é o que não importa, o que, literalmente, nada tem em si. Essa interpretação parece correta, exceto pelo fato de que o termo "nonada" não é um neologismo, mas um arcaísmo revisitado, como quase tudo na obra de Guimarães Rosa[1]. Eu escolho usar "no-nada" com hífen, enfatizando assim a multiplicidade de significados dessa expressão."No-nada" pode tanto querer dizer "não é nada", como "estar-aí no nada" ou ainda simplesmente "é nada". O que é, então,

1 A expressão já aparece em português num poema de Gregório de Matos do século XVI: "vendo o pouco que duraste,/ da vida foste um 'nonada',/ nem foste rosa, nem nada,/ Se tão depressa acabaste (*Nasce a Rosa e Nasce a Flor*). Em espanhol antigo "nonada" quer dizer simplesmente o mesmo que nada ou nenhuma coisa, como no famoso verso de Teresa d'Ávila: "Tenía que decir muy poco o nonada".

existir "no-nada", brasileiramente? Para responder a essa pergunta será preciso primeiro reconquistar o sentido da noção filosófica de "niilismo europeu".

O NIILISMO EUROPEU SEGUNDO NIETZSCHE O que é estar aí "no-nada" europeiamente? A expressão "niilismo europeu" vem de Nietzsche, mais especificamente das anotações de 1886-1887, reunidas na compilação intitulada "vontade de poder"[2]. A primeira observação importante a se fazer sobre o título vem de Heidegger, no seu comentário sobre a *Vontade de poder como arte* (1936), segundo o qual o nome "europeu" refere-se a todo o mundo "ocidental", e não apenas ao assim chamado "Velho Mundo". Se Heidegger tiver razão, então já tenho aí uma importante objeção à minha hipótese. Caso "europeu" seja sinônimo de "ocidental", então o niilismo do qual fala Nietzsche também nos abarca. Ou não? Será um absurdo sugerir que a cultura brasileira extrapola de muitas maneiras a categoria do "ocidental"? Parto então dessa desconfiança, a de que o Brasil não ocupa um lugar homogêneo no Ocidente, mas que é uma cultura na fronteira, de fronteira, que talvez esteja por toda a parte, ou em lugar nenhum, como o sertão de Guimarães Rosa. Isso me faz insistir na questão: existem formas brasileiras de niilismo?

No prefácio da compilação tardia intitulada *Vontade de poder* (1906), Nietzsche diz que o que vai ser contado é a história dos próximos dois séculos. As imagens giram em torno de um futuro inevitável. Nietzsche fala de necessidade, destino, catástrofe, corrente, como se o niilismo fosse uma onda tão gigantesca quanto inevitável. Em uma já famosa formulação do prefácio ele menciona o niilismo como o "unheimlichste aller Gäste" (NIETZSCHE, 2011, p. 23), ou seja, o mais estranho de todos os hóspedes. O niilismo tem o sentido de alguém que não pertence à casa e que talvez seja até considerado uma visita

---

2 Sabemos hoje que *Vontade de poder* é uma obra com muitos problemas, não apenas porque diversos fragmentos do mesmo período não foram compilados, mas também porque dentre os selecionados há vários que foram adulterados pela edição tendenciosa, pró-nacionalista, de Elizabeth, a irmã de Nietzsche.

indesejada, mas que já foi consentido. É um invasor, que não apenas é estranho, como nos faz ficar estranhos de nós mesmos também.

Para falar do niilismo Nietzsche diz que tem a perspectiva privilegiada de filósofo e de "*Einsiedler* por instinto". "Ensiedler" é uma palavra dúbia que pode significar tanto "eremita", alguém que se retirou do seu lugar habitual, como também "imigrante", alguém que veio de outro lugar. Em ambos os casos está enfatizada a ambiguidade de estar simultaneamente de dentro e de fora. Segundo Nietzsche, o filósofo tem a vantagem de ser alguém acostumado à experimentação, alguém que já se perdeu nos labirintos do futuro e que vê o que vai acontecer como alguém que olha para trás; já o eremita-imigrante tem a vantagem de ver a partir de uma perspectiva exterior, como alguém que passou através e para além do niilismo. Por isso Nietzsche se denomina "o primeiro niilista completo (perfeito) da Europa" (ibid.).

E o que esse pensador imigrante diz sobre o niilismo? O niilismo é definido de muitas maneiras, mas sua principal característica é a recusa radical de valores e de verdades. A existência é vista como uma pena, os valores superiores se deterioram, falta um sentido para as coisas, faltam respostas para as perguntas: "alles hat keinen Sinn!" [nada tem significado ou só o nada tem significado!]. As categorias de meta (*Zweck*), unidade (*Einheit*), todo (*Ganze*) e ser (*Sein*), na quais colocávamos um valor, nos são tomadas, o mundo parece esmaecido, sem densidade. A causa principal do niilismo pode ser atribuída a uma longa história frustrada de vontade de verdade, de fé na racionalidade, de expectativa – não realizada – de um mundo controlável e previsível. Os principais sintomas são as sensações de desorientação, de insegurança, de angústia, de tédio. Os efeitos colaterais são o desprezo e o ressentimento por tudo o que estiver associado ao mutável e ao sensível, tal como o corpo, suas paixões e afetos.

Existe certa ambiguidade no texto de Nietzsche, pois embora o niilismo seja inevitável, ele pode e deve ser combatido. Trata-se da tarefa do pensador eremita diagnosticar a crise e preparar as mudanças que permitam sua superação. O niilismo pode ser considerado uma consequência lógica de mais de dois mil anos de dominação moral cristã. O Brasil, evidentemente, também faz parte dessa história, mas de que maneira? Não seria, por exemplo, a tendência predominante da cultura nacional de supervalorizar o corpo, a aparência e os prazeres imediatos – em detrimento dos valores éticos ou das atividades intelectuais – um sinal de que o niilismo ganha uma outra roupagem nos trópicos?

FORMAS DO NIILISMO Não existe apenas uma forma de niilismo: o próprio Nietzsche fala de niilismo radical, completo e artístico (no caso de Wagner). A principal nuance refere-se ao niilismo ativo ("enquanto sinal de um poder elevado") e ao niilismo passivo ("recuo e decadência das forças"). O niilismo ativo talvez pudesse ser representado na figura de um skinhead destruindo os telefones públicos de seu bairro, enquanto o niilismo passivo talvez pudesse ser representado pela atitude de indiferença dos vizinhos, observando a cena, como se não fosse com eles. Nietzsche refere-se a si mesmo como o "niilista completo", alguém capaz de levar às últimas consequências a crescente desvalorização dos valores absolutos de "bem", de "verdade" e de "beleza" e preparar o terreno para a criação de novos e diferentes valores. O niilismo completo se realiza através de uma filosofia a marteladas, dirigida contra os ídolos da cultura, mas também pela filosofia com o diapasão (*Stimmgabel*)[3], capaz de captar sutilezas nos discursos inaudíveis ao ouvido humano desavisado.

Existe ainda uma forma de "niilismo incompleto", que Nietzsche também chama de reativo: "O niilismo incompleto e suas formas: vivemos no meio dele. A tentativa de escapar do niilismo, sem efetuar uma transvaloração de todos os valores: produzem o contrário, tornam o problema ainda mais difícil" (*Vontade de poder*, §28, p. 38). Isso quer dizer que, tanto a desvalorização generalizada do corpo e dos valores terrenos quanto sua forma contrária – a supervalorização reativa do prazer imediato sobre qualquer forma de esforço – são ambos indicadores do niilismo europeu.

---

3 Sobre a filosofia com martelo e diapasão, confira o prefácio de 1888 à obra *Crepúsculos dos ídolos*, de Nietzsche.

Trata-se, aqui, de um forte argumento contra a hipótese de que haveria uma forma tipicamente brasileira de niilismo. O desprezo dos racionalistas pelo corpo e a desconfiança dos hedonistas pelo pensamento são faces da mesma moeda. Outra objeção importante é que a preocupação excessiva com a busca de felicidade, que se traduz na sociedade brasileira atual pelo grande interesse por livros de autoajuda ou por medicamentos estimulantes da produção de serotonina, seria na verdade uma característica comum às sociedades capitalistas contemporâneas. Talvez o niilismo tenha se globalizado de tal forma que as diferenças regionais tenham sido absorvidas e anuladas. Esse mesmo argumento valeria para uma outra observação perspicaz de Nietzsche, em um aforisma de 1886, acerca do caráter niilista da época que estava por vir: "Perigo de nossa cultura – pertencemos a um tempo em que a cultura corre o perigo de ser destruída pelos meios pelos quais essa cultura se produz" (*Humano, demasiadamente humano*, I, §520). Toda a questão a respeito do poder desmedido da mídia de massa na nossa sociedade está sintetizada aí. Mas, de novo, isso não parece ser uma exclusividade brasileira: praticamente todo o cenário mundial caracteriza-se por concentrar o foco muito mais nos meios (tecnologias de transmissão e preservação das mensagens) através dos quais a cultura se faz do que nas próprias produções dessas culturas.

Talvez minha hipótese, a de que existam formas brasileiras de niilismo, não possa ser sustentada a partir de Nietzsche. Por outro lado, exceto por algumas observações esparsas em que a força e energia do "homem tropical" era contraposta à decadência e tédio do "homem europeu"[4], Nietzsche dedicou pouca atenção à realidade sul-americana. Talvez seja preciso aqui então abandonar provisoriamente seus diagnósticos e recorrer a algum outro pensador imigrante, alguém que tenha morado tanto na Europa como no Brasil e que seja capaz de olhar tanto de dentro como de fora para essas culturas. Alguém como Vilém Flusser.

---

4 Há na obra de Nietzsche uma certa idealização do "Sul", um lugar marcado por um ar diferente. Essa idealização se manifesta mais evidentemente na predileção nietzschiana pela música de Bizet, que seria capaz de captar a alegria de um outro clima, mais tropical e menos europeu, uma sensibilidade mais alegre e apaixonada.

O NIILISMO BRASILEIRO SEGUNDO FLUSSER Vilém Flusser (1920-1991) foi um "Wahlbrasilianer", brasileiro por opção, e viveu no nosso país por cerca de trinta anos (entre 1940 e 1972). Surpreendentemente, poucos no Brasil conhecem esse filósofo de origem tcheca, que precisou emigrar de sua terra natal por conta da ocupação nazista e depois precisou emigrar do seu novo lar por conta da ditadura militar nos anos setenta. Os textos autobiográficos de Flusser dão a entender que esse segundo exílio forçado parece ter sido ainda mais doloroso do que o primeiro, como se a pátria escolhida fosse ainda mais importante do que a pátria do acaso, onde se é jogado (no sentido heideggeriano de *Geworfenheit*) por ocasião do nascimento. Ao voltar à Europa, em 1972, Flusser começou uma longa e profunda reflexão sobre a dimensão filosófica da migração em geral e, em particular, sobre sua experiência de imigrante europeu no Brasil[5]. É nessa época que ele escreve o livro *Fenomenologia do brasileiro,* que só foi publicado na Alemanha em 1994, e no Brasil, em 1998.

O livro *Fenomenologia do brasileiro* tem como subtítulo o lema *em busca do novo homem.* Isso soa grandioso e suspeitosamente parecido com o tema de um outro livro famoso, publicado décadas antes, mas também escrito por um imigrante europeu refugiado do nazismo. Não há como não se lembrar, portanto, do livro *Brasil, país do futuro* (1941), de autoria do escritor e filósofo austríaco Stefan Zweig (1888-1942). Ambos os autores têm em comum uma forte influência nietzschiana na abordagem da cultura brasileira, a saber, sob a perspectiva de um projeto para o futuro. Mas existem muitas diferenças também. Enquanto Zweig apresenta uma visão deslumbrada do país, marcada por uma profunda nostalgia de um novo paraíso[6], Flusser é mais moderado. Seu livro trabalha com hipóteses

---

5 Ver: FEITOSA, C. "*Pensar, migrar*". In: LINS, D.; PELBART, P. P. (ed.): *Nietzsche e Deleuze: bárbaros e civilizados*. São Paulo: Relume Dumará, 2004, pp. 39-45.

6 O livro de Zweig, que completa 65 anos de publicação em 2006, deveria servir como uma espécie de propaganda para a ditadura Vargas. "Fui obrigado a escrever o livro", teria dito ele a um conterrâneo vienense. Parece que Zweig se sentia no Brasil mais como um "fugitivo", alguém que perdera a própria casa, do que como um "imigrante",

e apostas, sem falsas esperanças ou certezas, de que a cultura brasileira possa talvez se desenvolver por outros caminhos diferentes daqueles já esgotados pelas sociedades europeias.

Assim como Nietzsche na sua *Vontade de poder*, também Flusser se apresenta na introdução. Seu ponto de vista é o de um intelectual burguês brasileiro, inteligente e com boa condição social, emigrado da Europa, tentando pensar a cultura brasileira, seus problemas e virtudes. Ele vê o Brasil como uma das muitas culturas no mundo que escapa às regras e medidas da "história", definida como "a soma dos atos decisivos (*res gestae*), que se tem desenvolvido até agora (isto é: nos últimos oito mil anos, aproximadamente) em larga faixa que cinge o globo entre os graus 25 e 60 do Hemisfério Norte" (FLUSSER, 1998, p. 14). Esse caráter extra-histórico do Brasil não será interpretado como uma falta ou defeito a ser corrigido, mas como uma oportunidade de contrapor e de rever os próprios rumos dos projetos da via europeia.

Flusser considera sua perspectiva privilegiada para uma tarefa tão gigantesca: "acessível apenas para quem sente o próximo fim da história em todos os seus nervos, e simultaneamente vivencia os problemas da não história no próprio corpo" (ibid., p. 36). Duvidando tanto da história como da não história, isto é, sem colocar uma como a causa ou a solução dos problemas da outra, Flusser tenta construir uma imagem filosófica do homem brasileiro. Ele não assume o lugar de representante da cultura ocidental, em suposta missão civilizatória nos trópicos; ao contrário, essa imagem do Brasil será endereçada principalmente ao homem ocidental, para que este possa reavaliar a sua própria imagem.

É importante observar que Flusser não usa em nenhum momento o termo "niilismo", mas a questão está lá, expressa em termos de alienação, desenraizamento e decadência. Flusser descreve o país em termos gerais como um composto de diversas classes, desde uma massa urbana relativamente acomodada, um homem rural

---

no sentido que Flusser dá a palavra, alguém que tem a oportunidade de olhar para o mundo para além dos hábitos da sua terra natal.

vivendo à beira da pré-história, passando por uma elite econômica enfurnada em palacetes e ainda uma elite acadêmica, caracterizada por diversos graus (maiores ou menores) de admiração e de adesão à cultura europeia.

Vários aspectos problemáticos da cultura brasileira são apontados por Flusser. Em primeiro lugar, o que há de mais evidente: o fosso entre a cultura de massa e a cultura de elite, a primeira sendo manipulada pela segunda; a resignação das massas anestesiadas pelo desejo de consumo e entretenimento e a consequente manutenção da separação entre as classes; a miséria do proletário e do caboclo em contraste com o luxo kitsch da burguesia. *Last but not least*, a elite acadêmica, principalmente aquela composta por filósofos, predominantemente ocupada em produzir comentários escolásticos de textos europeus ou norte-americanos, enchendo gavetas com papéis eruditamente impressos (Cf. ibid., pp. 147-148).

Outro aspecto menos óbvio é a relação alienada do homem brasileiro com a natureza. Segundo Flusser, o brasileiro não ama sua paisagem, não tem ligação com a terra. Os elogios acerca das belezas naturais do país "onde canta o sabiá e onde os prados têm mais flores" não passariam de discursos românticos, quer dizer, iludidos e ilusionistas. Os brasileiros medianos, na verdade, parecem não gostar de passear na natureza, não conhecem os nomes das plantas e dos animais que os cercam, só gostam dos acidentes geográficos destacados, tais como o Corcovado, o Pão de Açúcar, as Cachoeiras de Iguaçu. Flusser vê também sinais do alheamento do brasileiro em relação à natureza na arquitetura desconectada das vantagens e desvantagens climáticas de cada região (por exemplo, os amontoados de prédios altos nas regiões litorâneas). Em vez de valorizar a natureza, o urbanismo brasileiro quase sempre a esconde, a invade ou a derruba, seja através de túneis, estradas ou aterros. Além disso, embora a natureza seja frequentemente mencionada como mãe gentil, ela é vivenciada muito mais como uma madrasta má e ameaçadora: "O brasileiro não está ligado à natureza. Ou vive nela e é difícil distingui-lo dela, ou avança contra ela a ferro e fogo" (ibid., p. 61). No Brasil a terra não é fonte de vida, mas obstáculo a ser suplantado;

é um inimigo que exige a mobilização de todas as forças, seja para escapar da seca ou das inundações, do sol causticante ou das geadas implacáveis.

Mas o aspecto mais instigante diz respeito à falta de responsabilidade crônica constatada por Flusser em diversos setores da sociedade brasileira: "Ela se manifesta por toda parte: por exemplo, na forma do vandalismo com que são tratados edifícios e lugares públicos (para não falar de privados), e na forma de uma inacreditável consciência tranquila perante injustiças que gritam para os céus" (ibid., p. 72). A falta de responsabilidade pelo outro constitui uma das características mais preocupantes da cultura brasileira. A esse respeito, vale lembrar que em uma das crônicas do livro *Ficções filosóficas*, publicado postumamente também em 1998, Flusser comenta uma música que fazia muito sucesso em 1964. "Deixa isso pra lá", interpretada por Jair Rodrigues, era uma canção inusitada para a época, pois tinha uma cadência mais falada do que cantada: "Deixa isso pra lá/ Vem pra cá/ O que é que tem?/ Eu não tô fazendo nada/ Você também...". Para pesquisadores da música popular brasileira, essa foi a primeira gravação de rap no país.

Flusser interpreta o refrão "Deixa isso pra lá" como uma forma de cinismo. A filosofia existencialista costuma distinguir entre a "atitude autêntica", própria daquele que assume a responsabilidade da sua escolha, e a "atitude inautêntica", própria daquele que delega inconscientemente a responsabilidade das suas opções para os outros. Segundo Flusser, os existencialistas franceses parecem não ter previsto, entretanto, o "jeitinho brasileiro" expresso nessa música: a atitude de escolher deliberadamente o conformismo, a alienação, a conversa fiada (FLUSSER, *Ficções filosóficas*, p. 81.). "Deixa isso pra lá" seria uma espécie de fazer de conta que os valores ainda valem e transgredir esses valores vazios fingindo que não está se fazendo nada. Se Flusser tiver razão, seria então a escolha intencional e consciente da não escolha, da inautenticidade e do cinismo a principal contribuição brasileira para a história do niilismo no Ocidente?

FORMAS BRASILEIRAS DE ESCAPAR DO NIILISMO, SEGUNDO FLUSSER

Flusser destaca também em seu livro diversos aspectos na cultura brasileira, que podem ser lidos como formas de resistência ao niilismo europeu. Ele menciona a solidariedade típica dos brasileiros, uma solidariedade que transcende nacionalidades, classes, raças e credos: "o brasileiro é democrático existencialmente" (*Fen. bras.*, p. 71), afirma ele, com certo orgulho. A despeito das diferenças e injustiças, predomina em diversos setores do país uma relação "cordial" e "amável" com o próximo. Flusser arrisca até uma genealogia dessa solidariedade: os brasileiros gastam tanta energia contra a natureza que falta energia pra ter ódio um dos outros; surge, então, uma solidariedade espontânea, um aspecto de grande vitalidade, pois todo homem é aliado na luta contra a natureza: "o brasileiro verdadeiro é um homem incapaz de odiar e invejar o outro, porque toda a sua capacidade para o ódio, toda sua energia para a vitória, e toda direção de sua ação é mobilizada contra a natureza" (ibid., p. 70). Embora essa genealogia seja questionável, a solidariedade a qual Flusser se refere é uma característica muito mais facilmente constatável pelos imigrantes, mais habituados a ver para além do habitual, do que pelos próprios nativos. Para Flusser, essa solidariedade espontânea é um dos elementos importantes para a superação do estar-aí "no-nada" ocidental.

A solidariedade espontânea do brasileiro está relacionada diretamente à capacidade cultural de "hibridização" das diferenças. Flusser não usa o termo "híbrido", que ficou famoso através da obra de Néstor Canclini[7], mas faz uma interessante distinção entre mistura e síntese: "Na mistura os ingredientes perdem parte da sua estrutura para unir-se no denominador mais baixo. Na síntese, os ingredientes são elevados a novo nível, no qual desvendam aspectos antes

7 Cf. CANCLINI, Néstor. *Culturas híbridas: estratégias para entrar e sair da modernidade*, São Paulo: EDUSP, 1997. O termo "híbrido" significa "mistura de espécies diferentes" e está relacionado à expressão grega *hýbris* ("desmedida", "excesso"). O híbrido não é o resultado da fusão de dois diferentes em um terceiro e único ser, mas um ser caracterizado pela interferência das diferenças, nas suas tensões e ambiguidades.

encobertos" (*Fen. bras.*, p. 52). As sínteses, ao contrário das meras misturas assimilativas, são criadoras de novas formas, formas compostas de heteróclitos, formas férteis, onde as diferenças permanecem visíveis, ainda que modificadas. Essas sínteses são observáveis não apenas nas incontáveis combinações raciais (a tal ponto que tornam inviável o próprio conceito de "raça"), como também nas inúmeras constelações culturais presentes no país, que incorpora desde a culinária japonesa até o misticismo espanhol, passando pelo positivismo francês, o idealismo alemão, o pragmatismo norte-americano, a ironia judaica, a música napolitana etc. Essas sínteses são visíveis ainda na pesquisa científica (métodos europeus com tecnologias norte-americanas), na pintura (concretismo geométrico com abstracionismo), na literatura (regionalismos com filosofias existencialistas), na música (ritmos africanos com harmonias schoenbergianas) (Cf. ibid., p. 88). A capacidade de sintetizar opostos por métodos espontâneos seria outra das grandes qualidades da cultura brasileira e representaria uma alternativa para a crise da história ocidental.

Finalmente, a principal forma de escapar do niilismo poderia ser localizada na habilidade do brasileiro de brincar criativamente. Conforme Flusser, os europeus só saberiam jogar de duas maneiras, ou para ganhar (arriscando muito) ou para não perder (arriscando pouco). Os brasileiros, ao contrário, desenvolvem uma terceira estratégia: jogar para mudar as regras do jogo, um tipo de atitude inusitada, presente mais no carnaval do que no futebol, que pode servir de metáfora para um novo tipo de pensamento, ainda por vir. Flusser aposta na possibilidade de surgimento de um novo *homo ludens*: "Um homem para o qual a arte é melhor do que a verdade, para falarmos nietzschianamente" (ibid., p. 101). O *homo ludens* brasileiro é capaz de escapar à tradicional alternativa entre trabalhar ou jogar, pois pode trabalhar brincando e brincar trabalhando. "Brincar" significa tanto "jogar alegremente e sem regra" como "agir com facilidade". Entre vários exemplos dessa capacidade espontânea para a brincadeira, Flusser menciona que o projeto brasileiro de felicidade não é progredir ilimitadamente, tal como o europeu, mas chegar a um ponto em que se pode abandonar o progresso e "gozar a vida". O projeto de deixar de trabalhar, que poderia ser interpretado como sinal de indolência para um observador do ponto de vista da ética protestante capitalista, ganha sob a ótica imigrante de Flusser outros significados, a saber, uma alternativa de extrema importância para a humanidade toda contra a avareza burguesa ocidental, que conhece apenas o progresso contínuo, a todo custo, como meta: "O verdadeiro engajamento brasileiro portanto não é no progresso, mas em meta não-progressista alcançável apenas se o método do progresso foi aplicado até certo ponto" (ibid., p. 125).

CONCLUSÃO: ENTRE O "NÃO TÔ NEM AÍ" E O "SOU DE LUGAR NENHUM"

Flusser tem consciência de que suas observações sobre a cultura brasileira têm um caráter meramente indicativo. Em diversas passagens do livro ele diz que é uma tarefa para uma futura filosofia brasileira investigar mais profundamente a habilidade nacional para a solidariedade, para o hibridismo ou para a brincadeira. É interessante notar que esses aspectos positivos da cultura brasileira são descritos sempre como espontâneos, instintivos, intuitivos. Embora Flusser tenha endereçado seu livro ao homem europeu, para que este possa se confrontar a si mesmo através da diferença, existe uma mensagem subliminar direcionada aos brasileiros, que devem decidir se vão assumir esses aspectos intuitivos de sua cultura de forma coletiva, como uma estratégia política de resistência ao niilismo. Para Flusser, o país precisa escolher entre se tornar mais dos integrantes da história Ocidental (que beira perigosamente no abismo) ou dar origem a uma maneira diferente de estar-aí no mundo. Trata-se de um país cristão, com forte herança europeia, avesso à responsabilidade, mas também com certa distância e independência das ideologias. Uma posição privilegiada, mesmo que não reine certeza sobre o seu futuro.

Uma das tarefas da filosofia brasileira atual é reavaliar a situação e questionar até que ponto o país está se encaminhando para uma via toda própria ou apenas lutando para se integrar a um processo que já dá sinais de decadência. Faz parte dessa tarefa reavaliar os conceitos e diagnósticos filosóficos gerados em um contexto extrabrasileiro e reinventá-los, sob novas formas e matizes, a partir de nossas experiências. Nem tudo está perdido, mas nem tudo está a salvo. Flusser saber do caráter utópico de seu livro, mas reivindica uma reformulação do conceito de utopia a partir da cultura brasileira: "O que acaba de ser dito é utopia, mas não no sentido histórico do termo. O 'lugar nenhum' (utopia) não é, como no caso do pensamento histórico, a plenitude dos tempo, dentro do qual a história desemboca, mas é um lugar fora do tempo irrigado pelo tempo, um lugar exemplificado pelo carnaval e outros fenômenos brasileiros" (*Fen. bras.*, p. 126) O Brasil se torna uma "utopia" no pensamento dos migrantes, mas "utopia" não no sentido de "um lugar impossível", mas sim de um "lugar de e do fora"; de fora da Europa, do Ocidente e do niilismo. Um lugar não determinável, mas grávido de possibilidades. Nesse ponto, vale a pena ouvir de novo a música dos Titãs e pensar, junto com Nietzsche e Flusser, que cantar "sou de lugar nenhum" poderia ser também uma forma criativa de dizer "não ao nada".

Rio de Janeiro, outono de 2006.

A EDUCAÇÃO DO FILÓSOFO ATRAVÉS DAS VIAGENS [2006]

INTRODUÇÃO Em uma anotação feita na primavera de 1874, época de feitura das *Considerações extemporâneas,* Nietzsche dá as diretrizes para uma educação (sentimental) do filósofo: "Conhecer bem os homens, ler pouco. Evitar a cultura da sala de jantar. Aceitar com leveza os deveres e o Estado. Ou emigrar... Sem professoralismos. Sem universidades. Também nada de história da filosofia; ele deve buscar para si a verdade e não para escrever livros. *Através de viagens, na juventude, tornar-se insensível para o nacional*" (KSA 7, frag. 34, p. 780)[1]. Pretendo ater-me aqui à ideia de que viajar é uma das principais atividades para a autoformação do filósofo.

O SENTIDO DA VIAGEM Viajante vem do latim "viator", e quer dizer literalmente aquele que pertence à via, que se põe a caminho, que está na estrada, *on the road.* Quem viaja constrói seu próprio caminho e deve cuidar e proteger a via que percorre. A origem da palavra indica que o tesão do viajante não está tão ligado à expectativa de atingir o ponto de chegada, mas ao simples fato de se estar em movimento, no fluxo. Toda viagem é, a princípio, uma oportunidade excepcional de se encontrar com aquilo que não é familiar, nas suas mais variadas manifestações, desde o clima, vocabulário, comportamentos ou culinária. Trata-se de um mergulho admirado na alteridade. Viajar é, além disso, permitir que a força do

1 Todas as citações de Nietzsche nesse artigo são provenientes da edição alemã (NIETZSCHE, F. *Sämtliche Werke: Kritische Studienausgabe* (KSA). COLLI, G.; MONTINARI, M. (ed.). München/Berlin/New York: Walter de Gruyter, 1988).

Esse texto foi publicado nos anais do simpósio Assim Falou Nietzsche V (FEITOSA, C.; BARRENECHEA, M. A. de; PINHEIRO, P. (org.). Nietzsche e os gregos: arte, memória e educação. *Rio de Janeiro: DPA, 2006, pp. 279-289).*

inesperado nos arrebate. Quando viajamos, abandonamos provisoriamente a segurança de nossas casas e a identidade garantida por nossas propriedades, nosso trabalho e nossa rede de amizades. Um pneu furado, uma tempestade que atrasa o barco, a perda da bagagem no aeroporto, tudo isso e muito mais constituem os famosos "contratempos de viagem". Tais contratempos não são obstáculos, mas fazem parte do próprio "tempo da viagem"; um tempo que é "contra o tempo" da vida cotidiana, com seus ritmos, ciclos e fases pré-determinados. Infelizmente as viagens foram apropriadas pela indústria do turismo nas sociedades modernas. O turismo de massa tenta fazer da viagem um passeio sob condições controladas. Horários, excursões, hospedagem, refeições, cada detalhe é estabelecido com antecedência para que as surpresas possam ser evitadas. Entretanto a viagem permanece sendo, assim como a vida, algo que acontece à revelia de nossos planos. Seja para se sentir no exílio ou em um novo reino, viajar é sempre ocasião de descoberta e pressupõe o estado de espírito de quem tem vontade de não ser mais vontade, de se entregar ao acaso. As viagens ajudam, portanto, a relativizar as verdades, e fazem circular as ideias. Parafraseando um antigo provérbio, reinventado pelo blues e pelo rock, pensamentos que rolam não criam limo.

II. FILÓSOFOS VIAJANDO Viajar pode ser um momento propício para refletir mais profundamente sobre as supostas certezas da vida. Diversas obras filosóficas foram inspiradas por viagens. Mais recentemente destacam-se os *Cadernos de viagem* de Albert Camus (1913-1960), onde lemos os detalhes da visita do escritor ao Brasil entre julho e agosto de 1949. A descrição dos encontros e desencontros com a elite intelectual da época revela um olhar irônico sobre o eurocentrismo presente na cultura brasileira, mas é também uma reflexão sobre a própria ambiguidade de um pensador que nasceu no norte da África (Argélia) e foi educado pela tradição europeia (francesa e alemã). Outro exemplo importante de filosofia *on the road* é o livro *Zen e a arte da manutenção de motocicletas* (1974), de Robert Pirsig (1928-2017). Trata-se do depoimento autobiográfico de um professor de filosofia norte-americano que resolve abandonar as atividades acadêmicas e percorrer de motocicleta as estradas íngremes de Montana (USA), com o filho pequeno na garupa. As diferentes paisagens e as constantes panes mecânicas durante o caminho servem de pretexto para uma investigação sobre a relação do homem moderno com a natureza e com as máquinas. Em todos esses casos a viagem aparece como uma experiência de ampliação dos horizontes do pensamento e da existência, uma experiência que pode também colocar em crise a identidade (individual, política e cultural) do viajante através do contato com a alteridade e a diferença.

III. DO TURISMO À POLÍTICA A famosa *Carta VII* de Platão (482-347 a.C.) relata as visitas que o pensador grego fez à cidade de Siracusa, na Sicília. Na primeira viagem ele vai ensinar filosofia a seu amigo Dion, na corte do tirano Dionisos I (388 a. C.). Acabou sendo vendido como prisioneiro de guerra e resgatado pelo amigo Annikeris, que lhe devolveu a liberdade. Na segunda viagem, em 366 a. C., o pensador ateniense foi convidado por seu amigo Dion para fazer de Dionisos II, jovem herdeiro do trono da cidade, uma espécie de filósofo governante. O projeto foi um fracasso, pois Dion acaba sendo perseguido por adversários políticos e Platão tem que retornar a Atenas, onde Dion também se exila. A terceira viagem se dá em 361 a.C., sob a condição de que Dionisos se reconcilie com Dion, mas, ao chegar a Siracusa, Dion acaba preso e tem seus bens confiscados. Mais uma vez Platão tem que retornar para Atenas. A *Carta VII*, endereçada a amigos e parentes de Dion, conta os detalhes dessas viagens. Trata-se de uma espécie de carta aberta, na verdade endereçada ao maior número possível de leitores, uma tentativa de legitimar seu envolvimento nos assuntos de Estado na Sicília.

Segundo Diôgenes Laêrtios, um dos primeiros historiadores da filosofia, estudioso da vida e obra dos filósofos (II. d. C.), Platão teria feito a primeira das suas viagens "com o propósito de conhecer as ilhas e as crateras vulcânicas da região" (Laêrtios, 1987, p. 97). Se for verdade, então tudo teria começado apenas como uma viagem turística, um desejo de apreciar outras paisagens e de mudar de ares?

No início da *Carta VII*, Platão relata seu interesse na juventude por política, mas que teria mudado de ideia e decidido fazer filosofia após conhecer seu mestre Sócrates na idade de 20 anos. Sabemos que na *República*, escrita entre a primeira e segunda viagem, Platão já defendia a ideia de que os filósofos deveriam se tornar reis nas suas nações ou então os reis e legisladores deveriam inspirar suas decisões por um autêntico desejo de sabedoria (473d), numa espécie de conciliação entre filosofia e poder político. Na carta VII ele reafirma essa convicção, dizendo: "não acabarão os males dos homens enquanto não se chegue a raça dos puros e autênticos filósofos ao poder ou até que os chefes da cidade, por uma graça especial dos deuses, se ponham a filosofar" (325c). O projeto político de Platão visava romper com o ciclo recorrente de tirania, oligarquia e democracia em função da instauração de uma república baseada numa constituição reconhecida por todos os cidadãos. Assim, a cidade não ficaria submetida nem a déspotas, nem a grupos da elite ou àqueles que não possuem bens, mas sim submetida a leis, pensadas em função do bem comum.

Em diversos momentos da sua carta Platão compara sua viagem com as aventuras de Ulisses na *Odisseia*. A *Carta VII* não é apenas o relato das excursões do filósofo a Sicília, mas é também o diário de uma expedição aventureira da filosofia pelo território da política, uma expedição frustrada, que revelou tanto a inadaptação do filósofo ao clima traiçoeiro daqueles que controlam o governo, quanto a inadaptação dos tiranos à atmosfera filosófica que Platão quis produzir com sua presença. Apesar do fracasso das visitas de Platão à Siracusa e às terras políticas, estas viagens inspiraram uma das mais importantes reflexões contra a irracionalidade inerente àqueles que amam o poder acima de tudo.

IV. GEOGRAFIZAÇÃO DA FILOSOFIA A mais radical imagem do filósofo viajante concentra-se no nome de Nietzsche. Chamado de "um bom europeu", o filósofo nascido em Rocken, perto de Leipzig, procurava não restringir seu campo de ação às fronteiras da pátria germânica. Convencido da influência profunda da atmosfera de um lugar sobre a vida e o pensamento, o "profeta sem morada" peregrinou constantemente entre os Alpes e o mar mediterrâneo, da Itália à França, entre a Suíça e a Alemanha, sempre em busca de lugares não muito quentes no verão e não muito frios no inverno. Nietzsche promove uma espécie de "geograficização" da filosofia ao enfatizar a relação do pensar com o contexto espacial, quer dizer, autobiográfico do pensador[2].

Naquela anotação da primavera de 1874, mencionada no início do presente texto, Nietzsche recomenda enfaticamente que o filósofo se eduque "através de viagens, na juventude, tornando-se insensível para o nacional". A ideia é desconstruir as categorias substanciais através das quais se fundam a ideia de "nação", tais como raça, sangue, língua, solo, apontando, ao contrário, para uma noção de comunidade que se baseia numa experiência compartilhada de um determinado território, de uma paisagem, de um clima:

> O que é comunidade? Palavras são sinais sonoros para conceitos; conceitos são signos mais ou menos determinados para sensações que retornam frequentemente ou para grupos de sensações. Não é suficiente para se entender entre si, que se usem as mesmas palavras, é preciso usar essas mesmas palavras também para o mesmo tipo de vivências interiores, é preciso ter finalmente um compartilhamento das experiências uns com os outros. É por isso que pessoas de um mesmo povo se entendem melhor do que integrantes de diferentes povos, mesmo quando eles usam a mesma língua. E mais ainda, somente quando as pessoas convivem compartilhando, durante muito tempo, sob condições parecidas de clima, de território, de perigos, de necessidades, de trabalho, é que surge isso, que se entende entre si, um "povo". ("Para além do bem e do mal", §268, in: KSA 5)

---

2 Para uma análise da importância da dimensão autobiográfica no pensamento de Nietzsche, ver: FEITOSA, C. "Labirintos: corpo e memória nos textos autobiográficos de Nietzsche". In: LINS, D.; GADELHA, S. (org.) *Nietzsche e Deleuze: o que pode o corpo*. Rio de Janeiro: Relume Dumará, 2002, pp. 49-67.

A genealogia do povo surge, portanto, de uma experiência climática compartilhada, que envolve relação com prazeres e perigos, carências e riquezas, exigências e labores. Em outra passagem de *Humano, demasiadamente humano*, acerca de meios de cura para o corpo e para a alma, Nietzsche relaciona cultura e clima, chegando mesmo a afirmar que as diferentes culturas são climas diferentes, que têm propriedades medicinais ou venenosas: "As diferentes culturas são diferentes climas espirituais, das quais este ou aquele clima pode ser prejudicial ou saudável para esta ou aquela pessoa" (HDH, §188, in KSA 2). Visto sob esse aspecto, viajar é transferir-se de clima, mudar o ar, compartilhar paisagens, uma atividade de risco, pois pode tanto trazer vantagens como desvantagens para a vida. Mas para Nietzsche há sempre algo de doentio quando se permanece sempre no mesmo clima. Não dá para respirar dentro de uma única cultura, são precisos outros ares; as viagens descortinam a possibilidade de uma espécie de "geografia medicinal", uma cura dos corpos e espíritos através dos fatores revitalizadores de cada região da terra.

Nietzsche introduz, portanto, o conceito de "clima" no lugar de "solo" ou "sangue" para repensar a ideia de nação. Quem viajou muito, conhecendo e compartilhando outros climas, não consegue se contentar com os princípios do nacionalismo. O nacionalismo é uma forma mesquinha de política. Na *Gaia ciência* ele diz literalmente no aforismo intitulado "Nós, os sem-pátria", que nós, os espíritos livres, somos "muito viajados" [*zu gereist*], somos "demasiadamente múltiplos e misturados", e, portanto, pouco inclinados a partilhar dessa "mentirosa admiração e indecência racial, que agora desfila na Alemanha, algo de falso e de obsceno" (GS, §377, in: KSA 3).

Para o surgimento dos "homens europeus", uma raça misturada, logo, uma "não raça", seria necessário destruir o conceito de nação. A destruição do nacional constitui um dos pilares da grande política preconizada por Nietzsche e pressupõe necessariamente, entre outros fatores, a experiência de mudar de lar e de região, uma nomadização das relações com o local onde se nasce e se vive.

EM BUSCA DO SUL O projeto de construção de uma raça mista, a dos homens europeus, é um aspecto bastante conhecido na obra de Nietzsche, mas não esgota a questão em torno da relação entre pensar e viajar. Levada às últimas consequências, a ideia da necessidade de destruir o nacional passa do "europeu" ao "extraeuropeu". Há na obra de Nietzsche uma certa busca do "sul", um lugar marcado por um ar diferente. Essa busca do sul se manifesta mais evidentemente na predileção nietzschiana pela música de Bizet, que seria capaz de captar a alegria de um outro clima, mais africano e menos europeu, uma sensibilidade mais alegre e apaixonada (*Caso Wagner*, p. 4, in: KSA 6). O clima tropical, típico do sul, seria descrito por Nietzsche de modo um pouco romântico e idealista como sendo um "clima de violentos contrastes, bruscas alternâncias e predileção pelo repentino, misterioso e terrível" (HDH, §236).

Em *Para além do bem e do mal* Nietzsche acentua o contraste entre o homem tropical, sensível aos extremos da existência, e o homem europeu, tão equilibrado e mediocrizado como as "zonas temperadas" nas quais ele vivia: "Parece que há entre os moralistas um ódio contra a floresta nativa e os trópicos? E que o 'homem tropical' deve ser desacreditado a todo custo, seja como doença ou degeneração do homem, seja causador do próprio inferno e tortura? Por que isso? A favor das 'zonas temperadas'? Da Moral?" (PBM, §197).

Há um certo exotismo nessa descrição; efetivamente o lugar mais ao sul que Nietzsche conheceu foi a Sicília, uma região próxima daquela onde Platão realizou suas aventuras políticas. Mas há vários indícios em suas cartas de que ele nutria um grande desejo de mudar de clima, buscando uma zona atmosférica extraeuropeia, mais adequada à sua maneira de ver e pensar o mundo. Em uma carta à irmã, de 1881, por exemplo, Nietzsche fala de planos para uma longa viagem para a África ou para a América do Sul. Como teria se desenvolvido sua obra se o filósofo tivesse visitado o Brasil? Como o Brasil teria se desenvolvido se tivesse acolhido a visita do pensador? Para além de todas as especulações, o sonho com o sul representava o anseio de mudança de ares e de novos territórios para o pensamento.

O HOMEM SUPRACLIMÁTICO A experiência da viagem faz com que o homem descubra e transite por diferentes climas, tornando-se então uma espécie de ser transclimático, resistente às retóricas nacionalistas. Há, entretanto, um perigo no processo de desterritorialização, pois a atitude de emancipar-se do local, levada às últimas consequências, pode conduzir também a uma espécie de desenraizamento niilista. Nietzsche vislumbra em uma anotação da primavera de 1881 o surgimento do "homem supraclimático" [*überklimatischer Mensch*], um homem para além de todo e qualquer clima, capaz de se adaptar a qualquer paisagem ou temperatura, ou melhor dizendo, um ser capaz de, através de técnicas poderosas, recriar seu próprio clima em qualquer lugar. Esse poder de se colocar acima de qualquer clima está diretamente associado com a ameaça de homogeneizar os diferentes climas da terra em um só:

> Continuamente assisto a um progresso nas adaptações climáticas e agora esse progresso está sendo monstruosamente acelerado, [...] por causa do apoio técnico e científico (máquinas de produzir calor ou de extrair água do solo). [...] A humanidade está tendendo para a geração de um ser capaz de lidar com todos os climas, um homem terrestre universal deve surgir, e por isso mesmo o homem ainda se altera... O homem supraclimático, aquele que sabe compensar as desvantagens de cada clima, aquilo que falta no clima (p. ex. o forno de aquecimento) e carrega qualquer clima consigo – um ser exigente, mas difícil de ser conservado! A 'necessidade de trabalho' reina onde o clima se opõe ao homem! Somente poucos são capazes de conseguir os meios de compensação (através da luta, naturalmente, e através da tirania). (NIETZSCHE, KSA 9, 11 [274], p. 547)

O homem supraclimático saberá compensar as desvantagens de cada clima através de aparelhos de ar condicionado ou aquecedores. Mas somente poucos poderão obter esses meios de compensação; a má distribuição dos recursos técnicos gerará então as condições ideais para o surgimento de tiranos e de seus respectivos rebanhos. O poder de controlar o clima está diretamente ligado ao poder de controlar os homens. Ao contrário, na capacidade de transitar pela multiplicidade de zonas climáticas, nas suas delícias e transtornos, reside a possibilidade da liberdade. Se o resultado será uma "transclimatização" da existência ou uma existência desconectada de todo e qualquer clima, tudo depende do modo como se viaja. Em *Humano, demasiadamente humano* (1886) Nietzsche diz que há cinco graus de viajantes: aqueles que querem mais ser vistos do que ver nas viagens; os que realmente veem algo no mundo; os que vivenciam alguma coisa em função do que é visto; os que incorporam e carregam consigo as vivências da viagem; e, finalmente, os de maior força, aqueles que colocam as experiências incorporadas de novo para fora, através de ações e de obras, tão logo retornam à casa (HDH, §228). O segredo da viagem está, portanto, na capacidade de atravessar o que nos atravessa pelo caminho.

CONCLUSÃO Viajar é uma das condições para a formação do filósofo, no sentido de uma experiência espacial com o diferente que permitirá um enfraquecimento e até mesmo uma destruição do princípio identitário do "nacional". Podemos imaginar Nietzsche de pé, no alto de um penhasco, à beira do mar Mediterrâneo, sob um vento outonal, as águas azuis da baía de Portofino, Itália. Ou então percorrendo uma trilha escarpada, entre rochas e pinheiros, sob o sol tranquilo de Sils-Maria, na Suíça. Talvez esses lugares excepcionais sejam os mais adequados para a reflexão profunda. Talvez o céu estrelado, associado com a brisa do mar ou com o ar puro das grandes alturas, construa uma conjuntura singular, indicada para a filosofia. De fato, não é de se menosprezar a força da paisagem enquanto atmosfera que condiciona o pensamento. Quem não conhece a diferença entre uma reflexão forjada em um passeio por um campo verdejante e outra nascida diante de uma parede cinzenta, em alguma biblioteca sombria? Por outro lado, não devemos nos enganar. A paisagem dá o tom, mas não faz a música, Nietzsche também sabia disso. Qualquer lugar pode ser um bom ponto de partida para a filosofia. Conta-se que o pensador alemão Immanuel Kant (1724-1804) jamais saiu da sua cidade natal (Könisberg, hoje Kaliningrado,

Rússia). Mesmo assim foi capaz de revolucionar a história da filosofia através de suas investigações sobre os pressupostos e os limites da razão humana. Também lecionou durante vários anos sobre o espaço físico e político (1865-1801), e embora essas investigações consistissem exclusivamente de "leituras de gabinete", acabaram contribuindo para a inserção da geografia no rol das ciências humanas. Outro pensador avesso às viagens é Martin Heidegger (1889-1976). Heidegger passou a maior parte da sua vida na região sul da Alemanha, próxima de sua cidade natal, Messkirch. Suas principais obras foram escritas em uma pequena cabana, sem luz elétrica, nas montanhas da floresta negra (Todtnauberg). Ao receber um convite para assumir uma cátedra em Berlim, capital cultural da época, preferiu recusar e ainda escreveu um ensaio intitulado "Porque permanecemos na província?" ["Warum bleiben wir in der Provinz?"] (1933). Ainda assim, ele foi o primeiro a investigar sistematicamente a crescente dominação da técnica no planeta e alertar para seus perigos, muito antes do advento da bomba atômica ou dos meios de comunicação em massa.

Fazer filosofia é viajar sem sair do lugar, um movimento subterrâneo e imperceptível do corpo. Não se trata de uma "viagem interior", mas de uma nomadização das relações com o mundo, que qualquer um, letrado ou iletrado, pode arriscar. Viajante e filósofo se assemelham na atitude: ambos se desembaraçam da rotina diária de trabalho e/ou diversão e se deixam levar pela atmosfera de admiração pela vida. A diferença sutil, mas clara, é que o viajante tende a se surpreender com os aspectos mais inusitados dos lugares que percorre, ao passo que o filósofo se espanta principalmente com os acontecimentos tidos por banais e evidentes à sua volta. A filosofia é em certa medida uma grande viagem, que nos tira do nosso lugar e nos leva para lugar nenhum. Esse não lugar ou lugar-nenhum está, todavia, grávido de diversos novos caminhos para construir, percorrer e proteger.

Rio de Janeiro, verão de 2006.

REVOLUÇÃO, REVOLTA E RESISTÊNCIA:

A SABEDORIA DOS SURFISTAS [2007]

OS MUROS DA POLÍTICA Aristóteles já dizia no capítulo IV da sua *Política* que uma das principais tarefas dos habitantes da *polis* é construir muros. A ideia aristotélica de construir muros visava proteger seus cidadãos de ameaças externas, mas serviu também durante a história para isolar e dividir a população minoritária em guetos, seja com os judeus em Varsóvia ou os jovens negros e pobres nas favelas do Rio de Janeiro. Fazer muros em torno das próprias minorias é uma instância de divisão e de dominação, não de proteção dos habitantes da cidade.

Em um contexto de reflexão sobre as relações entre arte e ação, cabe perguntar novamente se construir muros ainda é uma tarefa fundamental da política. Penso em uma famosa frase do filósofo grego Epicuro: "Contra todo o resto consegue-se garantir segurança; mas, em relação à morte, habitamos todos uma cidade sem muros". A maneira mais óbvia de ouvir esse aforismo enfatiza o caráter inevitável da morte: por causa dela, vivemos todos em um espaço indefeso. A morte evidencia a limitação do nosso poder fazer, ela expõe os limites da nossa capacidade de erigir muralhas, enfim, da nossa atividade política. A morte não respeita barreiras e fronteiras. A morte é um destino inexorável, inevitável, contra o qual não é possível opor resistência. Tal parece ser a mensagem principal da sabedoria epicurista.

Existe, entretanto, uma outra forma de escutar essa máxima, desde que se desloque a ênfase dada: por causa da morte, moramos todos em uma mesma "cidade". A morte não torna evidente apenas a nossa inaptidão para prolongar a vida indefinidamente, ela expõe também o fato de que todos nós temos, ou melhor, somos algo em comum, e que esse ser-em-comum faz de nós participantes de

Versão atualizada do ensaio publicado originalmente nos anais do Simpósio Internacional de Filosofia – Nietzsche/Deleuze: Arte, Resistência. *LINS, D. (org.). Rio de Janeiro: Forense Universitária, 2007.*

uma *polis*. Entretanto, que tipo de cidade é essa cujos habitantes se constituem a partir da finitude? Como se constrói uma comunidade de mortais?

Minha proposta aqui é refletir sobre três palavras fundamentais: *revolução, revolta e resistência*. Trata-se de três palavras que parecem dizer a mesma coisa, que parecem ser sinônimas, mas não são! Minha hipótese é que revolução, revolta e resistência são formas diferentes de o homem lidar com seu destino mortal, maneiras diferentes de "dizer não", enfim, formas diferentes de lidar com os muros da política.

REVOLUÇÃO: A ONDA DE LAVA O dicionário define o significado político do termo "revolução" descrevendo-o como um movimento de revolta contra um poder estabelecido, feito por um número significativo de pessoas, em que, em geral, se adotam métodos mais ou menos violentos; insurreição, rebelião, resistência, sublevação. Observem que no dicionário todos os termos, revolta, resistência, são usados como se fossem equivalentes.

Aqui me associo a Hannah Arendt (1906-1975), que no seu livro *Sobre a revolução*, de 1963, dá algumas pistas fundamentais para uma compreensão mais radical do termo. Sabemos que na concepção da ciência política clássica, a palavra "revolução" é entendida como um fenômeno sociopolítico radical e violento que remove à força, em geral por meio de uma guerra civil sangrenta, as classes dirigentes tradicionais, arrancando-as do poder e substituindo-as por uma outra força, composta pela nova geração emergente (tal como se deu na revolução americana de 1776 e na francesa de 1789, ou ainda com as revoluções comunistas que ocorreram na Rússia, em 1917, e na China, a partir de 1949). Enfim, por revolução entende-se uma mudança de governo e de doutrina econômica.

Segundo Arendt, uma das características da revolução, no sentido moderno, é que esta não envolve simplesmente mudanças, mas sim acontecimentos que pretendem instaurar um novo começo. O conceito moderno de revolução está ligado diretamente à ideia de que a história recomeça subitamente, uma história nunca antes conhecida (Cf. ARENDT, 1999, p. 35)[1]. Exemplo: a revolução francesa merece esse título, não pelo fato de ter conquistado definitivamente a liberdade, mas por ter feito da liberdade um dos direitos inalienáveis do homem. O novo começo é o direito universal a ter direitos.

A ideia de revolução política no sentido antigo, ao contrário, pressupunha uma interpretação das mudanças sociais não como rupturas, mas como fases diferentes de um ciclo imutável, já que predeterminado pela natureza limitada dos problemas humanos. Revolução também era um termo da astronomia (Copérnico escreveu em 1507 um famoso texto, intitulado "Da revolução das órbitas celestes"). Era o nome do movimento rotativo regular das estrelas, para além da influência dos homens, irresistível, não necessariamente caracterizado pela novidade, nem pela violência, mas "pela repetição dos altos e baixos do destino humano" (ARENDT, 1999, p. 55), como um movimento cíclico, tal como na imagem da roda da fortuna do tarô. Revolução significava originariamente restauração, e não transformação, estando originariamente associada à noção de destino, no sentido de um ciclo necessário e imutável entre ascensão e decadência dos povos.

O próprio Aristóteles fala na sua *Política* de uma alternância eterna entre a oligarquia (governo da elite) e a democracia (governo do povo). Sob esse aspecto, Arendt observa que a distinção entre pobres e ricos era considerada natural, uma espécie de *fatum* no corpo político: "A questão social só começou a desempenhar papel revolucionário quando na idade moderna os homens começaram a duvidar de que a pobreza fosse inerente à condição humana" (ibid., p. 22).

Para isso, foi preciso romper com a noção antiga de história como movimento cíclico imutável e trabalhar com a ideia de um processo progressivo retilíneo, marcado agora por um novo começo. Segundo Arendt, trata-se de um resultado da filosofia cristã, que vê o nascimento de Cristo como um acontecimento único e irrepetível, que não apenas dá um novo começo para a história, mas é o começo

---

1 Eu cito a partir de uma tradução do inglês para o alemão, mas existe uma versão em português, infelizmente já esgotada, publicada pela editora Ática em 1995.

da história tal como a compreendemos desde a modernidade. Nesse sentido estrito os termos "rebelião" e "revolta" não são revoluções, pois não promovem novos começos. Trata-se de eventos comprometidos com a antiga lógica histórica das mudanças, vistas apenas como fases diferentes de um ciclo eterno, necessário e imutável, estações de um destino.

Arendt aponta a data exata em que a palavra "revolução" foi usada pela primeira vez, quebrando com seu caráter cíclico e destinal. No dia 14 de julho de 1789, à noite em Paris, Luís XVI soube pelo Duque de Liancourt da tomada de Bastilha, da fuga de alguns prisioneiros e da derrota das tropas reais frente a um ataque popular. O diálogo que se segue é um dos mais famosos da história moderna: "é uma revolta", diz o rei; "não majestade, é uma revolução", responde o duque (ARENDT, 1999, p. 62). Isso quer dizer que estava para além do poder do rei, estava para além do poder do homem, era uma força histórica tão necessária e irresistível como o movimento dos planetas no céu.

Uma observação importante no sentido de uma desconstrução do termo "revolução" deve ser feita aqui: na transição do sentido astronômico antigo para o moderno, a ideia de irrestibilidade é mantida, como se fosse apenas substituição de um tipo de destino, cíclico, por outro, linear e progressivo. A aceitação incondicional do destino não é questionada, mas ao contrário reforçada por diversas imagens na literatura revolucionária da época. Arendt cita diversas expressões que denotam esse caráter destinal ou irresistível, tais como "torrente revolucionária", "ondas tumultuosas que sugam seus atores"; "majestosa corrente de lava que nada poupa e que ninguém pode interromper", ou ainda "tempestade revolucionária que varre tudo pela frente" (ibid., p. 57). A revolução era como um tsunami que a todos levava; o revolucionário nesse sentido não se vê como um agente que resiste, mas alguém que aceita incondicionalmente os desígnios dessa onda.

Parecia que uma força maior que o homem, o destino, interferira exatamente no momento quando os homens começavam a lutar por uma vida melhor. Segundo Arendt: "Há um certo grandioso absurdo no espetáculo desses homens – que ousaram desafiar todos os poderes que existem e todas as autoridades do mundo, cuja coragem não tinha quaisquer sombras de dúvida – submetendo-se, frequentemente, de um dia para o outro, com humildade e sem um rito sequer, à chamada da necessidade histórica, por mais louco e incongruente que lhes deve ter parecido o aspecto exterior dessa necessidade" (ARENDT, 1999, p. 57).

Em resumo, a palavra "revolução", tanto no seu sentido antigo como no moderno, denota uma atitude de submissão incondicional e absoluta a uma força exterior. A única diferença é que antes essa necessidade era natural e cíclica, e na modernidade passa a ser histórica, quer dizer, linear e progressiva. Revolução é tão somente um "não" aparente – na verdade, um "sim" a forças exteriores. Embora o termo apareça em uma retórica da liberdade, seu motor é a necessidade inevitável. Os revolucionários não são agentes, mas gravetos engolidos pelo fluxo de uma onda destinal. Por mais paradoxal que isso possa soar, a palavra "revolução" está associada a um gesto de aceitação irrestrita e absoluta do destino. O "não" revolucionário aproxima-se do "sim" do camelo, na famosa passagem "Das três metamorfoses", no *Zaratustra*, de Nietzsche.

REVOLTA – O COMBATE CONTRA O MAR Interrompo essa breve reflexão sobre a revolução para falar um pouco sobre a segunda palavra fundamental, "revolta". Minha hipótese é que esse termo designa uma outra forma de oposição ao poder, uma outra forma de exercício de liberdade, outra forma de dizer não. Vimos com Arendt que na origem do termo revolução, no sentido de instauração de um novo começo, já está dada uma contraposição em relação à ideia de revolta, como se esta fosse apenas uma espécie de agitação que parece se manter na superfície. O uso comum parece confirmar essa distinção, pois a expressão frequente e já meio banalizada na mídia, "uma revolução nas artes, na música, literatura" indica uma ruptura, um novo começo, ao passo que a descrição de um sujeito como sendo "revoltado" já carrega o peso da denúncia de uma certa ineficácia dessa revolta.

O dicionário define revolta como manifestação coletiva, organizada ou não, de insubmissão contra qualquer autoridade; motim, rebelião, levante. Julia Kristeva, no seu livro *Sentido e contra-senso da revolta* (1996), aponta para o fato de que a origem semântica do termo está associada à ideia de movimento. O verbo latim *volvere*, que deu origem ao termo "revolta", também gerou termos tais como "evolução", que dizia respeito originariamente aos movimentos das tropas militares, avançando ou recuando. Revoltar-se é, nesse sentido, desviar-se da evolução, retornar ou trocar o sentido do movimento, virar o rosto para outro lado, rejeitar o sentido que é imposto por uma autoridade para o movimento. Etimologicamente, a palavra revolta está associada às palavras motim, volume e até "omelete" (KRISTEVA, p. 17).

A revolta tem predominantemente um caráter negativo: rejeição da autoridade, oposição a um poder, desvio de uma crença etc. Essa ideia de revolta como um "virar a face", um "dizer não", é enfatizada por Camus no seu famoso livro *O homem revoltado*, de 1951. Esse livro não é uma pura e simples apologia da revolta, mas uma investigação sobre as sutilezas e ambiguidades implícitas nessa atitude. Logo na introdução Camus diz: "o homem é a única criatura que se recusa a ser o que ela é" (CAMUS, 1965, p. 420). Essa recusa pode ter tanto um caráter criativo (todo artista é por definição um revoltado com o real, pois se recusa a aceitar as coisas do jeito que são) quanto um caráter reativo, que pode levar à destruição dos outros e até de si mesmo.

Me interessa aqui, em primeiro lugar, esse caráter reativo da revolta, esse dizer não a todo custo, contra tudo e contra todos. A revolta como um "não" do escravo ao seu senhor é uma atitude presente em todas as épocas da história, entre os gregos, os índios ou os africanos. Camus está mais preocupado, entretanto, com um fenômeno da modernidade, mais precisamente a partir do final do século XVIII, que ele chama de "revolta metafísica", uma espécie de "não ilimitado" a tudo o que oprime, em nome de uma liberdade também ilimitada.

A revolta metafísica pode ser vista, então, como a recusa irrestrita e indiscriminada a tudo o que seja considerado limite, constrangimento, condição, seja na forma do senhor, do rei, de deus, de destino, da verdade ou da morte. Segundo Camus, a revolta metafísica é um fenômeno moderno, do final do séc. XVII. Os gregos não a conheciam, pois acreditavam na natureza, e se revoltar contra a natureza era o mesmo que revoltar-se contra si mesmo: "O cúmulo da desmedida para um grego é um combater o mar com paus e pedras" (ibid., p. 439). A revolta, no sentido da reação contra a finitude, é uma das dimensões essenciais que caracteriza nosso momento histórico. Ela é o seio no qual nasce o niilismo contemporâneo.

O cerne dessa revolta metafisica é a intepretação da condição finita do homem como uma pena de morte generalizada. Essa recusa incondicional da finitude encontra-se expressa de forma contundente em um diálogo da peça de Ionesco, *O rei está morrendo* (1963):

> MARGUERITE, ao Rei: 'Majestade, é preciso anunciar que ireis morrer!
>
> O MÉDICO: 'Sim, Majestade'.
>
> O REI: 'Mas eu sei bem, certamente. Todos sabemos. Me lembrem quando for a hora'. [...]. 'Eu morrerei quando eu quiser, eu sou o rei, sou eu quem decide'.
>
> O MÉDICO: 'Perdestes o poder de decidir sozinho, Majestade'. (IONESCO, p. 66)

A peça narra a lenta degradação de um homem, o rei Bérenger e sua aprendizagem de aceitação da morte através de um longo caminho permeado por revolta e desespero. Qualquer semelhança desse diálogo sobre a inevitabilidade da morte com o diálogo de Luís XVI e o Duque de Liancourt acerca da diferença entre revolta e revolução não é mera coincidência.

A não aceitação da morte como condição humana é um dos indícios da desmedida que caracteriza o movimento da revolta na era contemporânea[2]. A denegação da morte faz o homem procurar

---

2 Outra imagem dessa revolta desesperada contra o poder da morte encontra-se no famoso livro de Kafka, *O processo* (1914). Trata-se muito mais do que apenas uma crítica à crescente burocratização da sociedade. É, principalmente, a descrição de um ser

justificativas e culpados para sua condição. A "revolta metafisica" vira revolta política quando o homem moderno mata deus, que é tido como o autor da pena de morte, substituindo-o logo em seguida pelo próprio homem, ao arrogar para si o poder de decidir quem deve viver ou morrer, passando a "fabricar cadáveres". Camus descreve no seu livro, seguindo uma linha nietzchiana de diagnóstico cultural do niilismo, as diferentes etapas desse dizer não indiscriminado, que começa como uma reação do escravo contra o senhor, pode virar o assassinato do rei, depois o assassinato de próprio deus; por fim, o assassinato generalizado, o terror absoluto.

Em resumo, a revolta metafísica é um *odium fati*, um não destrutivo, um bater com a cabeça na parede, um insensato que dá socos nas ondas. Se na ideia de revolução trabalha uma lei eterna, da natureza ou da história, na ideia de revolta trabalha a ideia de uma ausência absoluta de lei, mas essa liberdade absoluta é também uma prisão absoluta, pois se nada é verdadeiro, então tudo é permitido; mas, se nada é verdadeiro, então também nada é permitido, por que não há nada para o qual valha a pena lutar, combater ou se arriscar:"Se nada é verdadeiro, se o mundo é sem regra, nada é defendido, para proibir uma ação é preciso ter um valor ou uma meta. Mas ao mesmo tempo nada é autorizado, é preciso também um valor e metas para escolher uma outra ação. A subordinação absoluta a uma lei não é liberdade, mas o caos é também uma forma de servidão" (CAMUS, 1965, p. 480).

Camus tem em comum com Arendt a suspeita de que as revoluções tendem a negar a liberdade que colocam como meta e justificativa (id., p. 515). Só que para Camus as revoluções modernas e contemporâneas são a consequência lógica da revolta metafísica, ou seja, do movimento desesperado e sangrento de afirmar o homem no lugar daquilo que ele nega. A recusa de tudo supõe a crença de que o homem é capaz de uma liberdade irrestrita, sua

despreparado para lidar com sua própria condição mortal, que passa a ser interpretada como uma acusação e da qual ele vai procurar se evadir a todo custo, seja provando sua suposta inocência, seja subornando seus acusadores, seja ameaçando-os de morte.

subjetividade é expansível de forma irresistível. A diferença é que se a revolução moderna mata deus na pessoa de seu representante, o rei; a revolução do século xx mata o que resta de deus nos princípios, eles mesmos, e consagra o niilismo histórico. Por causa dessa crítica à revolução, o livro de Camus foi primeiramente ignorado e depois fortemente criticado. E também em razão dessa tese polêmica Sartre rompeu sua amizade com ele. O tempo mostrou que Camus estava certo: as revoluções se tornaram repressivas, institucionalizadas, exacerbando e dando completude ao espírito reativo de revolta que havia nelas.

Se a revolução no sentido de Arendt nasce sob os auspícios de uma necessidade absoluta pela mudança, a revolta metafísica, no sentido de Camus, nasce de um não absoluto e indiscriminado contra o senhor, deus e a própria condição mortal. Revolucionar pressupõe dizer sim incondicionalmente a um destino; revoltar-se pressupõe dizer um não incondicional a toda forma de destino. As retóricas da revolução e da revolta visam à liberdade, mas ambas contêm elementos que desmobilizam e enfraquecem a liberdade humana.

RESISTÊNCIA – A SABEDORIA DOS SURFISTAS Interrompo essa reflexão sobre revolução e revolta para falar sobre a terceira e última palavra fundamental: resistência. O dicionário diz: recusa de submissão à vontade de outrem; oposição, reação. No sentido corriqueiro, resistir é sempre "resistir contra" ou "resistir a". Etimologicamente, o prefixo "re" aponta para uma duplicação, literalmente uma insistência no estar, no existir; enfim, a qualidade de quem demonstra firmeza, persistência, de quem afirma sua diferença. Vimos até agora que os termos revolução e revolta, tanto na sua origem como no seu uso histórico, definem-se como diferentes atitudes em relação ao poder, seja como sua aceitação absoluta na forma de um destino, seja como sua recusa desmedida através da crença em uma subjetividade livre e poderosa. Quero sugerir agora, desde Nietzsche e Deleuze, um outro significado para a palavra resistir, que não seja mais um resistir contra algo, mas um re-insistir. Resistência como uma forma especial de enfrentar o poder, de dizer não e sim, de agir conforme a liberdade, de lidar com a morte e com os muros da política.

No colóquio internacional de filosofia "Resistências", realizado no cinema Odeon, no Rio de Janeiro, em 2001, a professora Tatiana Roque, do Departamento de Matemática da UFRJ, na sua palestra inaugural, propôs a ideia de que resistência também é uma forma de destino. Ela cita uma frase, para mim intrigante, do matemático francês Jean Cavaillès (1903-1944), morto no combate contra a ocupação alemã, que justificava seu envolvimento na resistência francesa, não como uma escolha de livre arbítrio, mas como uma forma de necessidade tão urgente quanto a própria necessidade dos encadeamentos matemáticos: "Eu não posso fazer de outro jeito", dizia ele.

Desde então venho pensando em um outro sentido para a palavra resistência, um sentido que envolva a ideia de destino, mas que não seja nem a aceitação absoluta de uma necessidade imutável, qualquer que seja, nem a sua recusa absoluta. Como pensar a resistência para além das noções de revolução e de revolta? Algumas indicações podem ser encontradas em uma palestra de Deleuze, proferida em 1987 para estudantes de cinema, intitulada "O ato de criação"[3]. O objetivo principal dessa palestra é mostrar, de um lado, que o cinema também tem ideias, que o pensar não é prerrogativa da ciência e da filosofia. Por outro lado, Deleuze busca mostrar que a filosofia também é um ato criativo, criação de conceitos. Os conceitos não estão prontos, como em um céu de conceitos esperando para serem apanhados. A criatividade não é uma prerrogativa única da arte, muito menos da propaganda e do marketing; a filosofia também é uma atividade criativa.

Dois pontos importantes devem ser ressaltados: o ato de criar pressupõe uma não aceitação do real tal como ele se apresenta, mas também não é a mera imposição da vontade do criador, nem a realização simples de um desejo ou um prazer, mas antes de tudo é a aceitação de uma certa necessidade: "é preciso que haja necessidade,

3 Eu cito a partir da tradução de José Marcos Macedo, publicada no caderno Mais da *Folha de S. Paulo* em 27 de junho de 1999.

tanto na filosofia, quanto em qualquer outra área, do contrário não há nada. Um criador não é um ser que trabalha pelo prazer. Um criador só faz aquilo que tem absoluta necessidade" (DELEUZE, 1999, p. 3). O que move a criação, na arte ou na filosofia, é a aceitação de um destino, embora essa aceitação não seja uma mera submissão.

Há ainda um segundo ponto igualmente importante. Para Deleuze, retomando uma tese de Foucault, estamos passando de uma sociedade disciplinar (onde se constituem espaços de enclausuramento, tais como as prisões, as escolas, os hospitais) para uma sociedade de controle, onde não há mais necessidade de meios de enclausuramento. A diferença entre o controle e a disciplina é que o controle promove uma dominação sem clausura. As paredes da prisão, da escola, do hospital são como que estendidas para todo os domínios da existência, são como que introjetadas, sem que se deem conta disso. A melhor imagem para entender a noção de controle é o da estrada: "com uma estrada não se enclausuram pessoas, mas ao se construir estradas, multiplicam-se as formas de controle" (ibid., p. 12), diz Deleuze. A ideia básica da estrada é que se trata de uma via na qual as pessoas podem trafegar até o infinito, supostamente de maneira absolutamente livre, quando na verdade seus movimentos estão sendo perfeitamente controlados. A sociedade de controle do futuro e do presente oferece muitas dessas estradas, tais como as supervias de automóveis, de imagens na televisão, de informações na rede de computadores; em cada uma dessas supervias temos a ilusão de agir livremente, mas cada escolha e cada movimento está sendo predeterminada e controlada.

A tese deleuziana é que a obra de arte é um ato de resistência em uma sociedade de controle. Perguntas difíceis podem ser feitas aqui: o que é arte e o que é resistir? Qual a relação entre arte e resistência? Deleuze também parece não saber a resposta para essas perguntas: "Qual a relação misteriosa entre uma obra de arte e um ato de resistência? Não sei... Uma possível tentativa de resposta diz que arte é aquilo que resiste, mesmo que não seja a única coisa que resiste: todo ato de resistência não é uma obra de arte, embora de uma certa maneira ela faça parte dele" (ibid., p. 13). Existe então uma dimensão artística em todo ato de resistir? Mais adiante, Deleuze afirma: "toda obra de arte não é um ato de resistência, e no entanto, de uma certa maneira, acaba sendo". Criar artisticamente é sempre resistir? Lembremo-nos da obra do escritor cearense José de Alencar: há uma dimensão de resistência mesmo na sua literatura conservadora? Não existe uma arte niilista? A arte traz sempre, mesmo que não intencionalmente, algo que resiste ao poder?

Deleuze aponta para uma intimidade entre resistir e criar artisticamente. Nem todo ato de resistência produz obra de arte, mas a arte pode nos dar uma perspectiva sobre a resistência. Em um fragmento da primavera de 1887, Nietzsche afirma que não existe realidade absoluta para o artista, "um artista não tolera o real" [Ein Künstler hält keine Wirklichkeit aus] (NIETZSCHE, KSA. V. 12, p. 253). Por outro lado, nenhum artista pode abstrair totalmente do real. A criação é simultaneamente exigência e uma recusa do mundo. A arte recusa o mundo em nome do que lhe falta, mas também o afirma em nome do que ele é.

Resistir parece com o criar porque há no ato de criação um gesto ambíguo de contestação e de afirmação apaixonada pelo que é. Pode-se dizer, nesse contexto, que "resistir" é renunciar à revolução e à revolta, uma forma de dizer sim e não ao mundo, de repetir e diferenciar omundo e a si mesmo. Resistência é a recusa de ser tratado como uma coisa no devir histórico, mas também é a renúncia à reivindicação de uma liberdade total. A diferença mais fundamental entre a revolta metafísica e a resistência é a ausência de limites, a instauração de uma liberdade absoluta, tão absoluta que se autoriza a matar indiscriminadamente. A resistência no seu sentido mais originário, ao contrário, aceita as ambiguidades inerentes àação e assume seu caráter provisório e relativo. Para mim, a resistência no seu sentido afirmativo se mostra como uma espécie de "liberdade finita": uma liberdade que tem clareza sobre as limitações e também sobre os imponderáveis de cada situação. A liberdade finita é a serenidade para desistir de uma decisão se os rumos da situação assim o exigirem, mas é também a disponibilidade para aceitar o fato de que não é possível não escolher. A não escolha já é sempre uma escolha e talvez uma das mais difundidas. A liberdade finita pressupõe certa serenidade, que não deve ser confundida com uma simples passividade, diante das coisas.

Vejo essa ideia da liberdade finita, um dizer sim e não simultâneos, já delineada na famosa concepção nietzschiana de "amor fati": "Eu quero aprender mais e mais a ver como belo aquilo que é necessário nas coisas – assim me tornarei um daqueles que fazem belas as coisas. 'Amor fati': esse é meu amor a partir de agora" (*A gaia ciência*, §341,). Trata-se de uma adesão ao destino, que não tem nada de fatalista. Se o modelo da revolução é a órbita dos planetas, a torrente de lava, a onda que tudo arrasta; se a retórica da revolta envolve um não que a tudo arrasa, um não que se volta contra a própria condição humana, como se o homem socasse as ondas do mar, então a imagem mais apropriada para o gesto da resistência é o do surfista, aquele que nem luta desarvoradamente nem se deixa levar como um graveto, mas que tem a sabedoria paradoxal de respeitar e aproveitar a força, a velocidade e a intensidade das ondas. O surfista incorpora a imagem do filósofo do "amor fati", aquele que tem a capacidade de dizer não para os impasses tradicionais da revolução e da revolta, mas também sabe dizer sim para as surpresas do acaso, condição de possibilidade do gesto de criação na arte e na vida[4].

A COMUNIDADE DOS CUNHADOS Deleuze cita na sua palestra sobre o ato de criação uma frase de Malraux: "A arte é a única coisa que resiste à morte". Todo ato de resistência é uma resistência contra a morte. O que significa aqui dizer que a arte resiste à morte? Certamente não é apenas o sentido óbvio de que a obra sobrevive ao

---

4 O nome de Vilém Flusser deve ser mencionado aqui, pois considero sua "filosofia da migração" um dos exemplos mais contundentes disso que estou nomeando provisoriamente de "sabedoria do surfista" ou ainda "resistência afirmativa". Flusser, nascido em Praga, tornou-se um brasileiro, não por destino, nem por revolta, mas como um ato de resistência. Para uma apresentação mais aprofundada de sua teoria da migração, ver: FEITOSA, Charles. "Pensar, migrar". In: LINS, D.; PELBART, P. P. (org.). *Bárbaros e civilizados*. Rio de Janeiro: Relume Dumará, 2004, pp. 39-45.

artista. O resistente se encontra diante da morte assim como o artista diante do real; ele a combate, sem subtraí-la e sem se subtrair dela. Não se trata apenas de aceitar a transitoriedade da existência, mas de se alegrar com ela e até lhe sentir amor.

A atitude da resistência corresponde à sabedoria do surfista, que não se deixa levar passivamente pela onda nem tenta lutar contra ela, mas aproveita sua energia e explora criativamente suas possibilidades. A onda do momento é o niilismo. Revolução, Revolta e Resistência são maneiras diferentes de lidar com essa onda. O niilismo é o problema mais fundamental da era contemporânea, mas acredito que ele não se apresenta de uma forma única e universal: existem formas regionais – europeia, norte-americana, asiática, africana, brasileira. Nossa tarefa como filósofos no Brasil é reconhecer as formas nacionais do niilismo, que pode ser o tédio, a supervalorização da beleza física, ou ainda,a indiferença generalizada em relação aos muros da política. O mais importante é que precisamos começar a discutir as alternativas para as formas do niilismo brasileiro. Para concluir, gostaria de arriscar uma resposta provisória para a questão inicial de como pensar uma comunidade de seres mortais, como construir uma cidade que protege seus cidadãos, mas não precisa construir muros. A morte é algo que nos divide, na medida em que cada um tem que morrer a sua própria morte, mas é também o que dividimos entre nós.

É possível pensar uma comunidade de mortais, desde que ela seja de outra ordem. O filósofo francês Georges Bataille estabeleceu uma diferenciação, que me parece muito pertinente, entre uma "comunidade tradicional" e uma "comunidade eletiva". A "comunidade tradicional" se funda na veneração da raça, solo ou tradição. A "comunidade eletiva" é a comunidade desses que nada têm em comum, a não ser "uma escolha da parte dos elementos que a compõem" (BATAILLE, p. 302). Só que o "escolher" refere-se menos à comunidade, mesma, mas sim à condição de mortal. É preciso primeiro escolher ser mortal. Trata-se de uma situação ambivalente: nós não podemos perder a comunidade, pois ela nos constitui essencialmente; nós somos como que condenados a ela. Mas, ao mesmo tempo, a comunidade não é dada; impõe-se conquistá-la e tornar possível seu vir-a-ser. Seria curioso tentar antecipar como isso se daria na realidade brasileira, morena, simultaneamente pré e pós-moderna.

Qualquer antecipação de modelos, esquemas ou estratégias é nesse caso desaconselhável, mas talvez seja a hora de sugerir a ideia de que a comunidade de mortais, a cidade sem muros da "resistência afirmativa", seja uma espécie de "comunidade de cunhados". O dicionário define "cunhado" como o irmão de um dos cônjuges relativamente ao outro cônjuge, um parente que não se liga pelo sangue em comum. Entretanto, cunhado é mesmo um parente? A inspiração para a hipótese de uma "comunidade de cunhados" me veio a partir de uma palestra do antropólogo Eduardo Viveiros de Castro (UFRJ), por ocasião de uma aula inaugural realizada em abril de 2004 no Mestrado em Memória Social e Documento da UNIRIO. Na ocasião, Viveiros de Castro contou uma interessante anedota acerca do pensamento indígena. Os produtores do cantor Milton Nascimento procuraram o antropólogo certa vez para que este fizesse uma nota explicativa para o disco *Txai*, lançado em 1990. *Txai* é uma expressão comum entre os Yanomami na Amazônia, usada como interlocutório pessoal. Os produtores queriam que Viveiros de Castro explicasse o sentido do termo, que estava sendo entendido como "irmão", e o associasse aos discursos sobre fraternidade e solidariedade da cultura ocidental. Viveiros de Castro disse que poderia fazer a nota, mas que seria necessário fazer uma importante correção: *Txai*, expressão de tratamento informal usada tanto para pessoas conhecidas próximas, como para estrangeiros e visitantes, não poderia ser traduzida como "irmão", mas sim como "cunhado"[5]. Os produtores, decepcionados, desistiram da ideia de colocar a nota explicativa na contracapa, pois acharam pouco promissora a perspectiva de comercializar um CD com o título de "Cunhado".

---

5 Para uma discussão mais detalhada sobre a questão da afinidade na Amazônia, recomendo a leitura do livro de Eduardo Viveiros de Castro, *A inconstância da alma selvagem* (São Paulo: Cosac & Naify, 2002), especialmente os capítulos 2 e 8.

O que me interessou nessa anedota é que há algo de muito sábio nessa forma de tratamento usada pelos Yanomami. A "cunhadice" índigena parece-me uma ideia alternativa, ainda a ser desenvolvida, à retórica já ultrapassada dos modernos ocidentais em torno da "fraternidade". O irmão é alguém que se conecta a mim pelas vias da identidade (de sangue, de solo ou de língua). A sedutora e simpática retórica da fraternidade esconde, na verdade, uma lógica de exclusão e violência contra o que é outro e o que é diferente. Cunhado, ao contrário, não é um parente que se conecta pelo sangue em comum, mas por aliança, alguém com quem me ligo, não porque temos uma identidade, mas por uma diferença. Cunhados não têm uma identidade comum, estão conectados de maneiras diferentes com um diferente. A pessoa de quem sou cunhado nunca é a mesma, pode ser irmão(ã) ou esposo(a), dependendo da relação. Cunhados são parentes que se ligam pela diferença. A comunidade de mortais é também uma comunidade de *txais*, uma comunidade de cunhados, daqueles que nada têm em comum, mas que se ligam de formas diferentes através da diferença. Deleuze termina sua conferência dizendo: "Não existe obra de arte que não faça apelo a um povo que ainda não existe...". Esse povo que ainda não existe é a comunidade dos cunhados, mortais que nem negam, nem aceitam seu destino, mas o recriam, como surfistas, como artistas, como resistentes.

Fortaleza, verão de 2007.

FILOSOFIA POP:

UM RELATO ACERCA DE EXPERIÊNCIAS EM DIVULGAÇÃO DA FILOSOFIA [2012]

FILOSOFIA NÃO É CIÊNCIA!? Agradeço muito aos organizadores pelo convite para participar desse evento em torno da divulgação científica e, em particular, dessa mesa em torno de experiências de divulgação em ciências humanas, pois tenho bastante interesse pelo tema. Pretendo ser bastante breve e leve na exposição das minhas experiências na área. Minha formação é bem acadêmica, quer dizer, linear e disciplinar: da graduação ao pós-doutorado me mantive no caminho da filosofia, tendo realizado diversas publicações nas áreas de ontologia, fenomenologia e estética. Paralelamente à minha formação acadêmica tive também uma formação dispersa e "ziguezagueante" nas artes e nas ciências, o que despertou em mim o gosto pela transdisciplinaridade[1] e me incentivou a uma prática de divulgação da filosofia para estudantes de diversas áreas, para professores do ensino fundamental e médio da rede pública e para jovens de todas as idades. O principal produto desse meu trabalho de divulgação é o meu livro *Explicando a filosofia com arte* (Rio de

---

1 Por "transdisciplinaridade" entendo uma prática ainda mais radical de associação e parceria entre diferentes áreas do que a "interdisciplinaridade", já que aquela se constitui como uma atitude transitória e estratégica, enquanto esta normalmente visa o estabelecimento institucional de novas disciplinas consolidadas.

O presente texto é a transcrição ligeiramente modificada de uma videogravação da minha participação em uma mesa de debates sobre "Experiências de divulgação em ciências humanas", apresentada no I Encontro Nacional de Divulgação de História e Ciências Sociais, evento organizado pela Revista de História da Biblioteca Nacional, *nos dias 10 e 11/12/2009 na Casa da Ciência da UFRJ. Procurei manter o tom coloquial, improvisado e bem-humorado da apresentação oral e evitei, na medida do possível, o uso excessivo de notas de rodapé para não perturbar o fluxo da leitura. Foi publicado na extinta* Pense – Revista Mineira de Filosofia e Cultura, *2012, v. 1, pp. 11-15.*

Janeiro: Ediouro, 2004), que é uma tentativa de tornar a filosofia mais acessível, sem perder o rigor inerente aos conceitos. O livro não apenas reproduz, mas também apresenta uma produção própria de ideias. *Explicando a filosofia com arte* acabou me trazendo muitas alegrias, pois não apenas ganhou vários prêmios (entre eles o Prêmio Jabuti 2005, na categoria Paradidático), como também foi adotado pelo governo federal para compor, junto com outros títulos selecionados, a biblioteca básica de todas as escolas públicas federais de ensino médio do país. Desde então tenho recebido e-mails de estudantes das mais diferentes partes do Brasil, curiosos e instigados pela leitura do livro. Fico especialmente feliz com isso, pois tenho consciência de que embora se trate de um livro até barato pela qualidade gráfica apresentada, ainda é infelizmente muito caro para a realidade brasileira. [Também fico um pouco assustado porque pode ser um sinal de que o fim do mundo está próximo. Pelo menos "o fim do mundo tal como o conhecemos", afinal toda uma nova geração de adolescentes brasileiros está cada vez mais sendo contaminada pelo espírito filosófico e não sabemos qual será o resultado disso, ainda.]

Dentro desse espírito de informalidade gostaria de ressaltar que embora meu livro venha obtendo bastante sucesso nos seus objetivos, sua repercussão na área acadêmica foi praticamente nula. Bem, é verdade que ele não foi atacado. Tentei fazer um livro que não deixasse lacunas, que não permitisse críticas do tipo "é simplificador" ou "não é filosofia". Mesmo assim, ele foi solenemente ignorado pelos meus pares, não obtendo à época de seu lançamento nenhuma resenha nos cadernos de cultura dos jornais das grandes cidades. Isso é algo para ser pensado aqui.

Na verdade, eu considero até bastante surpreendente o convite para participar dessa mesa sobre "experiências em divulgação na área de ciências humanas". Digo isso porque há cerca de dois anos participei de um edital de divulgação científica promovido por um dos mais importantes órgãos de fomento do país. Meu projeto era transpor a experiência de *Explicando a filosofia com arte* para a televisão, usando todos os recursos das imagens em movimento. Meu projeto foi recusado, em parte, porque há sempre mais demanda do que verbas, mas o parecerista oculto justificou sua recusa alegando que meu projeto não se encaixava nos termos do edital, pois afinal "filosofia não é ciência" (sic), e o edital era de divulgação científica!

Confesso que fiquei estupefato, pois embora até simpatize com a posição epistemológica de que a filosofia ocupa um campo próprio do conhecimento, conectado, mas independente das artes e das ciências, na prática acadêmica ela faz parte das ciências, sim, e mais especificamente das ciências humanas (vide a tabela de áreas do conhecimento do CNPq). Seguindo o raciocínio do parecerista, se filosofia não é ciência, deveriam então ser imediatamente suspensas todas as bolsas de "iniciação científica" em filosofia no país, e, mais amplamente, todos os apoios financeiros à filosofia, seja na forma de bolsas de mestrado, doutorado, pós-doutorado e ainda os suportes financeiros à participação ou realização de simpósios, ou mesmo os subsídios para a publicação de artigos ou livros. Toda pesquisa em filosofia do país deveria parar, tendo como base a afirmação estapafúrdia de um tecnocrata de que filosofia não é ciência!

Conforme a afirmação desse parecerista eu não deveria estar, portanto, aqui fazendo parte dessa mesa onde estão sendo trocadas experiências em divulgação nas áreas de ciências humanas. Esse caso serve para ilustrar como as instituições de pesquisa, embora nominalmente incentivem a interdisciplinaridade, na verdade trabalham com concepções estanques e repartidas, onde as fronteiras entre as áreas são fixas e os limites, praticamente intransponíveis. Na minha opinião a frase "filosofia não é ciência" é uma espécie de declaração de guerra, e visa defender territórios contra a ameaça de invasão. É uma frase onde comparecem saber e poder de forma ilustrativa. Ao contrário do que poderíamos imaginar, não é uma frase restrita aos documentos decisórios de avaliação de projetos. Ela é bastante comum nas nossas práticas acadêmicas diárias[2].

---

2 *Vale ressaltar que, após inúmeras tentativas, finalmente o projeto de adaptação do livro* Explicando a filosofia com arte *para uma série documental em vídeo foi aprovado em um edital da Funarte em 2020, tendo sido filmado e editado em 2021 e 2022, em uma*

MARCAR X HABITAR FRONTEIRAS Recentemente participei do lançamento de um livro de um amigo, professor de filosofia da UFRJ. Após o lançamento nos reunimos em uma grande mesa de bar para comemorar. Um dos integrantes da mesa, professor e pesquisador de renome nacional na área de física, fez uma brincadeira na mesa. Ele disse, em alto e bom som, para todos ouvirem, que na sua área, quando os professores acham que o trabalho de um aluno não corresponde às exigências de rigor e exatidão necessárias, então dizem para ele: "Isso aí que você está fazendo não é física, não é nem mesmo ciência, mas sim filosofia"! A gargalhada na mesa foi geral. Para as ciências duras e exatas, a filosofia é muitas vezes sinônimo de delírios poéticos e imaginativos. Após longas risadas começamos a conversar sobre o tema e os filósofos da mesa, que estavam em maioria, se perguntaram se costumam dizer coisas parecidas nas avaliações. O resultado foi que, na filosofia, quando o professor acha que o aluno não conseguiu alcançar o rigor e a precisão exigidos na matéria (sim, a filosofia também tem o rigor e a precisão como um de seus paradigmas!), então o professor diz: "Isso que você está fazendo não é filosofia, mas sim literatura, poesia, arte". Se a filosofia é o outro da ciência, a arte é o outro da filosofia, sempre rondando como um vizinho, só que mais ameaçador do que simpático. Novas gargalhadas. Por coincidência, um dos integrantes da mesa atuava na área de letras e acrescentou ao papo a impressão de que na sua disciplina, quando um trabalho de um aluno não é considerado adequado, os professores costumam recusá-los, dizendo: "Você não está fazendo literatura, mas sim jornalismo". Empolgados com o surpreendente rumo da conversa, ouvimos ainda um profissional de jornalismo dizer que, na sua área, os trabalhos de pesquisa considerados impróprios costumavam ser acusados de "jornalismo ruim", ou seja, marketing! Infelizmente não havia ninguém da área de marketing na mesa para dar continuidade à brincadeira.

---

produção da 3 Tabela Filmes, roteiro de Izabella Faya e direção do cineasta Eduardo Nunes, com divulgação prevista para meados de 2023 (Cf.: https://www.3tabelafilmes.com.br/filosofiacomarte.html).

Parece que tem sempre alguém nas instituições de ensino e de pesquisa para nos alertar sobre o que é próprio e impróprio à profissão. Nossa formação acadêmica parece mesmo girar em torno da transmissão e da retransmissão de determinados códigos e posturas. O problema é que às vezes essa pedagogia da demarcação de territórios pode se tornar também uma política de exclusão e, o que é pior, uma forma de abafar as experimentações. Meu projeto de divulgação da filosofia com arte é, nesse sentido, um gesto de resistência, de ocupar e habitar as fronteiras. Trata-se de um gesto perigoso, pois as fronteiras não apenas excluem, mas também nos protegem dos erros e do desconhecido. Habitar fronteiras nos expõe a riscos.

RISCOS Permitam-me ainda contar mais algumas experiências que podem contribuir na tarefa depensar acerca dos riscos da divulgação em filosofia. A primeira história remonta à década de 80, minha estreia como professor de filosofia, quando tinha 18 anos e ainda estava no quinto período da graduação na UFRJ. Um amigo meu, professor da rede estadual de ensino, mais especificamente em Niterói/RJ, convidou-me para lecionar uma aula sobre os sofistas, em um sábado de manhã, para uma turma de ensino médio. Muito empolgado, levei para a sala os melhores recursos audiovisuais que tinha à disposição na época, tais como um pequeno gravador de fita cassete e diversas capas de discos de rock. A aula foi aparentemente um sucesso, já que os alunos, que tinham a mesma idade que eu, não apenas acompanharam de forma intensa, como ainda me aplaudiram no final.

Fiquei muito feliz, com a sensação de tarefa realizada. Na hora do almoço, após a aula, perguntei para meu amigo, muito mais experiente do que eu, o que ele tinha achado da aula. Ele me disse que tinha sido muito divertido, que eu tinha muito talento para animar auditórios, mas que infelizmente aquilo "não era filosofia"! Para mim, foi como se uma porta se fechasse sobre meu rosto, após já ter adentrado ao salão. Segundo meu amigo, eu tinha exagerado nas brincadeiras e nos exemplos, esvaziando a aula dos conceitos e dos pensamentos. Foi a primeira vez que me confrontei com o risco do excesso de simplificação. Esse risco é real: em uma sociedade de consumo, a filosofia também pode se tornar um item de fast-food (a série de livros *Filosofia em 90 minutos* vai nessa direção)[3]. Se isso não é filosofia, então o que é? Passei todo o período da minha formação acadêmica, da graduação ao doutorado, perseguindo esse ideal de rigor do conceito e tentando evitar a todo custo o abismo da excessiva simplificação.

A simplificação excessiva, a vulgarização, é um risco efetivo de quem se arrisca no trabalho de divulgação científica. O problema é que as tentativas de escapar desse abismo podem conduzir a uma atitude igualmente perigosa, o abismo do eruditismo. Aqui conto mais uma experiência que considero emblemática. Há alguns anos fui assistir a um debate sobre filosofia e cinema no Rio de Janeiro. O auditório do antigo cinema estava com seus 600 assentos ocupados e o clima era de festa, diversas pessoas reunidas, ávidas para pensar a relação entre conceitos e imagens. No começo foi exibido o filme *O cão andaluz,* do cineasta mexicano Luis Buñuel, com aquela famosa e inesquecível cena de um olho sendo cortado por uma lâmina. Após a exibição do filme, foi realizada a palestra de um dos mais renomados professores de filosofia do país, que entretanto, para minha surpresa, não apenas não mencionou o filme do Buñuel em sua palestra, como também não falou das possíveis relações entre filosofia e cinema. Para piorar, fez ainda diversas citações em grego, latim e alemão sem as devidas contextualizações. Comecei a perceber que o público estava ficando inquieto. Logo a inquietação se transformou em revolta. De repente no meio da palestra iniciou-se algo que eu jamais tinha presenciado em uma palestra de filosofia: uma estrondosa vaia. Confesso que fiquei revoltado com a agressividade do público, pois estou acostumado a simplesmente me retirar da sala quando não gosto de uma palestra. [Aliás, um pequeno excurso: se vocês não estiverem gostando dessa minha conferência, peço por gentileza que não me vaiem, vão se retirando um a um, discretamente por favor.] Mas o pior ainda estava por vir: após o início das

3 Agora já está disponível o título *Filosofia em 60 segundos*, de um certo Andrew Pessin, editado pela Leya Brasil.

vaias, o renomado professor, que provavelmente nunca tinha passado por isso também, ficou visivelmente transtornado e deixou escapar algumas lágrimas de consternação. A situação para mim ficou insustentável e resolvi ir embora como protesto, incomodado tanto com a falta de educação do público quanto com a falta de inteligência cênica do professor. Pareceu-me que ele não soube aproveitar a riqueza e a singularidade daquele encontro e simplesmente deu seu recado como se estivesse diante de seus aspirantes a filósofos na pós-graduação, como se ainda estivesse sendo protegido e poupado, pelas paredes da academia, da tarefa de tentar estabelecer pontes com os não filósofos.

Essas duas experiências servem para mim como indicação de duas situações extremas das quais venho tentando escapar. De um lado, a pseudofacilitação; do outro lado, o hermetismo. Ambas, cada uma à sua maneira, parecem-me esconder estratégias de dissimulação e de manutenção de um *status quo*. Como forma de resistência, estou envolvido desde 2002 com o projeto de uma "filosofia pop": pensar o mundo em uma linguagem bem-humorada e acessível, sem contudo perder a densidade inerente à filosofia.

PRINCIPAIS ASPECTOS DE UMA FILOSOFIA POP Eu não inventei o termo "filosofia pop", eu roubei o conceito de Deleuze, que muito rapidamente menciona a expressão, sem maiores aprofundamentos, no contexto da necessidade de novas formas de ler e de escrever na filosofia. Minha apropriação do termo se orienta por experimentar com aspectos que talvez o próprio Deleuze não tenha previsto, mas que teria, imagino, aprovado. A primeira ressalva é que o uso do termo "pop" nada tem a ver com a acepção corrente, presente em títulos de programas televisivos do tipo SuperPop e que se aplica ao entretenimento de caráter raso, fácil e meramente comercial. A ideia, ao contrário, é resgatar o projeto presente no movimento da *pop art* dos anos 50, onde o conceito de "pop" era visto como algo imaginativo, rebelde, original, irreverente, crítico e alegre. Através de técnicas de duplicação, reprodução, incorporação, reciclagem, superposição e colagem de elementos díspares nas telas, os integrantes do movimento ajudaram a consolidar uma nova estética, uma outra sensibilidade, enfim, uma linha de fuga de dentro do sistema.

O principal aspecto da "filosofia pop" é a atitude consciente de descompromisso com a distinção entre "alto" e "baixo" em termos de cultura. Assim como nas telas de Andy Warhol compareciam simultaneamente referências do mundo erudito e da cultura de massa, a filosofia pop também defende a interseção constante dos conceitos fundamentais da filosofia com os aspectos considerados normalmente os mais banais da existência. A filosofia pop busca resgatar a riqueza e a inteligência da vida cotidiana, desprezada tradicionalmente como o famoso obscurantismo do "senso comum".

Uma das consequências desse descompromisso com a dicotomia "alta cultura" x "baixa cultura" é a recusa de um cânone exclusivo tanto das questões, quanto dos autores, supostamente clássicos e incontornáveis. A ideia é que a filosofia não precisa se restringir a pensar apenas a questão da liberdade ou da verdade em Descartes ou Kant, mas pode e deve também se debruçar sobre as questões de poder no uso do controle remoto nas diferentes constelações familiares ou ainda sobre os desdobramentos éticos-políticos das ideias presentes em uma história em quadrinhos, um videogame ou uma letra de funk.

Vale ressaltar que de nada adianta integrar os temas das artes e da vida cotidiana na filosofia se ela continuar a manter uma certa atitude prévia de superioridade. Já presenciei diversas vezes a situação de filósofos sendo convidados a participar de simpósios sobre os mais variados temas, discursando hermeticamente durante uma hora a respeito das suas próprias pesquisas e se retirando do evento imediatamente após a palestra, como se só eles tivessem algo a dizer, como se não precisassem ouvir também a voz dos não filósofos. Há alguns anos tive uma experiência ainda mais inquietante em um evento sobre filosofia e literatura. Uma professora de literatura apresentou uma inédita leitura e interpretação de letras de funk carioca. Naquela época a cidade ainda discutia a legitimidade do funk, ameaçada de censura em nome de uma injusta associação que a classe média e a mídia faziam entre essa manifestação artística, política e cultural e o tráfico de drogas. Nesse sentido, era uma ação altamente afirmativa trazer para a universidade um debate em torno do que estava sendo produzido na periferia e não apenas nos famosos "centros de excelência". Entretanto, ao fim da comunicação, ao ser perguntada se gostava de ouvir funk, a professora respondeu que detestava, que aquilo não era música, muito menos poesia. Ela só estaria abordando o tema porque estava na moda! Parece que o funk só poderia ser incluído na pauta na condição de "literatura inferior". Na minha opinião, esse tipo de integração à força das artes de rua pela academia só reforça a dicotomia entre "alto" e "baixo" na cultura. A filosofia pop não é diferente apenas pelos seus temas, mas também pela sua abordagem. O modo como se pensa é tão importante quanto o que é pensado.

Outro aspecto importante de uma filosofia pop é a proposição de mudança de paradigmas: a tradição da filosofia é historicista e eurocêntrica; a filosofia pop é temática e geograficizada. Por temática, entenda-se que ela privilegia as questões e os conceitos, sem desprezar sua evolução e transformações, mas colocando-as em segundo plano. Bem ao contrário da concepção pedagógica bastante em voga no Brasil, que compreende filosofia em primeira instância como a aprendizagem de sua história, em detrimento dos problemas e dos temas. Além disso, a filosofia pop é uma "geofilosofia", quer dizer, busca sempre conectar o local com o universal. Um bom exemplo disso é o modo como se costuma discutir o diagnóstico nietzschiano do niilismo nos simpósios nacionais de filosofia. As críticas aos "desprezadores do corpo", cunhada em outro contexto cultural, assumidamente europeu, costuma ser mimetizada acriticamente. Já procurei demonstrar em outro ensaio que a filosofia brasileira precisa investigar as características próprias do nosso próprio niilismo, entre elas, uma celebração alienada do corpo, não um desprezo. A filosofia pop busca, portanto, conjugar o universal e o singular, no nosso caso, na tarefa de abordar filosoficamente as ambiguidades e paradoxos da nossa própria cultura.

Cada uma das características mencionadas da filosofia pop até aqui mereceria uma abordagem mais profunda e detalhada. Para mim, o aspecto mais fundamental é a proposição de uma outra relação entre conceitos e imagens, ou, de forma mais abrangente, entre filosofia e arte. Tradicionalmente a filosofia tem duas atitudes em relação à arte: ou levanta suspeitas sobre sua capacidade de contribuir para uma ampliação da compreensão humana do mundo, ou então instrumentaliza as imagens e as obras de arte como se fossem meras ilustrações e atestações de argumentos conceituais, empobrecendo assim a riqueza de possibilidades que elas poderiam ainda nos oferecer. A filosofia pop entende que as imagens não são inferiores aos conceitos quando a tarefa é pensar o mundo; ao contrário, as imagens exigem outros tipos de pensamento e abrem perspectivas inacessíveis ao raciocínio lógico convencional. Por isso mesmo meu livro se chama *Explicando a filosofia* com *arte*, e não *através* da arte. A filosofia pop busca parcerias com as artes, deixando-se levar por elas, abrindo-se a processos de hibridização, mesmo correndo o risco de se tornar outra coisa, uma mutação, quase uma monstruosidade.

Cabe destacar que uma das funções dos monstros sempre foi a de relativizar nossos conceitos sobre limites e fronteiras (entre o humano e não humano). Na biologia os híbridos são considerados inférteis; os híbridos culturais, ao contrário, enriquecem nossas perspectivas sobre a realidade. O problema é que a academia ainda não sabe o que fazer com as práticas de hibridização no ensino e na pesquisa. Lembro-me de uma experiência recente na UNIRIO, onde orientei uma dissertação de mestrado que experimentava uma abordagem filosófica das artes cênicas e uma perspectiva teatral da própria filosofia. Para compor uma banca capaz de avalizar esse produto híbrido, convidei um professor de artes cênicas e um de filosofia. A dissertação foi aprovada, mas o professor de filosofia reclamou da ausência de maior conhecimento histórico-filosófico, enquanto o professor de artes cênicas criticou justamente o contrário, o excesso de análises conceituais. Para um, tinha pouca filosofia, para o outro, tinha filosofia demais e pouco teatro. Ninguém fica satisfeito com os híbridos dentro desse modelo ainda demasiadamente disciplinar das nossas instituições de ensino e pesquisa.

FILOSOFIA E MÍDIA A filosofia pop, ao contrário da filosofia tradicional, acredita que a ocupação das mídias é fundamental para um projeto de divulgação do pensamento. Não se trata de tarefa fácil. O tempo da televisão é completamente diferente do tempo da reflexão e do pensamento. A televisão exige uma aceleração do discurso, a filosofia é por definição um "longo e demorado olhar sobre as coisas à nossa volta". As generalizações apressadas, tão comuns em entrevistas e depoimentos ao microfone, são um indício de descuido para o *expert*. A hesitação e a cautela, consideradas como virtude para os pensadores, é vista, ao contrário, como incompetência ou ignorância na televisão. Ainda que com algumas ressalvas, costumo comemorar e incentivar, ao contrário de diversos colegas, a presença de filósofos na TV, tal como nos casos recentes da Viviane Mosé (no Fantástico, da Globo) e da Marcia Tiburi (no Saia Justa, da GNT). Ambas fizeram mais pela divulgação da filosofia no Brasil do que muitos dos livros e artigos que produzimos anualmente na academia[4].

Minhas próprias experiências de participação na TV não foram muito felizes, em parte por conta de problemas de edição, em parte por conta da própria mentalidade que domina a área. Em 2004 fui convidado pelo canal GNT para participar, junto com outros professores e pesquisadores de diversas áreas (antropologia, psicanálise etc.), de uma série de minidocumentários em torno de pessoas, antes e depois de cirurgias plásticas. O objetivo era discutir a importância da beleza e do corpo na cultura nacional. Lembro-me de ter participado de um longo (quase seis horas) e instigante debate com meus colegas, mas para minha surpresa, na edição final, não apenas nossas longas falas foram reduzidas a poucos segundos, como também o critério de seleção das nossas colocações me pareceu bastante questionável. [Até hoje penso que era tudo uma espécie de pegadinha e nós, os professores, é que éramos tema daquele reality show.]

---

4 Nesse sentido, recomendo enfaticamente a leitura do livro de MarciaTiburi, *Olho de vidro: a televisão e o estado de exceção da imagem* (Rio de Janeiro: Record, 2011), onde a autora ousa uma bem-sucedida interpretação ontológica, estética e política da suas experiências na televisão.

Para divulgar a ciência e a filosofia, as mídias de massa são incontornáveis. Mas, ao invés de demonizá-las ou de se deixar subordinar por elas, será preciso descobrir mecanismos através dos quais obtenhamos o mínimo de controle sobre os critérios de edição. Mais e melhores editais de apoio à divulgação científica serão sempre muito bem-vindos nesse contexto. Certa vez fui convidado para participar como mediador de um programa de debates na TV, voltado para adolescentes. Quando perguntei qual era o tema do programa, fiquei um pouco surpreso. O debate, que reuniria cientistas, religiosos e estudantes de ensino médio, seria em torno da seguinte questão: "Existe vida inteligente em outros planetas?". Retruquei que não sabia nada sobre o assunto, no máximo poderia imaginar gravar uma breve participação levantando algumas questões sobre o solo de onde provavelmente surgem tais inquietações. Então o produtor me disse que não haveria problema, afinal "filósofo pode falar sobre qualquer coisa". Recusei o convite alegando falta de tempo e fiquei com a sensação de que a pergunta mais apropriada deveria ser: "Existe vida inteligente na TV?". A resposta para tal pergunta pode ser sim, não ou talvez, depende também do engajamento de nós participantes da comunidade acadêmica.

STREET PHILOSOPHY Divulgar, assim como ensinar ou traduzir, envolve uma escuta atenta do outro, é sempre um caminho de mão dupla. O problema da divulgação científica está associado ao tipo de ensino superior que costumamos praticar. A separação rígida não apenas entre as grandes áreas (humanas x naturais, ou "desumanas", como gosto de dizer em tom de provocação); ou entre disciplinas (filosofia x psicologia, etc.), ou mesmo no interior das próprias disciplinas (filosofia analítica x "filosofia continental"), é um indício significativo da crença na associação entre excelência e especialização do conhecimento. Essa associação não é óbvia, nem dada, é resultado de uma longa história, e não deveria, portanto, ser vista como definitiva. Nem sempre foi assim, não tem que continuar sendo assim. As nossas instituições universitárias costumam também trabalhar com uma distinção muito rígida e hierárquica entres suas três áreas de atuação mais fundamentais: ensino, pesquisa e extensão. Somente quando houver um entendimento de que essas três dimensões têm força e importância equivalentes, a questão da "divulgação" deixará de ser uma questão "menor" para a ciência. Faz parte do processo de pensar, de modo estrutural e não acidental, a partilha dos saberes e o compartilhamento das questões e dos conceitos.

Por fim gostaria de citar uma frase do Nietzsche, do livro *Aurora* (1881), que serve de inspiração para a filosofia pop: "Os maiores problemas [da filosofia] estão na rua" (NIETZSCHE, 2004, §127). A filosofia pop é uma filosofia de rua, na rua, para a rua, quer dizer, ligada ao cotidiano, à existência, ao aqui e agora, em nome de outros e melhores futuros. Lembro-me de ter conversado com um jovem coreógrafo brasileiro, hoje famoso internacionalmente, que me contou que não obtinha apoio dos pais, nem de ninguém, quando dizia que queria fazer dança de rua, mas que quando começou a chamar seu trabalho de "street dance", tudo mudou de figura. Aparentemente "street dance" soa mais nobre, profundo e digno do que uma reles "dança de rua". Quem sabe não obteremos pareceres mais positivos dos órgãos de fomento, se começarmos a nomear nossos projetos também de "street sciences" ou "street philosophy"?

Muito obrigado pela atenção [e por não terem me vaiado até agora].

Rio de Janeiro, verão de 2012.

VOLTA A FITA?

REFLEXÕES EM TORNO DA GERAÇÃO Z **[2013]**

Antigamente, quer dizer, cerca de dez anos atrás, uma das coisas que mais me irritava durante uma aula era quando algum estudante me dizia: "volta a fita, professor!". O que me incomodava era percepção, a meu ver equivocada, de que uma aula de filosofia deveria ter uma direção única, passível de avanços e retrocessos mecânicos, ao invés de ser vivenciada como um "acontecimento", ou seja, como uma experiência de pensar que envolve uma mistura do planejado com o inesperado. "Voltar a fita" (assim como "cair a ficha" ou "queimar o filme") era uma expressão típica da era analógica e indicava uma tentativa de acompanhar as estruturas lineares dos discursos em voga então. A recente transição para a era digital permitiu a ascensão de lógicas não lineares e de novos aparatos que não precisam mais de fichas nem de filmes. Enquanto para alguns a passagem das lógicas lineares para as rizomáticas (não lineares) foi sentida como um exílio forçado, como uma expulsão de territórios familiares para zonas desconhecidas e perigosas, existe toda uma geração de "nativos digitais" que se sente em casa no mundo das novas tecnologias. A vida familiar, escolar, afetiva, social e política dos nativos digitais se desenvolve em rede, sem fronteira muito nítida entre "real" e "virtual". Os "nativos digitais" não estranham as novidades tecnológicas, mesmo aquelas que a nós, das gerações anteriores, ainda parecem inimagináveis, como, por exemplo, a notícia recente de que em breve as pessoas manterão relacionamentos afetivos e até se casarão com robôs.

Mesmo com tantas transformações importantes, considero totalmente provável que, em futuro próximo, quer dizer, qualquer dia

Esse breve artigo foi realizado a partir de um convite do amigo Bat Zavareze e já anuncia uma virada em direção à futura área de humanidades digitais, em que atualmente me encontro. Foi publicado na revista do festival Multiplicidade *(v. 8, 2013, pp. 60-61).*

desses, algum dos meus jovens estudantes do primeiro período do curso de filosofia acene com a mão repetidamente diante de mim, repetindo o mesmo gesto que faz com seu iPad ou Kinect da Microsoft, indicando assim que gostaria que o professor retornasse ao ponto imediatamente anterior do raciocínio. Parafraseando Kant, não adianta fazer revoluções tecnológicas, se estas não vierem acompanhadas de transformações do modo de pensar. A falta de estranhamento em relação às novidades, típica de quem está acostumado à constante falta de costume, denota por um lado uma saudável abertura para as surpresas, mas aponta também para uma tendência à naturalização disso que é construído historicamente. Tudo se passa como se o tempo fosse uma progressão unidirecional e inevitável. Por isso, qualquer abordagem filosófica sobre as perspectivas de futuro da "geração z" (x ou y) tem que ficar alerta para questionar se o que é celebrado ou temido como o "novo" não esconde apenas mais do antigo "mesmo", seja positiva ou negativamente.

Por exemplo, um dos aspectos mais temidos pela indústria de entretenimento na era digital contemporânea é o surgimento de uma "nova" forma de criatividade: o remix. Os remixes, mashups e colagens de objetos culturais são uma marca distintiva da geração z, mas também uma das principais causas de preocupação para as empresas que detêm os direitos autorais das respectivas mercadorias, digo, obras. As leis de copyright se baseiam, entre outras coisas, na crença romântica ainda bastante difundida de que o artista é uma espécie de autoridade que cria suas obras do nada, como se fora um ser privilegiado pela natureza, tendo recebido um dom inexplicável de, sem copiar nada ou ninguém, produzir obras que são radicalmente descontextualizadas e absolutamente originais.

A geração z, felizmente, vivencia uma explosão de criatividade – para além das restrições impostas pelos setores mais conservadores do mercado cultural – ao reinterpretar não linearmente produtos visuais, literários ou sonoros. De fato, os avanços tecnológicos do século xx facilitaram e, principalmente, democratizaram esses processos criativos envolvendo a hibridização de elementos diversos, mas é importante observar que os remixes não são em si uma "novidade" cultural. Desde uma perspectiva filosófica, não se parte nunca do nada quando se cria artisticamente. Toda obra de arte é resultado de uma combinação e recontextualização de materiais pré-existentes. Todo artista é, em certa medida, um DJ, alguém que conhece muito bem as tradições que o precedem, e delas se apropria. Isso vale tanto para o DJ Girl Talk, como para Walt Disney, Shakespeare ou Homero. Como dizia Nietzsche, um ardoroso combatente da ideia de inspiração sobrenatural no gesto criativo: "Todos os grandes [artistas e pensadores] foram grandes trabalhadores, incansáveis não apenas no inventar, mas também no rejeitar, eleger, remodelar e reordenar" (Cf. *Humano, demasiadamente humano* [1878], §155). Os próprios integrantes do grupo de heavy metal Metallica, famosos por desencadear uma guerra contra o Napster, admitem em entrevistas que não teriam sido capazes de se desenvolver musicalmente se não tivessem sido beneficiados por um sistema primitivo de compartilhamento no início dos anos 80: nos murais das universidades e dos bares, fãs de diferentes cidades buscavam e ofereciam fitas cassete, trocadas via correio, com gravações piratas das bandas que compunham o cenário indie da época. Dá vontade de gritar: "Volta `(a) fita, Lars Ulrich!". As leis de copyright precisam, portanto, ser reescritas a partir de uma desmistificação filosófica da suposta autoridade do autor das obras.

Outro aspecto – tido por alguns como algo para ser celebrado – que se apresenta através da geração Z seria a produção de uma "nova" versão do ser humano, um upgrade através não apenas dos avanços da engenharia genética e da robótica, mas também pelo uso de neurofarmacêuticos cada vez mais poderosos. Esse homem+, homem 2.0 ou simplesmente esse "transhumano", vem sendo anunciado como nosso futuro. Trata-se do aperfeiçoamento da condição humana via drogas capazes de retardar ou até eliminar o envelhecimento e de fortalecer nossas capacidades intelectuais, físicas e, principalmente, emocionais. Afetos tais como amor, ódio, inveja, tristeza e alegria vem sendo visualizados através de exames de ressonância magnética e reduzidos a meras correlações neurológicas. Já se fala de "neurocapitalismo", ou seja, de uma sociedade capaz de gerenciar as emoções em prol de uma maior eficiência da produção e de uma maior adesão ao consumo.

Na perspectiva da filosofia esse suposto "novo" humano está na verdade preso ainda ao antigo "humano, demasiado humano". O que está em jogo parece ser o otimismo científico: quanto mais desenvolvimento tecnológico, mais evolução humana. Esse otimismo se consolidou na era das luzes, mas já tinha seus representantes em eras mais antigas. Platão já falava no diálogo tardio *As leis* (649a) que seria ótimo se todos os legisladores pudessem ter à mão alguma droga que incitasse, sempre quando quisessem, o medo ou a coragem nos seus legislados, o que certamente facilitaria a administração pública. Então tanto o "transhumano" como o "neurocapitalismo" talvez não sejam nenhuma grande novidade, mas apenas a realização de um sonho muito velho de controle político da vida das pessoas através de uma farmácia bem azeitada, capaz de influenciar a intensidade, a duração e a direção de suas paixões.

O gesto de criar, no sentido de fazer remixes das tradições culturais, pode ser uma via fértil de resistência a essas formas cada vez mais refinadas de controle. No futuro cada um de nós, não importa de qual geração, vai ter que decidir se vai ser um exilado, alguém que evita ou ignora as transformações e anseia nostalgicamente por um retorno ao passado; um nativo integrado, alguém que adere acriticamente aos rumos lineares da história, ou um DJ, alguém que ousa recombinar não linearmente as tradições do passado, apontando-as contra o presente e a favor de um tempo ainda por vir. Para a filosofia, nós não estaremos nunca prontos para o que podemos ser se não reavaliarmos radicalmente, através do pensamento, o que temos sido até agora.

Rio de Janeiro, verão de 2013.

FUTUROLOGIA I:

UM PROGRAMA DE RÁDIO EM 2065 [2015]

GIRANDO AS PERSPECTIVAS: Oi, pessoal, boa tarde, é um prazer estar aqui com vocês, nesse dia 12 de junho de 2015, Dia dos Namorados, na festa literária de Duque de Caxias. Meu nome é Charles Feitosa e sou um pesquisador da área de filosofia pop. A filosofia pop pode ser definida como uma maneira diferente de fazer filosofia: densa sem ser complicada, bem-humorada sem ser superficial. Um dos focos da filosofia pop é a tentativa de pensar questões de ética, estética ou política da vida cotidiana no contexto da cultura brasileira contemporânea. Se vocês me perguntarem para que serve a filosofia, posso dizer que essa questão já me atormentou bastante e durante muito tempo tentei, em vão, obter uma resposta satisfatória, mas agora sinto com muita clareza que a filosofia não serve mesmo para nada. Antes que venham os protestos, que fique claro: considero que a filosofia até pode ser inútil, mas ao mesmo tempo é muito importante. Tudo depende do modo como compreendemos a noção de "utilidade". Se algo é útil quando traz soluções práticas para problemas imediatos (p. ex. criar um remédio para uma doença ou construir uma ponte para atravessar um rio), então a ciência é claramente útil e a filosofia, não. Por outro lado, a importância da

---

*A convite dos amigos Ecio Salles (*in memoriam*) e Julio Ludemir, participei da FLUP – Feira Literária das Periferias de 2015, que provocava os autores a imaginar o Rio de Janeiro cerca de 50 anos depois. Como eu fiz durante muito tempo um programa de rádio – dedicado à música e à cultura brasileira, na Radio Dreyeckland FM 102.1 Freiburg (https://rdl.de/) – durante minha estadia de seis anos na Alemanha nos anos 90, tentei imaginar como seria um programa de rádio em 2065. O resultado dessa "farsa irresponsável", como diria Nelson Rodrigues, foi apresentado no Dia dos Namorados de 2015, na praça central de Duque de Caxias, e publicado no ano seguinte em* Rio 2065, *organizado por Ecio Salles e Julio Ludemir (1ª ed. Rio de Janeiro: Casa da Palavra, 2016, v. 1, pp. 41-48). Agradeço à locutora, doutora em Artes Cênicas e pesquisadora na área de voz, Luciana Lucena, pelas valiosas contribuições.*

filosofia não pode ser medida por "utilidade" imediata e prática, sua utilidade é mediatizada, quer dizer, inesperada e imprevisível; às vezes ela chega atrapalhando os afazeres habituais.

Mas se a filosofia é inútil, em que ela é importante? A importante inutilidade da filosofia surge na medida em que ela nos oferece mudanças de perspectivas, um giro de olhar ao redor de nós mesmos e do mundo, fazendo com que se abram outras possibilidades de compreensão do real, para além daquelas que estamos acostumados ou para as quais fomos treinados. É a mesma coisa que acontece quando avisamos aos nossos familiares que "estamos presos em um engarrafamento". Essa frase tão banal e cotidiana trata o engarrafamento como se fosse um processo independente da nossa vontade, como uma pedra que se instala no meio de nosso caminho para casa. Do ponto de vista da filosofia, ou seja, a partir de um giro de perspectivas, seria muito mais coerente ligar para a família e dizer que vamos chegar atrasados no jantar porque estamos muito ocupados "produzindo" um engarrafamento junto com a maior galera. Isso porque a gente sempre acha que o engarrafamento são os outros, o nosso carro é o único que tem direito de estar ali. Girando o olhar à nossa volta, fica evidente que somos nós mesmos o engarrafamento. Essa reflexão pode não solucionar imediatamente o problema, não é imediatamente útil, mas é importante, pois pode inaugurar outras estratégias mais radicais de buscar soluções para este.

Convido então vocês a girar um pouco comigo no tema "O Rio daqui a 50 anos". Trata-se de uma tarefa complicada, essa, de praticar um pouco de futurologia. Essa palavra é formada pela soma da palavra "futuro" com o termo grego "logos", que quer dizer literalmente estudo, razão, pesquisa. "Futurologia" é portanto o nome que se dá à ciência que estuda o futuro. Só que temos aí um desafio, pois como é possível fazer ciência daquilo que ainda não existe? Na verdade, não podemos, pelo menos não da maneira convencional. A futurologia só é possível se a ciência aceitar que a razão se deixe guiar pela imaginação, seja em parceria com a arte, seja em parceria com a filosofia. A futurologia, enquanto investigação do futuro, só é possível como um exercício de ficção literária, em que tentamos antecipar o que ainda não existe a partir de nossas esperanças e de nossos medos. A futurologia também pode, de forma mais radical, até mesmo interagir com a filosofia. Na medida em que toda futurologia, enquanto ciência imaginativa do futuro, precisa inventar mundos ainda não existentes, a filosofia pode se inspirar nessas utopias, sejam elas negativas ou positivas, para repensar o mundo, girando assim nossas perspectivas sobre o presente. Trataremos hoje de pensar acerca do sentido de "futuro" em nossas vidas, de refletir sobre as vantagens e desvantagens das nossas atitudes em relação ao que está por vir. E que atitudes são essas? Em geral, lidamos o futuro com "medo" (antecipação de um mal que está por vir) ou com "esperança (antecipação de um bem que está por vir). A esperança costuma ser mais valorizada do que o medo, tanto nos discursos midiáticos, políticos ou mesmo de autoajuda. Mas para a filosofia há também sabedoria no medo e há perigos na esperança. Existe um tipo de esperança que é desmobilizadora da ação, que induz a um comodismo através da ideologia de "quem espera, sempre alcança". Por outro lado, existe um tipo de medo, um medo sábio, que serve de alerta e nos mobiliza para o engajamento na preparação da vinda de outros e melhores futuros possíveis.

O que eu pretendo apresentar é um breve exercício de futurologia, o roteiro de um programa de rádio realizado no Rio de Janeiro daqui a 50 anos. Espero que esse experimento sirva como um dispositivo para mobilizar, com humor e imaginação, várias conversas filosóficas sobre nossos conceitos e práticas de futuro.

UM PROGRAMA DE RÁDIO EM 12 DE JUNHO DE 2065

NOTA INTRODUTÓRIA em 2065 as cidades de São Paulo e Rio de Janeiro cresceram tanto que se tornaram uma só. Os habitantes da nova megacidade, chamada às vezes de Rio de Sanpaulaneiro ou simplesmente de Rio-San, se denominam "pauliriocas" e desenvolveram um dialeto comum, resultado da mistura entre os antigos sotaques carioca e paulistano. Outro aspecto importante é que o programa de rádio é transmitido direto para a cabeça dos ouvintes, através de um chip implantado nos seus cérebros desde o nascimento. A vantagem é que a recepção do sinal é excelente, não importa onde esteja. A desvantagem é que não é possível desligar o sinal.

Vinheta de abertura (30') [o nome da estação, Rádio Mental, é repetida por diversas vozes humanas e robóticas]

— 12 de junho de 2065, Dia dos Namorados; bom dia, povo de Rio-San, são 7 da manhã... Aqui quem fala é Bob Fiesta, seu locutor diário da Rádio Mental, sempre ligado na frequência do seu pensamento!

— Bom dia para você que vive nessa cidade, que vai da antiga avenida Atlântica até à avenida Paulista e que hoje se chama Avenida Paulistlântica. Bom dia para você que se desloca diariamente entre a Estação da Sé e a Central do Brasil.

Remix de "Pobre São Paulo", do Ira, e de "Eu sou do Rio de Janeura", de Vini Sangue Azul.

— Somos quase cem milhões de pauliriocas, todos juntos respirando o mesmo aroma, esse maravilhoso cheiro de cocô de cachorro misturado com fumaça de escapamento de fábricas e uma pitada de brisa do mar.

— Essa é mais uma edição do programa da Rádio Mental, "A voz no seu cérebro", que vai ao ar todos os dias às 7 da manhã, invadindo sua cabeça, dominando suas ideias, onde quer que você esteja, e principalmente, quer você queira, quer não.

— E no programa de hoje você vai ouvir: notícias, esportes, serviços e um quadro especial para o Dia dos Namorados!

Vinheta de notícias:

— Uma entrevista exclusiva com o ex-presidente José Sarney, que acaba de completar 135 anos, e afirma que os boatos sobre sua morte são exagerados. Confira, ele garante ter ainda muitos planos para a política brasileira nos próximos anos.

— O presidente da Rio-San Transportes avisa que as obras de expansão do metrô, do BRT, a reforma do bondinho de Santa Teresa/Santa Ifigênia, as obras de saneamento e de esgoto da Baixada

Flu-paulista e as obras da despoluição da baía de Guana-Santos – cuja promessa, feita há 50 anos, era de que ficariam prontas para as Olímpiadas de 2016 – só vão terminar daqui a mais de 50 anos, lá para 2115. Talvez.

— Plantão de trânsito com nossa repórter-robô Lucíola Lucerna (também conhecida como Lulu), fala Lulu [entra voz feminina eletrônica]: "Trânsito completamente parado na completa extensão da Via Dutra. Nada se move, mas todos se comunicam. O engarrafamento do século, iniciado em 2043, continua sem previsão de término".

— Notícia urgente: O governo da cidade de Riosanpaulaneiro decidiu proibir os movimentos do dedo indicador da mão direita para tentar diminuir o crescente número de assaltos. Vocês, ouvintes mais antigos, se lembram que em 2011 foi decretada a proibição de circular de moto com carona na garupa; que em 2013 proibiram o uso de celulares nas agências bancárias; que em 2015 foi criminalizado o uso de facas de cozinha; e agora, em 2065, foi aprovada no Congresso a lei que proíbe movimentar o dedo indicador em público. O objetivo é inibir a violência urbana, pois assim não será mais possível apertar gatilhos por aí. Os infratores serão multados e os reincidentes, aprisionados.

Música de fundo – "Música urbana", do Legião Urbana.

Serviço: A Polícia Militar relembra a toda a população de Rio-San a recomendação de somente frequentar a praia usando sungas e biquínis blindados, feitos de material à prova de balas. Devido ao grande número de casos de balas perdidas no litoral Ubatu-Angra, a polícia não assume qualquer responsabilidade sobre a proteção de quem não estiver usando roupas de banho de material resistente a tiros.

Agora é hora do nosso patrocinador – Spot comercial de marca de biquínis e sungas blindados.

— Boletim Esportivo: o time que mais ganhou campeonatos pauliriocas, brasileiros, sul-americanos, planetários e intergaláticos, o bi-tricolor, o glorioso Flumi-Paulo, lidera outra vez o Brasileirão de 2065.

Vinheta: Você está ouvindo a Rádio Mental, com o programa "A voz no seu cérebro"; no microfone, Bob Fiesta.

Agora é hora do nosso Especial do Dia dos Namorados:

Temos duas boas notícias para esse Dia dos Namorados em 12 de junho de 2065. A primeira é que cientistas norte-americanos acabaram de comprovar que o amor tem prazo de validade de apenas dois anos. Depois de muitos testes em coelhos, pinguins e golfinhos está confirmado: o amor sempre acaba, isso não é mais motivo para tristezas. A ciência comprovou que não existe amor eterno; pode festejar sem culpa, a fila pode e deve andar. Então você, ouvinte, que está em uma relação há mais de 18 meses, já está na hora de começar a pensar em trocar de namorado.

Música: "O adventista", Camisa de Vênus.

A segunda boa notícia é que você não precisa mais ficar procurando por um novo amor no Facebook Mental desenvolvido pelo Google. Agora é oficial, você já pode assumir para o mundo seu namoro com um robô. Após muitos conflitos entre os manifestantes pró-escolha, militantes a favor da liberdade de amor entre humanos e máquinas, versus os ativistas do movimento robofóbico, contrários às relações carnais-metais, o governo, as igrejas e indústrias robóticas finalmente chegaram a um acordo: os casamentos com robôs estão autorizados e regulamentados.

Spot publicitário: Cidadão de Rio-San, encomende hoje ainda seu APASC *[Assistente Pessoal Afetivo Sexual Cibernético]. Versões disponíveis em Windows, Android, Mac e Linux.*

— Boletim do tempo com nossa repórter-robô Lulu: "Para você que está em casa com medo de sair à rua por causa daquela chuva ácida, aquela garoa sinistra que cai sem parar há anos, desde o acidente atômico de 2056 na usina atômica de Ubatu-Angra, a previsão do tempo para o fim de semana é de novo, e sempre: CHUVA!"

Vinheta: Você está ouvindo a Rádio Mental, com o programa "A voz no seu cérebro"; no microfone, Bob Fiesta.

— Estamos caminhando para o fim do nosso programa. Uma notícia de última hora: os brasileiros estão comemorando neste ano de 2065 o centenário de nascimento de um filósofo pouco conhecido no país: Charles Feitosa. Nascido em terras pauliriocas, todos sabem que ele é o fundador de um dos movimentos filosóficos mais significativos do planeta no século XXI, com mais de 500 milhões de adeptos e simpatizantes por todo o mundo: o "charlatanismo". Eu tenho certeza de que você, ouvinte, tem algum amigo, familiar, vizinho, conhecido, colega de trabalho etc., que é discípulo do charlatanismo. Então vamos comemorar juntos essa data especial.

— A Rádio Mental não poderia ficar fora dessa festa. Nós encontramos em nossos arquivos uma gravação muito antiga, feita há exatamente 50 anos, em 12 de junho de 2015, quando o grande fundador do charlatanismo conversou com um pessoal na Feira Literária de Duque de Caxias sobre o futuro do Rio de Janeiro.

— No túnel do tempo, uma gravação original de 50 anos atrás, direto para o cérebro de vocês:

— "Oi pessoal, boa tarde, é um prazer estar aqui com vocês, nesse dia 12 de junho de 2015, Dia dos Namorados, na Festa Literária de Duque de Caxias. Meu nome é Charles Feitosa e sou um pesquisador da área de filosofia pop."

Duque de Caxias, inverno de 2015.

PÓS-VERDADE E POLÍTICA [2017]

ONDE NÃO HÁ FATOS, NADA É VERDADE? O que Trump tem a ver com Nietzsche, Foucault ou Derrida? A resposta é simples e cristalina como água que jorra da fonte: nada, mas nada mesmo. Mesmo assim ocorre no noticiário político e na internet volta e meia a associação, completamente indevida, por sinal, entre as estratégias midiáticas de desinformação de Trump e os esforços de desconstrução das grandes narrativas da verdade pelos filósofos ditos "pós-modernos". Por exemplo, a famosa afirmação de Nietzsche, em um fragmento de 1887, de que "não existem fatos, apenas interpretações" (NIETZSCHE, KSA v. 12, 7[60]), p. 315), costuma ser escutada na filosofia como um alerta crítico de que a verdade não é única, nem definitiva, nem imutável, mas precisa ser continuamente discutida e tematizada. No contexto político atual a frase está sendo relida, ao contrário, como se fosse a legitimação para os estados de "tanto faz" ou de "liberou geral" reinantes, pois onde não há fatos, nada é verdade.

Um sinal sutil dessa tendência é o uso da palavra "pós-verdade" como se fosse o ponto de interseção entre política e filosofia na contemporaneidade. O termo "pós-verdade" é conhecido pelo menos desde os anos 90, mas se tornou especialmente popular em 2016, tendo sido escolhido como palavra do ano pela equipe do *Oxford Dictionaries*. A pós-verdade costuma ser definida brevemente como uma estratégia de desvalorização dos fatos em prol de interesses pessoais. Também chamada de *fake news* (notícias falsas), várias amostras da pós-verdade na política costumam ser citadas, tais como as estatísticas fictícias divulgadas na campanha do Brexit, em 2016, sobre os altíssimos custos para permanecer na comunidade europeia, ou os rumores conspiratórios sobre a origem muçulmana extremista do ex-presidente dos EUA, Barack Obama. No Brasil, são também inúmeros e infindáveis os exemplos: os boatos em torno de

O presente texto é uma versão revisada e ligeiramente modificada de artigo publicado no blog da revista Cult*, em 19/07/2017.*

uma suposta encenação da morte de Marisa Letícia, esposa do ex-presidente Lula, ou, mais recentemente, a afirmação do atual prefeito de São Paulo de que os manifestantes da greve geral de 28 de abril de 2017 estariam recebendo dinheiro para irem às ruas. Mas o grande garoto-propaganda da pós-verdade continua sendo Donald Trump. Em episódio emblemático, seus assessores, ao serem questionados sobre o número exato de pessoas que assistiram a posse presidencial em janeiro de 2017, alegaram que não estavam mentindo quando insistiam, a despeito de indícios contrários, que tinha mais gente na posse de Trump do que na de Obama em 2009, mas sim apenas apresentando "fatos alternativos".

ONDE NÃO HÁ FATOS, NÃO EXISTE VERDADE ABSOLUTA! Por que chamar essas formas midiáticas de manipulação de textos ou imagens como pós-verdade? A escolha do termo não é neutra, trata-se de uma interpretação que é ao mesmo tempo uma acusação. Tudo se passa como se a "pós-verdade" fosse a verdade típica dos tempos "pós-modernos". A própria expressão "pós-moderno" tornou-se muito frequente nos últimos 30 anos, tanto na imprensa quanto na vida cotidiana. Falou-se muito e indistintamente de sociedade pós-moderna, de amor pós-moderno ou ainda de doenças pós-modernas. Trata-se de um conceito guarda-chuva, cujo uso inflacionário oculta a falta de clareza acerca de seu significado. Etimologicamente o prefixo "pós" indica uma determinada fase histórica: não vivemos mais na modernidade, mas sim "depois". Entretanto, o significado desse "depois" ainda é estritamente ambíguo e polêmico, podendo indicar tanto um "extra-", um "anti-", ou, ainda, como que um "ultramoderno". É preciso, antes de tudo, ter o cuidado de distinguir uma condição "pós-moderna" de um pensamento pós-moderno. Por condição pós-moderna entende-se, quer a celebremos ou a lamentemos, nossa situação histórica de viver e morrer na virada do século XX ao XXI. Por pensamento pós-moderno, entretanto, entenda-se estritamente uma estratégia específica de lidar com essa condição, consolidada com a publicação em 1979 do livro *La condition postmoderne*, de autoria do filósofo francês Jean-François Lyotard (1924-1998). Para Lyotard, o projeto

▲ Washington, janeiro de 2009 (Foto: Jewel Samad/AFP/Arquivo).

 ▲ Washington, janeiro de 2017 (Foto: REUTERS/Lucas Jackson).

dos modernos de liberar a humanidade da ignorância e da miséria produziu, ao contrário, sociedades que permitem o imperialismo, a guerra, o desemprego, a tirania da mídia e o desrespeito à vida humana em geral. Contra a lógica da razão e do mercado seria preciso inventar outras lógicas, norteadas pelo reconhecimento do dissenso (a irredutível diversidade dos jogos de linguagem nas culturas) e por uma revalorização da dimensão estética. Em um tempo em que não é possível mais um discurso único e definitivo sobre o que é bom, justo ou verdadeiro, Lyotard propõe a emergência do pensamento pós-moderno, cuja característica fundamental é a afirmação das diferenças e do pluralismo.

Dentro desse contexto seria muito mais pertinente reconquistar o sentido mais original e positivo do termo "pós-verdade", enquanto um esforço antidogmático de promover a pluralização e diversificação dos saberes. Então aqui cabem as seguintes perguntas: isso a que se hoje se nomeia "pós-verdade" não seria apenas uma nova fachada para um fenômeno bem antigo, a saber, a mentira na política? Não foi sempre assim, na história dos gestores políticos – manipular informações para se manter no poder? Ou será que há alguma diferença fundamental entre as mentiras tradicionais dos homens de Estado e a onda contemporânea de desvalorização da verdade? De fato, já desde Platão sabemos que a mentira não é apenas um incidente ocasional na vida política, mas é ela mesma um dos recursos disponíveis aos governantes na difícil e inglória tarefa da administração das cidades. Na descrição da sua utopia, a despeito do compromisso de cada cidadão de sempre buscar e defender a verdade, Platão argumentava que seus dirigentes, somente eles, teriam a permissão de mentir, pois a mentira, se usada adequadamente, pode contribuir para a realização do bem-estar comum (Cf. *República*, 389b).

ONDE NÃO HÁ FATOS, TUDO É VERDADE? Desde então a ideia da mentira na política como um remédio amargo, mas necessário, se consolidou no nosso imaginário. Há exatamente 50 anos atrás, em 25 de fevereiro de 1967, no *The New Yorker*, a genial filósofa judia de origem alemã Hannah Arendt publicou um texto paradigmático sobre

▲ Imagens não garantem fatos, pois também dependem de interpretações e podem ser manipuladas (imagem pública da internet).

o tema, intitulado "Verdade e política" (em relação ao qual o título do meu presente texto faz referência e reverência). Arendt começa chamando de "lugar comum" a crença na incompatibilidade insuperável entre verdade e política, mas ao mesmo tempo ela extrai desse lugar comum uma pergunta incômoda, que nos obriga a pensar: Será da própria essência da verdade ser impotente e da própria essência do poder enganar? A resposta de Arendt é complexa, pois se de um lado ela defende uma certa potência inerente à verdade de incomodar e questionar as tiranias, por outro lado ela também admite um certo uso tirânico das verdades absolutas, pois geralmente é em nome delas que se instalam discursos e práticas totalitárias. Mas o mais importante é que Arendt defende que a natureza da verdade é essencialmente política, ou seja, "é sempre relativa a várias pessoas: ela diz respeito a acontecimentos e circunstâncias nos quais muitos estiveram implicados; é estabelecida por testemunhas e repousa em testemunhos; existe apenas na medida em que se fala dela, mesmo que se passe no domínio da intimidade" (ARENDT, 2016, p. 237). Se a verdade é essencialmente política, ela pode ser ameaçada pelas mentiras estratégicas dos poderosos e precisa continuamente ser defendida e conquistada com o máximo de questionamentos e debates públicos.

O que me mais interessa no texto de Arendt é sua tese de que, mesmo reconhecendo uma tensão estrutural entre verdade e política, existe uma mudança no modo clássico e contemporâneo do uso da mentira na disputa pelo poder. A mentira clássica era dirigida estrategicamente para este ou aquele grupo de inimigos, e por isso poderia ser facilmente detectada pelos historiadores como uma espécie de buraco ou de falha na rede dos acontecimentos. O problema é que, segundo Arendt, a contemporaneidade é marcada por uma forma de "mentira organizada", uma aliança entre os meios de comunicação e os regimes totalitários, onde toda a matriz da realidade pode ser falsificada através das estratégias midiáticas de manipulação em massa. O resultado não é mais apenas a substituição da verdade pela mentira, mas a paulatina destruição na crença em qualquer sentido que nos oriente pelo mundo. Em outras palavras, a mentira organizada contemporânea conduz a um cinismo niilista, uma recusa em acreditar na verdade de qualquer coisa. A descrença é a desistência da tarefa de fazer qualquer avaliação. Algo parecido acontece quando, no Brasil de hoje, se diz que todos os políticos são corruptos, sem exceção, como se não houvesse aí distinções mais finas ainda a serem feitas.

ONDE NÃO HÁ FATOS, HÁ VERDADES EM DEMASIA? Talvez não possamos mais chamar de mentira essa versão sistêmica e explícita, onde todos estão sendo enganados ao mesmo tempo. Mas, a meu ver, "pós-verdade" também não é o nome mais adequado. Talvez o mais correto seria falar de hiper- ou ultraverdade, pois vivemos em uma época em que todos se sentem no direito de dizer qualquer coisa, seja nos discursos políticos ou nas redes sociais, embasados em dados fictícios ou não, mas garantidos pela crença tácita de que "tudo vale" e pela recepção acrítica da maioria dos telespectadores e internautas. Quando há verdades em demasia, quando a verdade vale mais do que deveria, o perigo não é mais apenas, como na época do pós-guerra de Arendt, a descrença generalizada na realidade. O perigo do excesso de verdades agora é, ao contrário, a revalorização reativa, nostálgica e muitas vezes enceguecida dos fatos, como se eles existissem em algum lugar, objetiva e efetivamente, e pudessem funcionar como uma pedra de toque nas nossas falas. Um sintoma dessa súbita revalorização dos "fatos em si" é a prática cada vez mais difundida de *facts checking* dos discursos políticos na internet. Embora seja muito saudável desvelar as falsas estatísticas citadas pelo MBL ou pelo Trump, é sempre bom lembrar aquela frase do Nietzsche citada do início desse texto, para não cair na armadilha inversa de achar que alguém tem o poder definitivo e inquestionável de dizer o que são os fatos. Existem divergências de interpretações até mesmo entre os diferentes *fact-checkers*. Não podemos nunca deixar de nos perguntar criticamente quem são estes que assumiram para si a tarefa de controlar a veracidade dos discursos dos outros, e como fazem isso. Avaliar continuamente não só os discursos, mas também os avaliadores e os próprios instrumentos de avaliação,

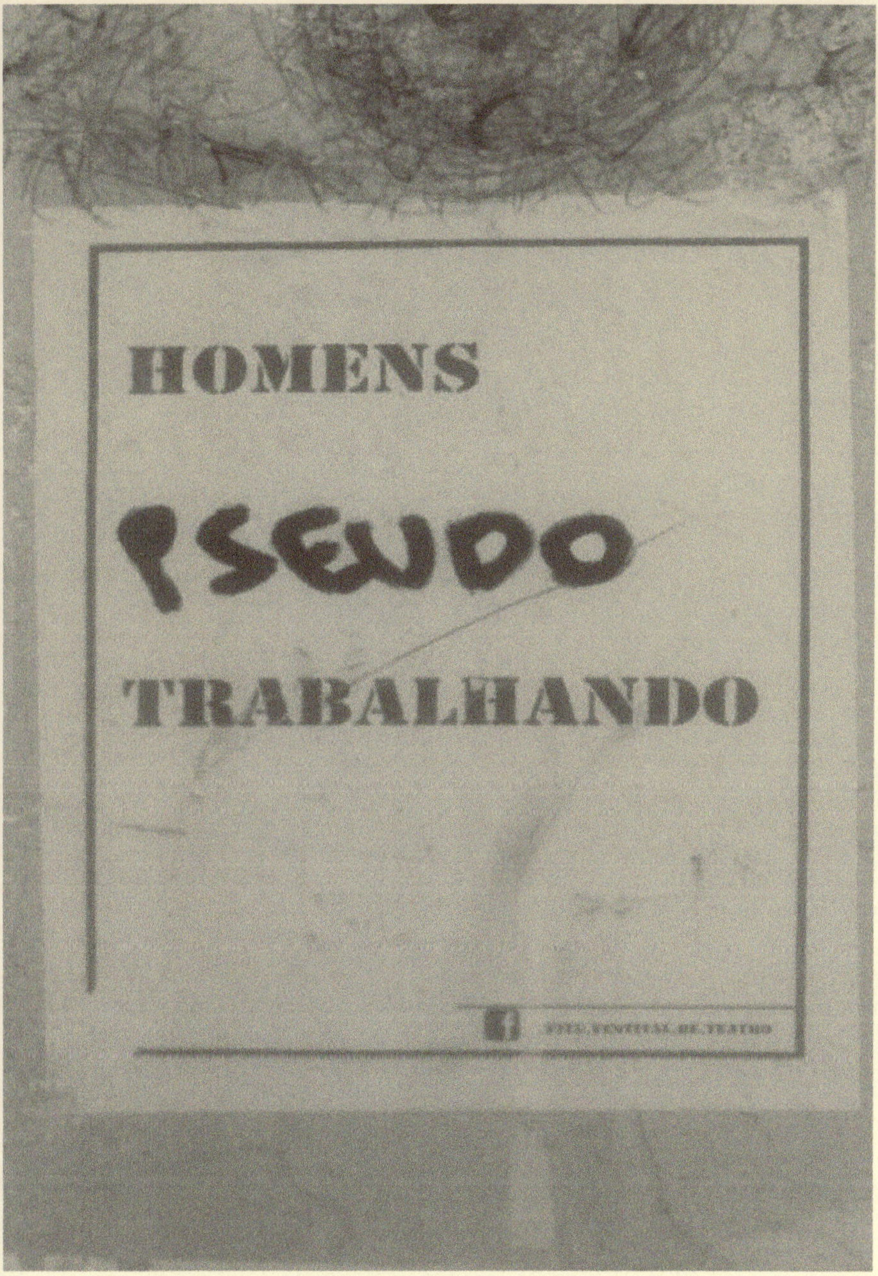

▲ Intervenção artística em uma parede do Centro de Letras e Artes – UNIRIO (Foto: Charles Feitosa, arquivo pessoal, 2017).

é a tarefa política constante daqueles que ainda têm respeito pela liberdade e pelo pensamento. Isso inclui também o exercício da autoavaliação, pois a pós-verdade, entendida aqui não como a "não-verdade", mas sim como a "verdade plural, mutável e provisória", exige de nós sempre, e de cada vez, mais e melhores interpretações. Em suma, abaixo Trump e viva Nietzsche!

Rio de Janeiro, inverno de 2017.

O QUE PODE UM CORPO ZUMBI? [2018]

ESCOLAS X ZUMBIS O que os zumbis têm a ver com a mobilização dos estudantes secundaristas de escolas públicas em todo o país? Para mim a estratégia de ocupação é a aplicação ético-política de um tipo de sabedoria zumbi. Mas o que pode e o que sabe um corpo desmorto? Mortos/vivos, monstros/vítimas, predadores/presas, esses mordedores em putrefação atraem e intrigam por sua ambiguidade estrutural: a de serem ao mesmo tempo estranhos e familiares à nossa própria humanidade. Zumbis não seriam exatamente aqueles seres que se movem, mas nada pensam? Para mim, ao contrário, acredito existir uma sabedoria ético-política zumbi, que consiste em invadir e ocupar os territórios do poder. O corpo zumbi pode, de fato, ser considerado como um dispositivo desencadeador do medo que o establishment tem da ameaça representada pela chegada do "outro", ou seja, qualquer pessoa que não corresponda ao modelo do cidadão funcional, belo e submisso. Para responder a essas perguntas, precisamos pensar um pouco sobre os poderes do corpo e os poderes do pop.

O CORPO POP O que é o corpo pop? Qual é a sua imagem? Não é o corpo do filósofo sentado em sua cadeira de escritório ou em um auditório, mas também não é o corpo do fisiculturista, hipertrofiado e hipermedicalizado. O corpo pop é um corpo diferente, é o corpo das diferenças, são as diferenças se corporificando. Pode ser um corpo desviante, um corpo inadequado, geralmente considerado até deficiente, mas que é, na verdade, um corpo singular, um outro corpo, o corpo do outro. Talvez uma das imagens do corpo pop seja apenas o corpo do zumbi.

Esse texto ainda inédito em português é uma versão revisada e ampliada de uma comunicação apresentada em francês no colóquio internacional "Le corps pop", realizado em Mulhouse, em março de 2018, publicado sob o título "Que peut un corps Zoumbie?". In: HUBIER, S.; TOUDOIRE-SURLAPIERRE, F. (org.). Corps pop. *Reims: Épure, 2018.*

O QUE PODE UM CORPO ZUMBI? Existe um videogame criado em 2009 altamente viciante chamado "Plants x Zombies". A situação é simples, típica do gênero *tower defense* [defesa de torres], pois para proteger sua casa de um ataque de mortos-vivos você deve plantar as mais variadas plantas e flores no jardim.

Como assim, flores? O oposto simétrico – o antídoto perfeito – do zumbi, um ser que não vive, mas anda, só poderia mesmo ser uma planta, um ser que vive, mas não anda. "Plants x Zombies" recebeu vários prêmios e é um sucesso em várias plataformas, pegando carona na zumbimania que se instalou no cinema, na TV, nos quadrinhos, na música (relembre "Thriller", de Michael Jackson; ou ainda "I Put a Spell on You", de Screamin' Jay Hawkins) e até na literatura, tal como na releitura trash de 2009 de *Orgulho e preconceito* (1813) de Jane Austen, por Seth Grahame-Smith.

PEQUENA HISTÓRIA DOS ZUMBIS Para a maioria dos pesquisadores o termo "zumbi" não tem origem clara, pode ter vindo do congolense *mvumbi* (indivíduo em estado cataplético) ou do ganense *zan bibi* (criatura da noite). No Haiti os zumbis seriam pessoas induzidas a um estado de inconsciência através de drogas, incapazes de pensar, mas aptas a realizar tarefas e disponíveis a serem exploradas e escravizadas.

O primeiro filme de zumbi foi lançado em 1932 (*White Zombie*, de Victor Halperin, com Bela Lugosi), ainda fiel à imagem haitiana de um homem vivo, mas dopado, quer dizer, aparentemente morto. Depois veio a onda nas décadas de 60a 80, especialmente marcadas pela trilogia do diretor cult George A. Romero (1940-): *A noite dos mortos-vivos* (1968), *Despertar dos mortos* (1978) e *Dia dos mortos* (1985). Nos filmes de Romero o zumbi é um morto que parece vivo, um cadáver que se move e tem fome de carne humana, espalhando a condição zumbi – causada por vírus, radiação ou algum acidente de laboratório – através de suas mordidas. Dos anos noventa ao século XXI os zumbis evoluem. Em filmes como *Resident Evil* (1996), *28 Days Later* (2002) ou na recente série televisiva *Walking Dead* (2010), eles progressivamente deixam de se movimentar lenta

▲ *Plants x Zombies* (2009), PopCap Games (imagem de divulgação).

▲ Poster do filme *Pride and Prejudice and Zombies* (2016), baseado no livro homônimo de 2009 (imagem de divulgação).

▲ Cena do videoclipe *Thriller* (1983), de Michael Jackson (imagem de divulgação).

e desorientadamente, mostrando-se fortes, ágeis, criativos, organizados, articulados e inteligentes. Seria o advento dos zumbis o sinal não do fim, mas de uma nova possibilidade de cultura?

INTERPRETAÇÃO ESPELHO Em recente entrevista o diretor George A. Romero reclama que a onda zumbi atual foca apenas na violência, ao passo que seus filmes carregavam uma crítica social velada aos valores do Ocidente. Diversos estudos surgiram relacionando os zumbis aos consumidores no shopping, aos dependentes em tecnologia, aos anestesiados pelo Rivotril ou pelo Prozac. Há aí uma imprecisão digna de nota, pois tecnicamente um zumbi é um "morto-vivo", quer dizer, um morto que ainda age como se estivesse vivo; ao passo que a pessoas viciadas em tecnologia parecem mais com vivo-mortos, ou seja, vivos que se comportam como se estivessem mortos. O fato é que o zumbi se tornou a ilustração perfeita da distração anestésica que reduziu os seres humanos a meros operadores de celulares, debatendo-se freneticamente no emaranhado das redes sociais da internet. A educadora britânica Rebecca Westrup fala sobre a dificuldade de lidar com letargia zumbi de seus estudantes, e se pergunta: "Há algum antídoto?", em um artigo emblematicamente intitulado: "Estudantes como zumbis: como podemos acordar os mortos-vivos?" ["Students as Zombies: How Can We Awaken the Undead?"] (WESTRUP, 2016, p. 153). A filósofa e psicanalista brasileira Suely Rolnik alerta para o advento da subjetividade zumbi (narcisista e perversa) estimulada pelo capitalismo pós-colonial: "Uma subjetividade muito mais seriamente anestesiada em seu exercício vibratório do sensível e, portanto, muito fortemente dissociada da presença viva do outro toma forma. Uma espécie de antropofagia zumbi". (ROLNIK, 2005, p. 56). O pensador pop esloveno Slavoj Zizek associa a rotina diária de nossos hábitos tecnológicos à figura catatônica do zumbi: "O choque de encontrar um zumbi não é o choque de encontrar uma entidade estrangeira, mas o choque de ser confrontado pelo fundamento renegado de nossa própria humanidade" (GABRIEL; ZIZEK, 2010, p. 100). Maxime Coulombe, sociólogo e professor de história da arte contemporânea na Universidade Laval/

▲ Poster de divulgação do filme *White Zombie* (1932).

▲ Filmes inspirados em zumbis.

Canadá, autor de *Petite philosophie du zombie* [*Pequena filosofia do zumbi*], lançado em 2012, defende a tese principal de que os zumbis falam por nós mesmos: "O zumbi se parece conosco. [...] ele encarna os limites da condição humana" (COULOMBE, 2012, pp. 12-13).

ZUMBIS EM PERSPECTIVA POP'FILOSÓFICA Somos todos zumbis, parece ser a mensagem. Embora eu reconheça a força crítica dessas interpretações da cultura contemporânea, desconfio que abordam o tema ainda de uma forma aristocrática, na perspectiva da assim chamada "alta cultura", ao enfatizar apenas a dimensão de espelho dos zumbis de revelar os aspectos mais sombrios de nós mesmos. Gostaria de arriscar aqui uma outra hipótese de leitura, uma perspectiva pop-filosófica, a de que os zumbis, bem ao contrário, são sempre os outros, no seu caráter de irredutível, mas contagiante, diferença. A cena clássica de todo filme de zumbi – e o ponto de partida do game "Plants x zombies" – é a defesa de uma torre, de um território, de uma residência contra a horda de devoradores de cérebro. Qualquer semelhança com nossos condomínios cercados de grades altas impedindo a entrada de moradores de rua não me parece mera coincidência. O pânico do público no cinema pelos zumbis reatualiza o pânico que o rei Luís XVI deve ter sofrido ao ver o povo escalando os muros da Bastilha em 1789. Para mim os zumbis são um dispositivo para acionar o medo do establishment com a ameaça da chegada do outro, ou seja, qualquer um que não se encaixe no padrão do cidadão funcional, de boa aparência e submisso.

A ideologia de exclusão e criminalização da alteridade se manifesta explicitamente na denominação corriqueira e preconceituosa de "zumbis" aos consumidores de crack, mas se aplicaria também, por analogia, aos refugiados sírios ou migrantes mexicanos tentando, aos milhares, se infiltrar pelas fronteiras dos países ricos. Além disso, costuma-se temer que os nordestinos invadam e dominem o Sul, que os habitantes das favelas desçam para o asfalto, que os negros se formem em medicina ou filosofia, que as mulheres assumam cargos de poder, enfim, que os pobres e miseráveis entrem nos shoppings, frequentem as praias ou simplesmente ocupem as calçadas e as praças das cidades.

▲ Migrantes sírios atravessam sob uma cerca de espinhos ao entrarem na Hungria, na fronteira com a Sérvia, perto de Roszke, em 27 de agosto de 2015 (Foto: REUTERS/Bernadett Szabo).

▲ Cena da série *Walking Dead* (2010-2022), dir. Frank Darabont (imagem de divulgação).

▲ Escola pública ocupada por secundaristas, Brasília, 2016 (imagem pública da internet).

Na Europa, os zumbis podem ser migrantes, refugiados, que ameaçam tirar empregos e riqueza apropriada de homens brancos, heterossexuais, cristãos e carnívoros. De fato, o medo do homem contemporâneo do zumbi é o medo da possível revolta daqueles que são desprezados, escravizados ou oprimidos.

ZUMBIS EM PROL DA ESCOLA De fato, os zumbis são sempre "os outros", transformados em monstros, desprovidos de humanidade e, portanto, privados de direitos e suscetíveis a repreensões violentas e exclusão. Gostaria de defender, ao contrário, a tese segundo a qual existe uma sabedoria ético-política zumbi, que consiste em invadir e ocupar os territórios do poder. Para mim os zumbis são um artifício para desencadear o medo do establishment com a ameaça da chegada do "outro", que é qualquer um que não corresponda à norma do cidadão funcional, bonito e submisso.

No Brasil, os estudantes secundaristas que ocuparam mais de mil escolas em 21 estados do país, em 2016, lutando contra os projetos do Novo Ensino Médio e das PECs de cortes de verbas para educação, estavam, a meu ver, colocando em prática essa estratégia zumbi de resistência. Tratou-se de uma forma diferente de ação política, independente de partidos e sindicatos, um movimento dos estudantes pelos estudantes. O nome do jogo agora é "Zumbis (no sentido de coletivos que invadem e ocupam territórios ameaçados de extinção) x escolas sem partido" (meras fábricas reprodutoras de escravos vivos-mortos). Eis que surgem outras formas de apropriação do território escolar protagonizadas pelos estudantes-zumbis do século XXI: criativos e corajosos, organizados e autônomos, alegres e libertários, enfim, espertos e despertos. Se e quando o dia do apocalipse zumbi vier, só atingirá aqueles que persistirem em ver os estabelecimentos de ensino como torres ou castelos, espaço reservados apenas para as elites econômicas e culturais.

Rio de Janeiro, verão de 2018.

VIVAM OS LOUCOS DAS *LIVES*!

ARTE, FILOSOFIA E PEDAGOGIA EM TEMPOS DE PANDEMIA [2020]

Eu creio que se a câmera tem que entrar na universidade,
será preciso que se altere todo o espaço.
Será preciso que aqueles que são responsáveis pelo ensino,
tanto professores como os estudantes levem em conta
de que existe essa máquina.
Que não continuem a falar simplesmente
como antes e digam que existe uma máquina de arquivamento
que grava o que está ali sem transformar o espaço.
Eu acredito em mudar os códigos.
Jacques Derrida, La danse des fantômes, 1987.

"Eu gostaria de fazer uma colocação." Em 2015, a jornalista Vanessa Barbara publicou um artigo antológico na revista *Piauí*, intitulado "O louco de palestra"[1]. Tratava-se de um divertido estudo antropológico sobre certas situações recorrentes no cotidiano das mesas-redondas, debates e palestras do circuito universitário. O louco da palestra é, resumidamente, a pessoa que faz intervenções deslocadas não só em relação ao tema, mas também à etiqueta dos debates. Na era pré-pandemia muita gente já tinha vivenciado a situação em que alguém começava elogiando os palestrantes, para logo depois desfilar 20 minutos de dados autobiográficos, misturados com sabedorias esotéricas dos mais diversos matizes, sem que ao final ficasse muito claro

1 Disponível em: https://piaui.folha.uol.com.br/materia/o-louco-de-palestra/. Acesso em outubro de 2020.

Esse texto foi escrito sob o impacto das transformações das aulas por conta da quarentena, em 2020. Foi publicado de forma digital in: TERRA, A.; BONFITTO, M; GERALDI, S.; FERRACINI, R. (org.). Como as artes da cena podem responder à pandemia e ao caos político no Brasil? *1ª ed. Campinas: Unicamp, 2021, v. 1, pp. 240-252.*

qual era mesmo o foco da pergunta. No artigo de Barbara aprendemos que existem vários subtipos de loucos de palestras: o militante, o desorientado, o adulador, o envergonhado, o exibicionista etc. Apesar da variedade, todos eles produziam, através de suas performances imprevisíveis e corajosas, ainda que muitas vezes incompreensíveis, os momentos mais inesquecíveis dos encontros acadêmicos.

Em tempos de quarentena, após cerca de sete meses de aulas, debates, palestras no Instagram, Zoom, Google Meeting, Jitsi, Microsoft Teams, Discord e tantos outros, estou convencido que já temos material suficiente para uma atualização antropológica e propor um adendo às perspicazes observações da jornalista. Trata-se aqui da descrição de um novo tipo social: os loucos das *lives*. Que fique claro que não compactuo com qualquer forma de psicofobia, pois loucura não deve jamais ser vista como defeito, falha ou doença. O "louco" aqui funciona como uma figura emblemática, quase como em uma carta de tarô,servindo muito mais para recordar os limites e precariedades de nossa razão oficial.

Como seriam então, nesse contexto, os loucos das *lives*? A principal diferença entre o louco das palestras e o louco das *lives* é que o teor das perguntas perdeu muito em conteúdo e extensão. Por outro lado, a dimensão performática, intencional ou involuntária, ganhou muito mais potência. Após quase um ano de quarentena, quase todo mundo ouviu falar de algum episódio hilário ou participou, como espectador ou protagonista, de alguma situação inusitada. Aqui também existem diversos subtipos. Os casos mais comuns são as pessoas se esquecem que estão visíveis ao vivo e em cores. Recentemente em reunião acadêmica com professores e representantes estudantis, reparei atônito que, no fundo da tela de um dos alunos mais comprometidos com a discussão, seu namorado começou a performar, sem que ele percebesse, uma dança exótica e engraçada.

Tem gente que aproveita para fazer lanche, lavar louça, passar roupa, tirar uma soneca etc. Alguns mais desatentos trocam de roupa, perambulam pelados pela casa e até namoram diante das câmeras.

No grupo dos performáticos estão incluídos não apenas os espalhafatosos, como também aqueles que discreta e cuidadosamente

▲ Imagem pública da internet.

▲ Imagem pública da internet.

escolhem a estante de livros que servirá de fundo para sua breve aparição midiática. Existem as estantes bagunçadas; as que desprezam os conteúdos e são dispostas apenas segundo cores e formatos da capa; as vazias como as dos políticos; as imensas como as de certos jornalistas da TV. Em todos os casos a ideia é simular um eruditismo, pois na era digital é o texto impresso, contraditoriamente, que justamente garante o lastro de status cultural. Exibir livros nas estantes é a nova parede com brasões da família, é uma declaração de filiação e de fidelidade ao milênio passado. Quem como eu convive tanto com livros como com PDFs, em nome de um amor incondicional à leitura, não tem como não constatar uma amarga ironia nessa mistura mal azeitada entre as mono e plurilinearidades textuais. O encontro entre analógico e digital que estamos vivenciando hoje pode se mostrar tanto como o prenúncio de novas formas de existência, como a persistência em becos sem saída. Eu acredito que o futuro das aulas será através de uma forma híbrida de atividades presenciais e à distância, ou não será.

Talvez um dos principais aspectos peculiares das *lives* seja justamente o deslumbramento com a possibilidade de finalmente receber os 15 minutos de fama aos quais cada um tem direito, embora poucos tenham a oportunidade de usufruir destes. De repente há uma câmera focada em mim: o que posso vestir (ou não vestir) para me sair bem na telinha? Um fenômeno curioso nesse processo é que a maior parte das pessoas, seja mestre, seja estudante, costuma se focar na própria tela enquanto fala, fazendo com que as imagens das reuniões virtuais não funcionem tanto como janelas para se sair do isolamento e se deixar impregnar com um pouco de ar do mundo, mas muito mais como uma reedição tecnologicamente complexa de um aparato arcaico e simples: os espelhos. As *lives* estão se revelando também como as novas arenas do narcisismo e da vaidade.

Além daqueles que se exibem intencional ou involuntariamente, há também o pessoal que deixa os microfones ligados, permitindo que ouçamos crianças entediadas, cachorros impacientes, todo tipo de alarme ou sirene. Por outro lado, existe também o grupo dos que esquecem os microfones desligados, discursando no vazio por

▲ Imagem pública da internet.

▲ Imagem pública da internet.

longos e intermináveis minutos. Se o louco da palestra até o ano passado começava suas perguntas sempre com o indefectível bordão "eu gostaria de fazer uma colocação", os novos loucos das *lives* de 2020 quase sempre repetem o mantra "vocês estão me ouvindo"?, "vocês conseguem me ver?". Já existem memes comparando as *lives* aos encontros em torno de mesas *ouija*. Não é à toa que o filósofo francês Jacques Derrida descrevia as experimentações tecnológicas contemporâneas como um desejo de se relacionar com fantasmas, entendidos aqui como o que se mostra e retorna (do grego *phantázein*, "fazer aparecer", que por sua vez deriva de *phaínein*, "mostrar-se", "manifestar-se"). Para Derrida, as tecnologias de arquivamento e transmissão de informação têm uma estrutura fantasmática. Nas mídias digitais as percepções de sons e de imagens não apenas estão na fronteira indecidível entre real ou irreal, mas dizem respeito principalmente àquilo que retorna, ao que pode ou não ser reproduzido. Os memes têm uma certa razão, as reuniões no Zoom parecem mesmo sessões de invocação de espíritos, ou seja, estratégias de repovoamento da nossa própria voz com as vozes dos outros.

Por fim, o subtipo de participantes de *lives* que mais me fascina é o dos "sem-tela". Como professor, também me ressinto de não ver as faces dos estudantes, mas quando estou assistindo uma *live* não há nada melhor do que a liberdade de deixar a tela desligada. Há uma justificativa técnica, haja vista a péssima qualidade das nossas conexões. O curioso é que se estivéssemos na Grécia antiga talvez pudéssemos confundir esses que assistem às aulas e palestras apenas guiados pelo som da voz do palestrante com fiéis seguidores de Pitágoras. A tradição relata que Pitágoras dividia seus alunos em dois grupos, os *acusmáticos* (os ouvintes) e os *matemáticos*. Os alunos mais jovens, ainda não iniciados nos mistérios da filosofia e da matemática, eram chamados de *acusmáticos*, pois precisavam primeiro aprender a se calar e a escutar. Por isso conta-se que Pitágoras se escondia atrás de uma cortina, só expondo sua própria voz, talvez no máximo sua tênue silhueta. Somente os alunos mais avançados, os matemáticos, poderiam ter acesso tanto ao seu áudio quanto à sua imagem.

▲ Imagem pública da internet.

▲ Imagem pública da internet.

 ▲ Imagem pública da internet.

Na pedagogia descorporizante de Pitágoras as visualizações eram obstáculos à aprendizagem, e o verdadeiro mestre teria o dever de desligar sua própria tela. Hoje a situação parece ter se invertido: nas aulas e palestras virtuais são os estudantes que escondem suas imagens e permitem no máximo que seus professores escutem suas vocalizações. Os novos *acusmáticos* substituem a antiga submissão à "parcimônia do ver" imposta pelos mestres por uma outra economia do olhar, a saber, a administração autônoma dos limites da disponibilidade de serem vistos ou não por aqueles que ocupam lugar de autoridade. As telas das plataformas de reuniões digitais acabam se transformando em um panóptico ao avesso, todos veem o professor, mas ele mesmo vigia pouco e, principalmente, não pode controlar quem vai ou não vai se deixar ser visto.

Para mim os sem-tela são como que a versão virtual da antiga turma do fundão. O fundão das salas de aula era um local democrático e libertário, que reunia tanto os nerds quanto os revoltados com o sistema educacional como um todo. Era impossível controlar o que acontecia nos fundos da sala, assim como ninguém sabe exatamente quem são e o que fazem aqueles que estão por trás das telas escuras. O desempoderamento digital das velhas formas de autoridades de ensino pode vir talvez a se mostrar como um importante avanço rumo a uma pedagogia menos normatizante. Não são apenas os iluminismos, portanto, mas às vezes os apagões que têm a potência de despertar mais e melhores caminhos para o futuro da cultura e da educação.

Eu sei que esse adendo ao tema do louco da palestra não dá conta da infinidade de tipos e situações que já ocorreram e ainda virão a acontecer, enquanto durar a quarentena nos estabelecimentos de ensino. Eu quero então concluir provisoriamente minha "colocação" com uma última provocação: talvez a loucura mais abrangente, aqui em sentido negativo, a loucura da qual todos nós fazemos parte em relação às *lives* é justamente a de chamá-las inadvertidamente de *lives*, como se houvesse ainda algo de "ao vivo" nelas. Na antiguidade não existia essa distinção entre "ao vivo" e gravado. Somente com o advento das técnicas de armazenamento e transmissão de dados é que o “ao vivo” foi ganhando cada vez mais o estatuto de autêntico e originário. Com a instalação da quarentena global houve um novo deslocamento, pois em comparação com o confinamento a que estamos nos submetendo em nome da necessária preservaçãoda nossa saúde e dos outros, os encontros remotos mediados por satélites, cabos óticos, câmeras, microfones, teclados, monitores, enfim, condicionados e determinados pelos mais variados requisitos, tanto de *hard* quanto de *software* é que passaram a ser percebidos como o que há de mais caloroso e imediato em termos do contato humano. Não nos esqueçamos nunca que as *lives* são versões duplamente artificiais e sintetizadas – portanto, controladas – de situações da existência, que também, por sua vez, já eram carregadas de outras mediações, advindas da história, da política, da economia, das artes, das ciências e das religiões etc.

As *lives* geram cansaço e fadiga, mas são muito importantes porque protegem nossos corpos. É uma situação emergencial e provisória. Todos queremos voltar aos encontros presenciais, mas é em nome da vida que vivemos nas *lives*. Amar a vida, não acima de tudo, mas em respeito incondicional à liberdade e à responsabilidade frente aos outros, é a nossa – de nós professores e estudantes, nas artes e na filosofia – máxima e mais maravilhosa loucura.

Rio de Janeiro, primavera de 2020.

AS RAÍZES CLÁSSICAS DA FILOSOFIA POP:

PROLEGÔMENOS PARA OUTRAS HISTÓRIAS DA FILOSOFIA [2021]

Que interesse tem para nossos jovens a história da filosofia? **Nietzsche (*Schopenhauer como educador*).**

ALERTA DE *SPOILER* O título desse artigo comporta ironias. Não acredito que o termo "raiz" possa ser usado para descrever aspectos da cultura, das artes ou da filosofia. Não somos vegetais, o desenraizamento é a nossa condição mais fundamental. Também desconfio do termo "clássico". Em geral é usado não apenas para designar um período histórico, mas também para indicar o pertencimento a uma classe superior, em contraste com o popular. Indica também o pertencimento à classe, no sentido de aula, enquanto elemento curricular incontornável no ensino de qualquer área, seja das ciências humanas ou exatas. Se não acredito nem em "raiz", nem em "clássico", por que proponho discorrer sobre "as raízes clássicas da filosofia pop"? Quero defender, ao contrário do que se imagina, que a filosofia pop não é um movimento pós-moderno experimental e de vanguarda, mas um passo atrás para um modo arcaico de pensamento, cujo caráter finito foi silenciado pela história *mainstream* da filosofia.

Minha formação em filosofia pode ser descrita como "clássica", fiz graduação e mestrado no IFCS/UFRJ, doutorado pleno na Alemanha em temas ligados à história da filosofia, do tipo "a questão de X em Y e/ou Z". Desde que terminei o doutorado e voltei ao Brasil, venho me afastando cada vez mais da concepção largamente difundida de que a história da filosofia é o único e melhor acesso à filosofia ela mesma. Através do Pop-Lab (Laboratório de Estudos em Filosofia Pop) tento privilegiar temas e questões ao invés de fazer da correta compreensão dos autores o único problema do pensamento.

Esse ensaio é uma versão ligeiramente ampliada do artigo publicado em formato digital na Revista Helius, *v. 4, 2021, pp. 1-21.*

Faz parte dessa luta uma prática filosófica, pedagógica e política que pode ser resumida em alguns dos seguintes aspectos: o uso de imagens como parceria para os conceitos; a experimentação com diversos estilos de expressão; o redimensionamento do papel do feminino na história da filosofia; a transdisciplinaridade com as artes e as ciências; a transculturalidade como forma de resistência ao colonialismo; o resgate dos saberes cotidianos e populares; a reconexão dos problemas universais com os contextos locais no Brasil do século XXI; a parceria entre rir e pensar; o engajamento do afetivo e do sensível no pensamento.

O conceito de "filosofia pop" foi inventado por Deleuze nos anos 70. Desde então, diversas iniciativas no Brasil e no mundo, cada uma à sua maneira, vêm sendo colocadas em prática inspiradas nesse projeto. Nos EUA, o professor de filosofia William Irwin organiza a famosa série Popular Culture and Philosophy, iniciada em 1999 com a publicação do livro *Seinfeld e a filosofia*. Em 2001 publiquei o artigo "O que é isto – filosofia pop?". Em 2004 escrevi o livro *Explicando a filosofia com arte*, que apresenta uma introdução à filosofia para leigos de todas as idades no modo "pop". Em 2013 criei o Pop-Lab, Laboratório de Estudos em Filosofia Pop. No Brasil destacam-se ainda Marcia Tiburi, que lançou um manifesto de filosofia pop[1] em 2012; Fabíola Menezes, que desde 2020 realiza uma filosofia performática brasileira no canal de YouTube A Cabocla Fabíola[2], e Marcos Lopes, cujo podcast Filosofia Pop[3], criado em 2015, já realizou mais de 150 episódios. Na França, Jacques Serrano organiza anualmente, desde 2007, a Semaine de la Pop Philosophie[4].

A consequência mais nítida da tendência *pop* em filosofia é o enfraquecimento da rigidez do cânone de autores e questões tidas como dignas no Ocidente. Um pouco por isso a filosofia pop vem

---

1 Ver: https://revistacult.uol.com.br/home/filosofia-pop-manifesto-em-16-teses/.

2 Ver: http://www.youtube.com/c/ACaboclaFab%C3%ADolaMenezesdeAraujo.

3 Ver: https://filosofiapop.com.br/podcast/filosofia-pop-001-filosofia/.

4 Ver: https://www.frac-provence-alpes-cotedazur.org/Semaine-de-la-Pop-Philosophie-2020.

ocupando no supermercado simbólico das atividades acadêmicas um lugar de experimentação e de vanguarda, o que na prática acaba se tornando um não lugar, como se fosse apenas um fenômeno efêmero e irrelevante. Há cerca de alguns anos venho desenvolvendo uma outra estratégia. Ao invés de combater a hegemonia do clássico, que tal hackeá-lo? E se aceitássemos a tese de que a história da filosofia é mesmo a mesmo melhor forma de acesso à filosofia ela mesma, mas fôssemos capazes de pluralizá-la? E se a filosofia pop não fosse um fenômeno contemporâneo, mas apenas um outro nome, um nome aparentemente novo, mas que se refere a práticas antigas que se perderam com o advento da filosofia profissional e institucionalizada? Para demonstrar que a filosofia pop faz parte da tradição não é preciso conferir uma roupagem conceitual que lhe dê o tom apropriado para ser aceita como uma atividade "séria" de pesquisa. Ao contrário, basta furar o modo homogêneo e reducionista pelo qual a história da filosofia vem sendo abordada na maioria dos cursos de graduação e pós-graduação do país. Basta mostrar que há aspectos "pop" na história da filosofia, que vêm sendo contínua e estrategicamente ignorados, silenciados ou expurgados.

PEQUENA FILOSOFIA DA HISTÓRIA DA FILOSOFIA A história da filosofia tal como a conhecemos e a praticamos foi uma genial invenção hegeliana, com alguns efeitos colaterais drásticos. Desde Aristóteles, no livro "Alpha" da sua *Metafísica*, houve várias tentativas por parte dos próprios filósofos de descrever a ordem cronológica das várias filosofias precedentes, mas em geral de forma crítica e depreciativa. Por exemplo, quando Schelling realizou seu curso sobre a história da filosofia moderna [*Vorlesungen zur Geschichte der neueren Philosophie*], em Munique, por volta de 1827, quatro anos antes da morte de Hegel, o plano era oferecer a seus alunos uma propedêutica histórica "negativa" à filosofia. Embora Schelling também visse a filosofia como um desenvolvimento constante no tempo, sua "história da filosofia" é apenas um relato das tentativas malsucedidas dos filósofos de chegar à verdade. As formas de filosofia do passado têm seu valor, de acordo com a observação preliminar de Schelling às lições, apenas como um contraste ou como um exemplo inferior em relação ao pensamento autêntico (o de Schelling mesmo): "Se, para aprender a apreciar e julgar a verdade, é finalmente necessário saber também o erro, então tal apresentação é provavelmente a maneira melhor e mais gentil de mostrar ao iniciante o erro a ser superado" (SCHELLING, 1984, p. 29).

O mérito de Hegel, ao contrário de Schelling, foi ter desenvolvido uma história da filosofia que serve como propedêutica "afirmativa", ou seja, ter dado a conhecer "*como* ela [a própria filosofia] aparece sucessivamente no tempo" (*Introdução às lições sobre história da filosofia*, p. 79)[5]. Com Hegel a filosofia se torna histórica e a história da filosofia se torna filosófica. Infelizmente há um preço a pagar pelo resgate da história da filosofia. Hegel constrói um modelo rígido. Se por um um lado ele abre espaço para os devires, por outro, os aprisiona sob as categorias de "processo" e "progresso". Nesse modelo, o desenvolvimento do começo ao fim da história da filosofia é fixo, inexorável, irresistível. O esquema é arborescente, há um começo na Grécia, pois o antes do começo, na Ásia, é julgado irrelevante. Há um caminho principal que conduz ao espírito europeu, com algumas ramificações acidentais e pouco férteis. Por fim, o "fruto", o "fim", tanto no sentido de meta como de encerramento, é materializado pela própria dialética hegeliana. Além disso, tudo que diz respeito à finitude do pensar, ou seja, o corpo, no seus afetos, os desejos, mas também os acidentes de percurso, as idiossincrasias das personalidades, o compasso ou o descompasso entre vida e obra dos autores, é ignorado, domesticado ou banido da estrutura do pensamento em nome de uma metafísica da pureza conceitual. A concepção hegeliana de "história da filosofia" vigora de forma não tematizada nos cursos de

---

5 Como se sabe, Hegel deu seu curso sobre a história da filosofia pela primeira vez em Jena (semestre de inverno de 1805-1806). De acordo com o relatório de seu aluno e biógrafo Karl Rosenkranz essas aulas não mudaram significativamente nas suas versões posteriores (Heidelberg e Berlim), tendo sido apenas revistas e aperfeiçoadas. No entanto, a forma atual do texto não deve ser lida como um trabalho uniforme, mas sim uma mistura de diferentes fontes (os manuscritos do autor e as anotações de alunos).

filosofia no Brasil. Proponho reler essa tradição, pois ao desvelar as supostas "raízes clássicas" da filosofia pop, quero na verdade apenas revisibilizar e revocalizar seus aspectos desprezados e silenciados.

RAÍZES CLÁSSICAS DA FILOSOFIA POP São diversos os aspectos que parecem destacar a filosofia pop em contraste com a filosofia acadêmica. Cada um deles poderia ser facilmente recuperado a partir da própria tradição, não tendo sido inventados na contemporaneidade, mas apenas rememorados, reapropriados e reatualizados. Em seguida comento, a título de preparação para uma futura "história pop da filosofia", uma pequena seleção desses aspectos: (a) a importância da conexão com o local (a cultura brasileira); (b) a experimentação com estilos de expressão; (c) a ênfase na dimensão performativa do pensamento.

A) *A importância da conexão com o local: a cultura brasileira* – Faz parte da luta pela expansão do cânone clássico de autores e de temas recolocar constantemente a pergunta sobre o que significa fazer filosofia nesse lugar específico em que estamos, no Brasil do século XXI. Hoje essa tendência para uma abordagem localizada vem se tornando cada vez mais difundida, mas quando comecei dar cursos sobre a filosofia e cultura brasileira, era bastante incomum e passei por algumas situações inusitadas. Uma delas aconteceu durante uma aula na UNIRIO, por volta de 2010, justamente na então recém-criada graduação em filosofia, a primeira e única do mundo a ter "filosofia pop" como disciplina obrigatória. Estávamos lendo o livro seminal de Roberto Gomes, *Crítica da razão tupiniquim* (1994), quando esbarramos no tema do "jeitinho brasileiro", um assunto já bastante debatido na sociologia e na antropologia nacionais, mas completamente ausente do cenário da filosofia. Durante o debate surgiu a dúvida por parte da turma sobre as semelhanças e diferenças entre o jeitinho e a "gambiarra". Roberto Gomes fala sobre o jeitinho, mas nada sobre a "gambiarra", que é um misto de saber técnico, imaginação e insubordinação, fundamental para resolver emergências. A gambiarra é uma atualização técnica e material da antiga astúcia [*mêtis*] pela qual Ulisses era tão prestigiado na *Odisseia* de Homero. No meio da conversa em grupo, um aluno, provavelmente já irritado com o curso como um todo, se levantou e falou em alto e bom som: "Não acredito que estamos discutindo sobre gambiarra em uma aula de filosofia! Deveríamos estar discutindo Descartes ou Kant". Tendo dito isso, foi embora e não voltou mais.

A reação do estudante reproduz, a meu ver, a visão reducionista típica das salas de aula universitárias. É assustador constatar o silêncio institucional dos professores brasileiros de filosofia, com raras e honrosas exceções tais como Marcia Tiburi, Marilena Chauí, Vladimir Safatle, entre poucos outros, em momentos dramáticos da história recente da sociedade brasileira. Um olhar mais cuidadoso sobre a história tradicional da filosofia mostra o que está lá, mas não se quer ver: todo pensador que se preze pensou a partir de seu lugar e de sua época, toda filosofia não é apenas "filha do seu tempo", como bem sabia Hegel, mas também filha do seu "território", do seu espaço geográfico, cultural e social. Isso quer dizer que fazemos mais jus a Aristóteles ou a Kant não quando ficamos discutindo interminavelmente firulas eruditas das suas obras, mas sim quando os imitamos em seus engajamentos nos contextos ao nosso redor, ou seja, quando, assim como eles, nos propomos a pensar os desafios éticos, políticos e epistemológicos das circunstâncias em que vivemos. Basta lembrar *en passant,* entre tantos os outros, os exemplos de Platão revisitando criticamente as condições políticas que levaram à execução de seu mestre; Kant debatendo, com risco de vida, o termo "esclarecimento" alguns anos antes da revolução francesa, ainda sob um regime absolutista; ou, mais recentemente, de Hannah Arendt discutindo as nuances do julgamento de Eichmann em Jerusalém.

Existe um argumento recorrente – e inadmissível – de que se a filosofia busca o universal, não pode ser tratada como uma atividade específica de uma região geopolítica. Felizmente a filosofia contemporânea está aprendendo a revisar e a relativizar seu conceito de universal, principalmente a partir do fecundo diálogo com a área de artes em geral, de onde vem se desenvolvendo a ideia de "topologias do ser"[6]. Dentro desse contexto, pode-se afirmar que toda a tradição da filosofia, não apenas a pop-filosofia, foi sempre *site-specific*, ancorada sempre e a cada vez no contexto geográfico, histórico e cultural dos corpos que a praticaram. Não há nada menos clássico do que desconsiderar o contexto local em função de um estudo dos autores passados. Nosso contexto é o Brasil, quer queiramos ou não. É desde o Brasil e na ambiência da língua portuguesa brasileira que pensamos, até mesmo quando não temos questões éticas e políticas no foco das nossas reflexões.

B) *Estilos* – Realizei um curso de introdução à filosofia na UNIRIO sobre o tema "estilos em filosofia" em 2019, o último antes da quarentena. Também me confrontei com o tema ao fazer o prefácio para o livro incomum de Fabíola Araújo (sob o pseudônimo de Anna Kálister Perena), amiga e participante ativa do Pop-Lab, intitulado *Avati Amuni* (2020). O livro desafia essa característica estrutural da filosofia acadêmica, a saber, a constante defesa de uma forma neutra, objetiva e insípida de expressão. Nas produções em filosofia pop, ao contrário, comparecem humor, drama, corpos, feminismo, conceitos oriundos das matrizes afro-ameríndias, imagens advindas tanto das belas artes como da cultura popular e de massa, tudo isso reunido de forma leve e sedutora, seja como textos, como filmes, como performances. O informal do estilo pop não parece sério para o olhar institucional, supostamente livre de afetações retóricas. De novo aqui é necessário olhar para a história da filosofia e perceber que essa profusão de materiais e de modos de expressão sempre esteve lá.

Acredito que a filosofia é um subgênero da literatura, e não sua rival. Para a filosofia institucionalizada e profissional, ao contrário, as experimentações estilísticas são tratadas em geral como meros adornos – acidentais, desnecessários e irrelevantes. Quem vê o

---

6 Mais sobre o tema pode ser lido no artigo do filósofo porto-riquenho, professor da Brown University, Nelson Maldonado Torres, intitulado "A topologia do ser e a geopolítica do conhecimento. modernidade, império e colonialidade" (2003).

cenário da filosofia universitária atual poderia até acreditar que o discurso claro e distinto predominante sempre foi e sempre será a forma intrínseca da filosofia, mas basta uma olhadela superficial na sua história para constatar, ao contrário, que sempre existiu uma diversidade inebriante de modos de escrever e pensar. De um lado temos os estilos supostamente mais rigorosos, preocupados prioritariamente com a ordem lógica dos conceitos, tais como os tópicos (Aristóteles), os comentários (Aquinas), as questões (Ockham), os guias (Maimônides), as sentenças (Lombardo), os ensaios (Locke), os tratados (Hume e Spinosa), as meditações (Descartes), os prolegômenos (Kant), as investigações (Wittgenstein). Mas do outro lado, desde os seus primórdios, temos também aqueles modos de escrever e pensar mais abertos às atmosferas afetivas evocadas pelas diferentes sonoridades e coloridos das palavras, e nem por isso menos densos conceitualmente, tais como os poemas (Safo e Parmênides), os diálogos (Platão e Sade), as confissões (Agostinho e Rousseau), as cartas (Abelardo e Schiller), os pensamentos (Pascal), os aforismos (Nietzsche e Novalis), os diários (Kierkegaard), os romances e contos (Sartre e Camus), as performances (Preciado).

Infelizmente a escolástica acadêmica vigente tende apenas a focar exaustivamente nos conteúdos dessas experimentações literárias-filosóficas, sem dar muita atenção aos seus modos singulares de se fazer, dissociando e hierarquizando aquilo que, ao contrário, terá sempre acontecido em codeterminação recíproca. A aparente ausência de estilo nos textos acadêmicos atuais em filosofia é, na verdade, a vitória hegemônica de um estilo específico, o analítico/escolástico, que apresenta uma estrondosa uniformidade estrutural e cuja linearidade entediante perpassa por todas as produções da pesquisa, tanto nos artigos das revistas científicas, como nas conferências nos congressos; tanto nos TCCs, nas dissertações de mestrado, como nas teses de doutorado. O estilo vitorioso da filosofia acadêmica se finge de neutro, mas segue um código de regras muito estrito, mais notadamente na exigência de conformidade aos seus aparatos intermináveis de erudição, tais como as notas de rodapé, as referências bibliográficas, os glossários e os índices onomásticos.

Tudo se passa como se só houvesse rigor na forma estrita do cálculo, da geometria e da arquitetura. Inspirada em Nietzsche, que dizia que o rigor da filosofia acadêmica era uma espécie de *rigor mortis*, irrompe felizmente no cenário contemporâneo um contramovimento de reabilitação do corpo, dos afetos e das imagens na escrita filosófica. A re-estetização dos conceitos permite que o pensamento faça outros tipos de aliança, para que a filosofia não se constitua apenas sobre, mas com ou até mesmo enquanto arte.

Aqui vale uma nota sobre a nota de rodapé. O termo "nota de rodapé" costuma ser associado primeiramente às categorias de "inferior" e "secundário"; é o que está "de fora" ou "à margem", apenas emoldurando o texto principal. Parece ter sido esse o sentido do termo na famosa afirmação do filósofo e matemático britânico A. N. Whitehead (1861-1947),no seu livro *Processo e realidade* (1929), para quem: "A caracterização geral mais segura da tradição filosófica europeia é que consiste em uma série de notas de rodapé a Platão" (WHITEHEAD, 978, p. 39). Não é bem assim – que as notas de rodapé sejam completamente desimportantes. Elas desempenham funções fundamentais no contexto científico, na medida em que oferecem autenticação e precisão, através da apresentação das fontes e de documentos. Além disso, elas criam espaço para desvios e especulações, polêmicas e autocríticas, enfim, para assistência ao leitor, mediante a explicitação de conceitos, nuances e traduções. Na verdade, o gesto de adicionar notas a um texto deve ser provavelmente tão antigo quanto o próprio advento da escrita, mas foi somente na modernidade, com o surgimento dos livros impressos, que se abriu a possibilidade quanto à citação de obras conforme uma paginação unificada. O problema é que rapidamente essa nova prática acabou se tornando uma obrigação incontornável, gerando uma espécie de furor de citações, até se chegar ao ponto em que a presença ou não de notas de rodapé em um texto veio a se constituir um dos principais critérios para legitimação de seu caráter científico.

Uma das tarefas para a filosofia pop consiste, por um lado, em desconfiar que as notas de pé de página garantam por si só o caráter rigoroso de um texto, mas, por outro lado, em buscar reinventá-las.

Há vários exemplos na cultura contemporânea da tentativa de "transverter" a hierarquia discursiva entre texto central e nota periférica: seja através de escritos constituídos somente de notas; seja enfatizando a intertextualidade entre as próprias notas de rodapé; seja recorrendo ao hipertexto; ou até mesmo produzindo romances e poemas que se utilizam das margens do pé de página como um dos seus elementos constitutivos. Todas essas práticas contribuem para um saudável embaralhamento entre arte, ciência e filosofia nas suas fronteiras, lá onde dentro e fora se contaminam recíproca e estruturalmente.

C) *O pensar perform-ativo* – No ano de 2012 surgiu na Europa uma iniciativa internacional de instauração de um novo campo de conhecimento denominado *performance philosophy* [filosofia performativa], que reúne de forma organizada e consistente as práticas criativas das performances e o trabalho conceitual da filosofia. A filosofia performativa vê, portanto, a performance enquanto pensamento e produz pensamento enquanto performance. Para mim, a ideia de uma filosofia performativa é um desdobramento coerente com meu próprio projeto de uma filosofia pop aliada às artes cênicas. Desde 2013 venho tentando, na teoria e na prática, desenvolver caminhos para sua implementação no Brasil. Dentro desse fluxo comecei a realizar palestras e cursos sobre o tema e ao mesmo tempo comecei a experimentar formas de fazer filosofia que envolvessem cada vez mais meu corpo, minha imaginação e meus afetos[7].

A filosofia pop é uma filosofia performativa que busca engajar o corpo nos conceitos, afetos e pensamentos, ações teóricas e práticas. Talvez seja possível afirmar que estamos vivendo uma espécie de *performative turn* na filosofia do século XXI. Para mim, é claro que a dimensão performativa da filosofia não é um vanguardismo,

---

7 Para mais informações sobre a ideia de filosofia performativa no Brasil, ver meu artigo de 2020, intitulado "Fronteiras entre artes das performance e filosofia". In: *Revista Brasileira de Estudos da Presença*, v. 10, 2020, pp. 1-25. Disponível em: https://seer.ufrgs.br/presenca/article/view/92410.

mas um classicismo, especialmente característico da Grécia antiga. Todos os filósofos, sem exceção, sempre misturaram filosofia e ação na vida cotidiana. Algumas dessas ações não foram fortuitas ou involuntárias, foram gestos conceituais, ações filosóficas, seguiam um "programa performativo"[8]. Existem muitas situações emblemáticas famosas onde o filósofo engajou seu próprio corpo para intensificar suas ideias. A famosa fotografia de Jules Bonnet que mostra Nietzsche e Paul Rée puxando uma charrete com Lou Salomé nas rédeas e no chicote foi uma genial ação performática encenada pelo próprio filósofo alemão em maio de 1882, uma cena que até hoje alimenta diversas polêmicas.

Aristóteles, por exemplo, relatou que o cético Crátilo, por acreditar que não se deve dizer nada, apenas mexia o dedo. Podemos imaginar o dedo de Crátilo em riste, como um gesto de quem se cala por convicção, mas também de quem exige que se silenciem à sua volta, intimando a pensar mais e a falar menos. O próprio Sócrates, pouco antes de tomar a cicuta, realizou um ritual performático, ao pedir que fosse sacrificado um galo a Esculápio, deus da medicina e da cura. Um breve olhar sobre a história do pensamento mostra que a nudez, esta que sempre de novo é alvo de polêmicas por parte dos setores mais conservadores contra as artes, já foi ativada como ação performativa e conceitual diversas vezes, até mesmo na hagiografia oficial. É notório, por exemplo, o modo como Francisco de Assis marcou sua decisão de mudar sua vida em prol de um cristianismo mais atento às questões sociais: Em 1206 despojou-se até ficar nu diante do pai, do bispo e de toda a cidade. Corpo e pensamento em sintonia em prol de um voto de pobreza. Na filosofia, quem ficou famoso pela nudez em espaços públicos foi Diógenes de Sinope, o cínico, considerado por Platão um "Sócrates que enlouqueceu".

---

8 A pesquisadora brasileira das Artes da Performance Eleonora Fabião define "programa performativo" como um "um conjunto de ações previamente estipuladas, claramente articuladas e conceitualmente polidas a ser realizado pelo artista, pelo público ou por ambos sem ensaio prévio" ("Programa performativo: o corpo-em-experiência". In: *ILINX – Revista do LUME*, n. 4, dez. 2013).

Diógenes defendia, contra Platão, que a virtude se exercia na ação e não apenas na teoria.

As ações performativas de Diógenes e de tantos outros renomados pensadores, algumas consideradas obscenas, outras engraçadas e ainda outras admiráveis, compõem um imenso acervo de "anedotas" da história da filosofia. Antes de Hegel, a história da filosofia era "doxografia", um termo inventado pelo helenista alemão Hermann Diels, e que indica um relato indireto da vida, fama e opiniões dos pensadores antigos. A referência mais famosa é o livro de Diôgenes Laêrtios intitulado *Vidas e doutrinas dos filósofos ilustres*, que remonta ao século III d. C. Embora constitua a principal fonte de conhecimento sobre o cenário antigo do pensamento, esse texto é continuamente debatido por conta das inúmeras imprecisões, repetições, além de trazer elementos aparentemente insignificantes juntos a outros quase fantásticos. O livro foi criticado por ser a obra de um mero compilador ou, pior, de um simples plagiador, cheio de observações sem seriedade e rigor. Tudo indica que a intenção de Laêrtios tenha sido de popularizar a filosofia, conforme sugere o tradutor da versão em português na introdução: "Esse caráter da obra pode surpreender e até desconcertar o leitor moderno, habituado a considerar a filosofia e os filósofos de um ponto de vista diferente, mas acentua a intenção a que já nos referimos, pondo em nossas mãos uma história popular evocativa do lado humano de um mundo perdido, porém sempre fascinante"[9]. Sem sombra de dúvida a obra de Diôgenes Laêrtios constitui um dos pioneiros clássicos da filosofia pop. Infelizmente, embora seu trabalho tenha servido de fonte ininterrupta de conhecimentos sobre o pensamento, a vida e o território de cada pensador, constata-se na evolução da "história da história da filosofia", ou seja, na recepção desses conhecimentos, uma crescente purificação dos aspectos biográficos, corporais, afetivos, em suma, das dimensões performativas inerentes às obras dos grandes filósofos da antiguidade. Essa higienização do

9 KURY, M. da G. "Introdução". In: LAÊRTIOS, D. *Vidas e doutrinas dos filósofos ilustres*. Brasília: Editora Universidade de Brasília,1987, pp. 9-10.

pensamento, a desautorização das inevitáveis, ainda que misteriosas, interseções entre o corpo e o *corpus* de cada filósofo, é infelizmente sintetizada justamente por um dos maiores defensores da dimensão finita do pensar, Martin Heidegger. Ele disse em um curso sobre Aristóteles, de 1924, que tudo que precisávamos saber sobre a vida de um filósofo é que ele nasceu, pensou e morreu. Como diria Deleuze, é muito difícil, até para Heidegger, ser coerente com o pensamento heideggeriano.

Nietzsche, ao contrário, no prefácio à sua pequena história da filosofia na era trágica, em 1874, defendia a centralidade das anedotas para a compreensão do pensamento:

> Esta tentativa de contar a história dos filósofos gregos mais antigos se distingue de outras tentativas semelhantes pela sua concisão. Esta conseguiu-se porque, em cada filósofo, se mencionou apenas um número muito limitado das suas teorias, em virtude, portanto, de não apresentar uma imagem completa. Mas escolheram-se as doutrinas em que ressoa com maior força a personalidade de cada filósofo, ao passo que uma enumeração completa de todas as teses que nos foram transmitidas, como é costume nos manuais, só leva a uma coisa: *ao total emudecimento do que é pessoal* [meu grifo, CF]. É por isso que esses relatos são tão aborrecidos: pois em sistemas que foram refutados só nos pode interessar a personalidade, uma vez que é a única realidade eternamente irrefutável. Com três anedotas é possível dar a imagem de um homem; vou tentar extrair três anedotas de cada sistema, e não me ocupo do resto. (NIETZSCHE, *A filosofia na idade trágica dos gregos*, 2009, p. 3)

Nietzsche pode ser considerado o catalisador da virada performativa da filosofia, pois sempre defendeu e assumiu a dimensão autobiográfica na sua própria escrita, fez experiências com novas mídias, tendo sido um dos primeiros usuários de máquina de escrever do planeta, e realizou diversas parcerias tanto com artistas (atores, músicos, poetas, fotógrafos etc.), como com cientistas (biólogos, médicos, geógrafos etc.). Nietzsche se autodenominava "Filho de Laêrtios" em algumas de suas cartas, dedicou diversos estudos a ele na sua juventude e disse que preferia ler Laêrtios do que a maioria dos historiadores da sua época, tais como Ritter, Brandi e Zeller, pois "naquele pelo menos vive o espírito dos filósofos antigos; mas nestes não vivem nem o antigo nem nenhum outro espírito" (NIETZSCHE, *Schopenhauer como educador*, 2020, p. 104).

Inspirado em Nietzsche, Deleuze, Laêrtios, Assis, Diógenes de Sinope, Crátilo e Sócrates, patronos da filosofia pop, o que eu quero denunciar aqui é que a dimensão performativa da filosofia vem sendo ignorada ou reduzida a meras anedotas pela historiografia oficial da filosofia. Será preciso rever a noção de "anedota", sua relação com a história e a verdade, em geral. Embora sejam comumente definidas como histórias engraçadas e desimportantes, desde tempos imemoriais elas cumprem o papel, enquanto "estórias secretas ou não transcritas sobre o que não é dado", de desestabilizar as compreensões hegemônicas da realidade e estimular novas perspectivas. Levar a sério as anedotas da história da filosofia ajuda não apenas a resgatar a sua dimensão performativa perdida, mas ajuda também a enfraquecer o seu excessivo euro e logocentrismo, já que a tradição oral de contar histórias constitui fonte inesgotável de conhecimentos e sabedorias na Ásia, África e na Ameríndia. Não basta ampliar os conteúdos do cânone, será preciso reavaliar a excessiva centralidade dos conceitos e da escrita em detrimento das imagens e da oralidade.

POR UMA POP'HISTÓRIA DA FILOSOFIA Uma "pop'história da filosofia" intima a filosofia acadêmica a ter força de suportar os paradoxos e as ambiguidades da existência, mas também a resistir e questionar as ideologias hegemônicas. Não se abandona o rigor, mas sim a excessiva formalidade. É necessário, por exemplo, se perguntar se a sala de aula, o texto linear, as aulas expositivas, as longas palestras em congressos, são ainda os formatos mais adequados para se fazer filosofia no século XXI. Será imprescindível reativar os corpos dos filósofos, sentados eternamente, seja nas cadeiras da escrivaninha ou nas cátedras da academia. Será preciso, finalmente, rever a própria noção de "cânone", derivada do grego *kanon,* que significa vara de medir. Será preciso realizar uma genealogia de como foi construído o cânone de autores e questões da história da filosofia e combater a desatenção deliberada contra os territórios, os corpos, os gestos e os estilos, em contraste com apenas o que eles disseram ou escreveram. Embora existam livros sagrados no cânone da literatura e da filosofia ocidentais, nenhum clássico é ele mesmo sagrado apenas por constar no cânone. As obras e os temas selecionados para os currículos das graduações em filosofia não têm qualidades intrínsecas, mas passaram por um processo histórico de seleção e de exclusão. Em geral, os autores privilegiados são homens, brancos, europeus, cristãos. Também de maneira geral os temas dignos do pensamento estão relacionados apenas à tríade "bem, "belo" e "verdadeiro", sendo continuamente desprezados os saberes do corpo, da natureza, do feminino, do cotidiano, das artes, e principalmente, de culturas fora do eixo Grécia-Europa.

A filosofia no Brasil vem felizmente se deixando cada vez mais ser invadida e contaminada pela complexa diversidade da própria sociedade brasileira, mas é um escândalo que não haja ainda, por exemplo, um GT na Associação Nacional de Pós-Graduação em Filosofia (ANPOF) dedicado às questões que envolvam cultura brasileira, e não apenas história da filosofia brasileira. Precisamos abrir cada vez mais espaços para a participação das mulheres, dos afrodescendentes, dos remanescentes dos povos indígenas na filosofia do Brasil. Não é necessário, para isso, abandonar completamente as tradições europeias. Temos muito ainda a aprender com os autores clássicos, a saber, sobre como se proteger "nas" suas sombras, mas também "das" suas sombras, buscando outras e melhores luzes.

Rio de Janeiro, inverno de 2021.

AUTISMO COMO METÁFORA:

PERSPECTIVAS A PARTIR DA FILOSOFIA POP [2021]

Para Tales [Ninja da Floresta]

APRESENTAÇÃO O autismo vem sendo cada vez mais debatido pela pedagogia, medicina, psicologia, neurociência, genética e até pela economia. Meu propósito aqui hoje é apresentar uma outra perspectiva, a partir de uma parceria entre artes e filosofia, que eu denomino de filosofia pop. Embora eu seja um filósofo, é importante ressaltar que o meu lugar de fala aqui não é o de um especialista em autismo, mas o de alguém que vive, há 13 anos, a experiência do pensamento e da paternidade cotidiana – e simultaneamente. Meu primeiro filho, Tales, foi diagnosticado por volta dos 5 anos no assim chamado "espectro". Ele é um menino sensível, cheio de imaginação e com agudo senso de justiça. Desde seu diagnóstico a luta por um mundo mais acolhedor para as diferenças, que eu já travava muito tempo antes, através da filosofia, ganhou um contorno ainda mais existencial. Ficou ainda mais evidente como a violência da identidade contra as diferenças não se dá apenas pelas instituições disciplinares, dominadas muitas vezes por um reducionismo psicofarmacológico. A violência se dá também pela via simbólica, através das estruturas linguísticas e culturais de exclusão e/ou domesticação das alteridades. As seguintes considerações devem ser entendidas não apenas como um gesto pop-filosófico de articulação entre pensar e viver, mas também como um manifesto de defesa dos modos divergentes de existência. Para mim, refletir sobre o autismo como metáfora implica em 3 passos: (1) examinar o uso do termo autismo para representar aspectos da cultura

Esse texto é uma versão da minha participação em um seminário sobre artes, filosofia e autismos, de 23 a 25/02/2021, e foi publicado de forma digital nos anais do evento em: Reinaldo, Maria Rejane (org.). Seminário on line – O que pode a arte? Afetos, autismos, artes. *Fortaleza: Ed. Teatro da Boca Rica, 2021, pp. 33-45.*

contemporânea; (2) investigar as representações culturais usadas para descrever o autismo; e, finalmente, (3) pensar algumas implicações possíveis dos usos e não usos das metáforas no autismo para a filosofia e para as artes.

SOBRE A FILOSOFIA POP O conceito de "filosofia pop" foi inventado por Deleuze entre os anos sessenta e setenta do século XX. Naquela época o termo "pop" (inspirado na *pop art* de Andy Warhol e outros) era o nome de um projeto de reavaliação e embaralhamento das categorias de alta e baixa cultura, que ainda norteiam tanto a vida acadêmica, como a cotidiana, até os dias de hoje. O termo "pop" somente ganhou uma conotação de comercial ou superficial a partir dos anos oitenta e noventa. Inspirados em Deleuze, mas não necessariamente sobre Deleuze, existem diversas iniciativas no Brasil e no mundo, cada uma à sua maneira, de colocar a "filosofia pop" em prática, no sentido original de gerar e incentivar mais e melhores processos de hibridizações culturais.

Em 2001 publiquei o artigo "O que é isto – filosofia pop?". Em 2004 escrevi o livro *Explicando a filosofia com arte* (ganhador do prêmio Jabuti em 2005), que apresenta uma introdução à filosofia para leigos de todas as idades no modo "pop". Em 2013 criei o Pop-Lab, Laboratório de Estudos em Filosofia Pop, sediado na UNIRIO, mas em interação com diferentes instituições de ensino e pesquisa nacionais e internacionais. Através do Pop-Lab venho tentando privilegiar temas e questões ao invés de fazer da correta compreensão dos autores o único ou principal problema do pensamento. Faz parte desse projeto uma prática filosófica, pedagógica e política que pode ser resumida em alguns dos seguintes aspectos: *a busca do rigor no pensar sem abrir mão da informalidade*; *o uso de imagens como parceria para os conceitos; a experimentação com diversos estilos de expressão; o redimensionamento do papel do feminino na história da filosofia; a transdisciplinaridade com as artes e as ciências; a transculturalidade como forma de resistência ao colonialismo; o resgate dos saberes cotidianos e populares; a reconexão dos problemas universais com os contextos locais no Brasil do século XXI; a parceria entre rir e pensar; o engajamento do afetivo e do sensível no pensamento; a ênfase na dimensão performativa da filosofia.*

A PERSPECTIVA POP-FILOSÓFICA: TRANSVERTER AS DISCIPLINAS, AS CULTURAS E O AUTISMO A cultura, tal qual a conhecemos no Ocidente, tem se pautado por diversas dicotomias hierárquicas de valores, tais como ser x devir, mente x corpo, sujeito x objeto, mesmo x outro, indivíduo x sociedade, homem x animal, masculino x feminino etc. Essas dicotomias costumam se apresentar na forma de "versões" ou de "inversões". Chamo de "versões" as hierarquias mais tradicionais, aquelas que costumam privilegiar o idêntico em detrimento do diferente. "Inversões", por outro lado, representam as diversas tentativas históricas de superar essas hierarquias tradicionais pela reação ou reversão dos polos, frequentemente sem questionar as dicotomias ou as hierarquias inerentes nelas mesmas. Inversões carregam consigo o potencial de desestabilização das hierarquias, mas comportam também o risco de prolongá-las e até mesmo de aprofundá-las. A nosso ver, o movimento pendular de versões e inversões, que caracteriza uma certa tendência do pensamento moderno e vanguardista, determina previamente o horizonte da cultura, criando muitas vezes dilemas existenciais, estéticos e políticos impossíveis de serem resolvidos. A "filosofia pop", alinhada às pesquisas contemporâneas, evita solucionar as tensões e impasses da atualidade através de meras inversões ou de sínteses reconciliadoras. A "filosofia pop" tem como projeto propor "transversões" das dicotomias e das hierarquias, ou seja, estratégias de pensar/agir/sentir/imaginar capazes de desconstruir, tanto na vida acadêmica quanto cotidiana, o caráter essencializante das noções de "disciplina" e de "cultura", que continuam a nortear, ainda que implicitamente, nossos discursos, nossas práticas e, principalmente, nossas instituições. É nesse sentido que pretendo investigar aqui os esquemas dualistas (punição x benção; patologização xcapacitismo, etc), que costumam determinar nossa compreensão do autismo, indicando possíveis maneiras de os transverter, para além do bem e do mal.

SOBRE A RELAÇÃO ENTRE IMAGEM E CONCEITO Existe na filosofia uma tirania do conceito sobre a imagem. As imagens, especialmente as das artes, ou são negligenciadas ou são instrumentalizadas, forçadas a trabalhar em prol do movimento do conceito. Tudo se passa como se todo texto fosse como uma história em quadrinhos, com imagens e diálogos, mas a filosofia acadêmica, ao lidar com os textos, parece abstrair-se em relação às imagens contidas neles, à sua materialidade inerente, concentrando-se somente na mensagem, no seu sentido, que por sua vez espera-se que seja único e inequívoco. A filosofia pop busca outros caminhos, levando a sério as imagens, para além da oposição entre figurado e literal. A filosofia pop faz parceria com as artes, deixando que os conceitos se guiem pelas imagens, mesmo que isso às vezes acarrete certa desorientação do pensamento. Nossa compreensão de mundo pode ser enriquecida por meio dessas desorientações. No entanto, essa estratégia nada tem a ver com uma rendição à supremacia da visualidade no mundo atual. Embora vivamos em um tempo em que em um minuto mais imagens são produzidas do que em todo o século passado, ainda não sabemos como lidar com elas. Em geral, tratamos logo de olhar para elas do mesmo modo como se lê um texto, buscando uma linearidade, um encadeamento causal. Essa incompetência imagética é muito antiga e só será superada com o questionamento das dicotomias hierárquicas que separam e opõem o invisível ao visível, o imaterial ao material. Dentro do contexto da busca de outras relações entre imagens e conceitos, meu propósito nessa breve reflexão é investigar quais imagens, seja na cultura pop ou na vida cotidiana,são usadas para descrever o autismoe comoestamos usando e abusando da própria imagem de autismo para descrever a nossa época, como se ela mesmo, especialmente por conta do advento do mundo digital, fosse em si mesma autista. Quero abordar algumas das metáforas que vem sendo usadas nos discursos sobre o autismo e ao mesmo tempo mostrar como a metáfora do autismo está sendo instrumentalizada a favor de uma teoria muito pouco crítica da cultura.

O AUTISMO COMO METÁFORA O título desta comunicação é obviamente inspirado no livro de 1989 da ensaísta Susan Sontag, intitulado *A doença como metáfora*, que fala das repercussões simbólicas, na forma de fantasias ou estereótipos, da tuberculose, do câncer e da AIDS, entre outras. É importante ressalvar, primeiramente, que essa inspiração não vem da ideia, em si muito equivocada, de que o autismo seja simplesmente uma doença, mas sim da hipótese de que há uma dimensão fantasiosa em torno do autismo também, ainda pouco abordada. Além disso, embora eu me inspire nessa obra de Sontag, preciso apontar algumas discordâncias. A autora acredita que é possível um discurso não metafórico, neutro, sobre as doenças: "Não pretendo abordar a doença física em si, mas o uso da doença como um símbolo ou metáfora. Meu ponto de vista é que a doença *não* é uma metáfora e que a maneira mais honesta de encará-la – e a mais saudável de ficar doente – é aquela que esteja mais depurada de pensamentos metafóricos, que seja mais resistente a tais pensamentos" (SONTAG, p. 4). Da minha parte, acredito que seja impossível um pensamento "depurado" de qualquer aspecto da finitude, tanto dos afetos, dos desejos, como das metáforas também. O que eu defendo, na perspectiva da filosofia pop, é a contínua reapropriação e reconfiguração das metáforas; fazê-las circular para que não virem pedras. Por outro lado, tendo a concordar completamente quando a autora afirma que "Qualquer moléstia importante cuja causa é obscura e cujo tratamento é ineficaz tende a ser sobrecarregada de significação" (SONTAG, p. 38). Nesse contexto, nossa relativa ignorância sobre o fenômeno do autismo contribui para sua utilização como uma ameaça ao corpo político, como um elemento de acusação da corrupção atual dos costumes.

A analogia entre corpo e cidade é antiga. A mais famosa consta certamente no diálogo *A república*, onde Platão descreve a cidade ideal como uma organização baseada em necessidades e trocas, de estrutura similar a um corpo saudável. A comunidade perfeita seria como um corpo/organismo em que cada participante/órgão contribui para o bem-estar geral. A saúde da cidade só começa a entrar em risco quando todas as tarefas e necessidades básicas já estão sendo cumpridas e começam a surgir desejos luxuosos, desnecessários. É nesse momento que surge a doença na cidade: poetas, músicos, dançarinos, enfim, pessoas que não desempenham nenhuma função realmente útil. Tal como um câncer, os poetas começam a se desenvolver e a se multiplicar.

Desde os tempos da minha graduação em filosofia eu perdi a conta das diversas vezes que professores de filosofia, mas também diferentes políticos, usaram em suas aulas e discursos o termo "autista" para deslegitimar posições contrárias. O autismo, visto como uma patologia, também foi interpretado como uma ameaça à saúde do corpo político. Um exemplo nítido dessa analogia é encontrado justamente no trabalho de um dos pesquisadores pioneiros do assunto:o psicanalista austríaco Bruno Bettelheim, que ajudou a popularizar a infame teoria da mãe geladeira[1]. Ele escreveu um artigo em 1959 intitulado "Joey: A 'Mechanical Boy'" [Joey: um "menino mecânico"]. Nesse ensaio, Bettelheim sugere que a história de um menino com traços autistas, que se desenhou a si mesmo como uma espécie de menino-robô, tem uma relevância mais ampla, no sentido de ajudar a compreender o desenvolvimento emocional infantil na era das máquinas.

O autor interpreta a história de Joey como a de alguém que converteu a si próprio em máquina por não ter coragem de se tornar humano. Ele teria escolhido viver sem emoções, pois a sociedade em que ele vivia também estava se maquinizando. Há nesse artigo duas profundas incompreensões, a mais evidente e já ultrapassada,

---

1 A imagem da mãe geladeira mereceria ser tema de uma outra palestra. Durante os anos 50 reinou a crença de que o autismo seria causado por pais emocionalmente distantes. Em contraposição à mãe desinteressada, hoje em dia reina a imagem invertida da mãe guerreira, que idealiza a luta sacrificial por melhores condições de vida para seus filhos. Entretanto, a heroicização da mãe é mais um fardo do que um suporte. Se a mãe não lograr êxito, é porque não foi forte o suficiente. Em ambos os casos, mãe geladeira ou mãe guerreira, a mulher é culpabilizada. Trata-se, portanto, de uma estratégia muito eficaz para se distrair da necessidade de compartilhar a responsabilidade coletiva por melhores políticas públicas de educação e saúde para os "fora do típico".

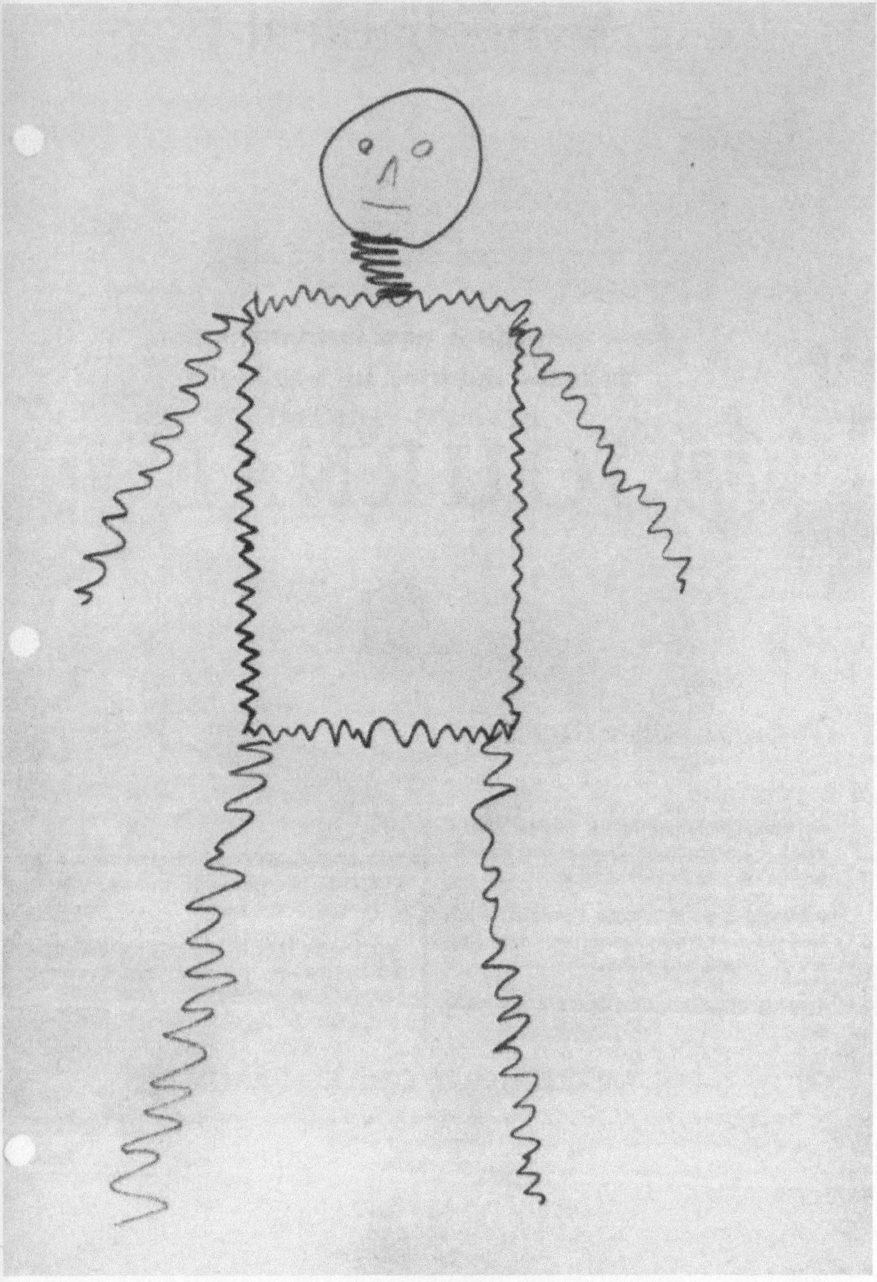

▲ Imagem do artigo de Bettelheim, 1959.

a de que os autistas não são capazes nem de sentir, nem de expressar seus afetos. A outra, um pouco mais sutil, é a crença de que a sociedade contemporânea seja melhor descrita através de um suposto estímulo à diminuição das forças afetivas. Provavelmente ocorre justamente o contrário: a instauração de controle através de uma exacerbação dos sentimentos e emoções, tal como previu Aldous Huxley em *Admirável mundo novo* (1932) e tal como o filósofo sul-coreano Byung-Chul Han aponta em seu livro *Psicopolítica*, de 2015. Ao invés de um poder opressor das vontades, o que temos é um poder agenciador e explorador dos nossos próprios desejos.

Um outro exemplo de interpretação do autismo como uma doença no corpo político é o artigo distópico dos anos 90 de Vivian Sobchack, uma teórica do cinema norte-americana, onde o termo "autismo interativo" é usado para descrever um novo tipo de humanidade, fabricada inexoravelmente pelo mundo digital:

> Focando em formas eletrônicas, quase desencarnadas de *kinese* (viagem 'segura' sem sair de sua mesa), interação (socialidade 'segura' sem ter que revelar sua identidade ou nome 'verdadeiro') e erotismo (sexo 'seguro' sem arriscar uma troca de fluidos corporais), o desejo ambivalente do Hacker Ninja Mutante da Nova Era [*New Age Mutant Ninja Hacker*] é ser poderoso, heróico, comprometido e ainda seguro dentro de sua concha (computador), o queleva a um modo oximorônico de ser um que pode-se descrever como *autismo interativo*. (SOBCHACK, p. 18)

Se todos estamos nos tornando autistas, por conta de nossas interações digitais, então o autismo não é um fenômeno singular, mas é o nosso destino como espécie. Isso é uma maneira perversa de contornar a questão, na medida em que se todos, em geral, formos autistas, ninguém mais o é, especificamente. Tanto a visão do autismo como essa previsão apocalíptica do mundo digital vêm se mostrando incompletas e parciais. Embora nossos corpos estejam esgotados pelo *zoom fatigue*, tem sido justamente através de uma parceria com as novas tecnologias que vimos encontrando formas de nos manter em contato com família, amigos, alunos e professores; formas de sermos criativos, proativos e resistentes. Trata-se de uma postura ética e política a manutenção da estratégia do isolamento, sempre quando as condições permitem. O relacionamento via telas de computador é também uma ampliação dos nossos modos de existência e indica como a associação imediatista entre autismo e mundo digital é primitiva e reducionista.

A terceira menção que eu quero fazer é de um filósofo norte-americano, Alan Kirby, que escreveu em 2009 um livro chamado *Digimodernism* [Modernismo digital], que busca descrever como as novas tecnologias desestruturam e reconfiguram nossa cultura. Nesse livro existe um capítulo chamado "a invenção do autismo", onde ele sugere que o "autismo é a antítese pronta das peculiaridades do mundo de hoje" (KIRBY, p. 231) e o "autismo é a impossibilidade de ser pós-moderno" (KIRBY, p. 232). O autor defende que não se trata de um efeito, mas de uma recusa, de uma reação. Para escapar da fluidez pós-moderna, nossas crianças estão preferindo se tornar autistas. O autismo seria fruto de um desejo inconsciente de certezas face a um mundo em processo de deterioração moral.

A meu ver, associar o autismo com desejo, mesmo que inconsciente, já é bastante problemático e presta um grande desserviço à comunidade daqueles que convivem em torno desse modo de existência. Considero problemático também essa visão nostálgica das verdades sólidas e inquestionáveis, como se elas fossem o antídoto para nossos problemas e não, o que é muito mais provável, o elemento agravante desses mesmos problemas[2]. A hipótese de Kirby é oposta à de Vivian Sobchak, pois lá onde ela vê um resultado direto, ele vê uma reação inversa. Mas parece que ambos concordam que o autismo é a principal característica do mundo contemporâneo. Ambos praticam uma violência simbólica reducionista ao desumanizar os autistas em nome de um conceito vago e indeterminado para pensar a cultura.

---

2 Para uma argumentação diferente, ver o artigo "Pós-verdade e política", na presente coletânea de ensaios.

METÁFORAS PARA DESCREVER OS AUTISTAS Existem também as metáforas oriundas do corpo político que são usadas para descrever o autismo. Quais são as antinomias que regem esses discursos? Uma observação perspicaz de Susan Sontag, em seu já mencionado livro (ver pp. 42-43), diz respeito a como as referências usadas nas políticas públicas de saúde são muitas vezes oriundas do campo bélico: fala-se muito guerra contra o câncer, de vírus invasores, de defesas dos organismos, bombardeio quimioterápico etc... Essa militarização das imagens também ecoou em slogans que já circularam na mídia tais como "o autismo é uma luta contra o tempo" ou o projeto de "como vencer o autismo".

Mas as metáforas dominantes nos discursos sobre autistas costumam mais ter a ver com "mundos à parte", "outros planetas", "aliens", "conchas", "ostras"; "paredes", "muros", em casos extremos, "cegueira mental" e "fortalezas vazias" etc[3]. Uma busca por imagens relacionadas com o autismo na internet vai trazer também toda uma série de imagens-clichê: um menino um pouco loiro sentado de costas, um menino meio loiro prostrado, um menino quase loiro dentro de uma concha, um menino bem loiro em outro planeta.

Em comum em todas essas imagens, além do fato de serem meninos e loiros, é a crença de que a incapacidade de olhar nos olhos seja a marca registrada dos autistas. Tudo se passa como se, ao contrário, o que distinguiria o humano típico dos outros viventes inferiores fosse o ver recíproco. Aqui a já famosa "aristocracia do ver", a crença de que a visão é o mais importante dos sentidos e o que mais traz conhecimentos, se manifesta com características especialmente simplificadoras.

A imagem do menino loiro autista tem história. A primeira vez que ouvi falar de autismo foi no início dos anos 80, em uma sessão

---

3 Em uma pequena seleção de títulos famosos sobre o tema encontramos *Beyond the Wall* (2001) [Além do muro], de Stephen Shore; *Through the Eyes of Aliens* (1999) [Através dos olhos de aliens], de Jasmine Lee O'Neil; *Mindblindness* (1995) [Cegueira mental], de Simon Baron-Cohen; *There's a Boy in Here* (1992) [Tem um menino aqui], de Judy Barron & Sean Barron; *The Empty Fortress* (1967) [A fortaleza vazia], de Bruno Bettelheim; *The Siege* (1967) [O cerco], de Clara Claiborne Park.

▲ Imagem pública da internet.

da tarde na TV Globo, quando assisti ao filme *Meu filho, meu mundo* [*Son-Rise: A Miracle of Love*, 1979, de Glenn Jordan].

O filme teve o mérito de trazer para as discussões cotidianas um tema pouco conhecido até então e serve como propaganda para um método terapêutico conhecido como *Son-Rise*, baseado em acolhimento e respeito. Por outro lado, eternizou a imagem dos autistas como a de uma criança branca, masculina, bonita, presa em uma concha invisível. Era praticamente um ser celestial, no modo barroco, de cabelos loiros, olhos azuis, assexuado, enfim, um anjo aquém do bem e do mal. Trata-se de imagens-clichê que ainda dificultam o diagnóstico do autismo em outras idades, outros gêneros e outras culturas, fora do eixo Europa-Américas. Quase se pode dizer que é um tipo de privilégio, para meninos brancos, a possibilidade de um diagnóstico dentro do "complexo".

Outro filme do mesmo ano que me marcou especialmente foi *Muito além do jardim* [*Being There*], de Hal Ashby, tendo Peter Sellers e Shirley MacLaineno elenco. Embora não tivesse sido anunciado como um filme sobre autismo, considero hoje, retroativamente, que é um retrato poético, quase surreal, de um adulto chamado Chance (Peter Sellers), um homem ingênuo, que passa toda a sua vida cuidando de um jardim e vendo televisão, seu único contato com o mundo. O título *Being There*, que quer dizer literalmente "existindo", "sendo-aí", evoca atmosferas heideggerianas. O filme tem o mérito de não operacionalizar o autismo em prol de um alerta sobre o fim dos tempos, mas somente enfatiza, de modo respeitoso e leve, a necessidade de defender e preservar a possibilidade de modos diversos de existência.

Cerca de dez anos depois, em 1988, seria realizado *Rain Man*, dirigido por Barry Levinson, com Dustin Hoffman e Tom Cruise no elenco. O filme assume seu caráter de educar o espectador sobre modos de lidar com o autismo e conviver com as diferenças. Mas começou aí no imaginário popular a associação reducionista entre o autismo e as manifestações de alta performance nas áreas de matemática ou de música, um preconceito reforçado também no filme *Jogo da imitação* [*The Imitation Game*] (2015), dirigido por Morten

▲ Imagem de divulgação do filme *Meu filho, meu mundo* (1979).

Tyldum, inspirado na vida do matemático e especialista em criptografia Alan Turing, cujas pesquisas ajudaram na construção dos primeiros computadores. O filme, entretanto, reforça a imagem do autista enquanto máquina, capaz de cálculos assombrosos, mas incapaz de interagir afetivamente.

Mais recentemente surgiram produções menos estereotipadas, tais como *Atypical* (2017), ou a australiana *Amor no espectro* (2019), ambas disponíveis na Netflix, que ampliam as nossas percepções através de um olhar mais lento e demorado e, portanto, mais nuançado. A primeira descreve o processo de construção de mais autonomia por um adolescente no espectro, a segunda é uma espécie de documentário sobre jovens solteiros interessados em namorar, mas ambas se destacam pela mescla de humor, respeito e delicadeza. Infelizmente a grande maioria das produções audiovisuais tende a se focar mais em como a vida dos típicos é afetada no convívio com os autistas do que nas suas próprias perspectivas.

Outra grande dificuldade é dar conta da imensa diversidade que caracteriza o famoso "espectro". Aqui uma observação sobre o termo. Em 1981 a psiquiatra britânica Lorna Wing desenvolve o conceito de autismo como um espectro, termo que vem sendo usado para descrever variações e matizes do fenômeno. Seu trabalho contribuiu para uma revisão do modo homogeneizante como o autismo era visto até então. Minha única ressalva deve-se à notória implicância com as palavras que costuma caracterizar o gesto dos filósofos. Se levarmos a sério a imagem, vamos notar que o termo "espectro" vem da física e designa o leque de tonalidades de cores ou sons visíveis ou audíveis para os olhos e ouvidos humanos. Se por um lado os espectros logram êxito em expor os matizes e as nuances, por outro lado eles o fazem em uma representação linear, evolutiva, que esconde uma escala de valoração baseada em um critério não explícito, do mais claro ao mais escuro, do mais silencioso ao mais barulhento. E no caso dos autismos?

A pluralidade dos autismos corre risco de ser domesticada na apresentação em forma evolutiva do mais leve ao mais severo, dos menos ao mais funcional. Nas abordagens mais capacitivas o critério organizador do espectro continua sendo o humano normal, o animal racional, que olha nos olhos, que entende metáforas e submete seus desejos ao capitalismo de consumo. Esse humano típico permanece como unidade de medida para determinar o lugar de cada autista na sociedade. Nesse sentido, o recente uso de "graus de suporte", ao invés de "graus de autismo", como forma de diferenciação, é um importante avanço, especialmente para fundamentar a luta por melhores políticas públicas de saúde. Outra observação que gostaria de fazer é quanto à possibilidade de resgatar outro sentido para a palavra "espectro", que a relaciona com a ideia de fantasma. Não no sentido de algo que ameaça ou assusta, como nos filmes de terror, mas mais na lógica derridiana, enquanto algo que não é apreensível pelos nossos discursos tradicionais, pois não é uma coisa, não está à mão, não pode ser medido, calculado, objetivado. Entretanto, se manifesta e faz diferença em nossas vidas.

TRANSVERTER AS METÁFORAS ATRAVÉS DOS AUTISMOS E DA FILOSOFIA POP O importante mesmo é não naturalizar nenhum termo. Na verdade, a dificuldade em nomear a diversidade estrutural dos autismos aponta para um problema inerente à linguagem humana, pois nossas palavras tendem sempre à universalização. Precisamos universalizar por motivos pragmáticos, pois não é possível ter um nome para cada caso singular. Mas o preço a pagar é alto, pois frequentemente atropelamos outras formas de existência com o uso excessivo e pouco cuidadoso de conceitos genéricos. Quando dizemos "o animal", estamos nos referindo inadvertidamente a seres bastante díspares, tais como um elefante ou uma borboleta. Quando dizemos "a religião" estamos subsumindo, sem o perceber, todas as manifestações históricas e culturais do sagrado à experiência específica do cristianismo, calcada na suposta ideia de *religar* humano e divino. É sempre importante se perguntar: o que estamos expressando e/ou silenciando toda vez que dizemos "autismo" em nossos argumentos?

Curiosamente um dos aspectos mais popularmente usados para identificação do autismo seria justamente a inabilidade para compreender metáforas. Quero concluir essa breve reflexão abrindo a

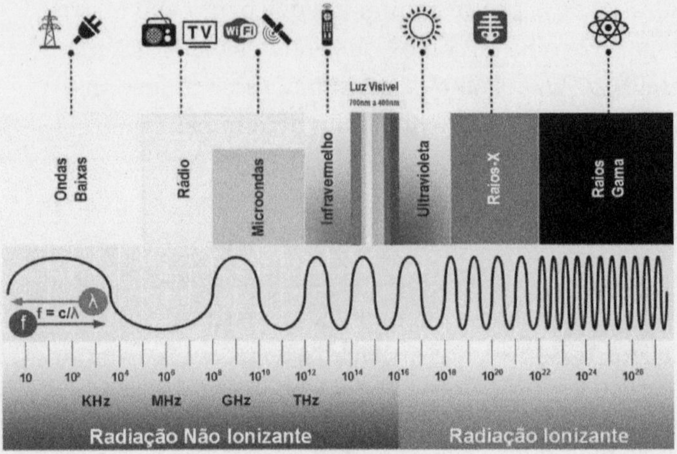

 ▲ Imagem pública da internet.

possibilidade de rever o tema da metáfora e autismo, pois na perspectiva da filosofia pop o fato é que ninguém sabe direito como lidar com elas. Metáfora deriva do grego *μεταφορά*, "transferência, transporte para outro lugar", composto de μετά (meta), "entre" e *φέρω* (pherō), "carregar". Em seu sentido literal, o verbo grego *metaphrein* seria traduzido pelo verbo latino *transferire*. Essa distinção técnica pressupõe que existem nomes próprios às coisas e nomes transferidos, metafóricos. Achamos comumente que o termo "livro" é o nome intrínseco à coisa e uma expressão outra qualquer – tal como "janela da sabedoria" – para designar o mesmo objeto seria uma metáfora. Para a filosofia contemporânea, na qual a filosofia pop se insere, essa distinção não se sustenta. Nietzsche vai defender no seu famoso ensaio "Sobre a verdade no sentido extra-moral" (1873) que todos os nomes são transferíveis, não existem nomes próprios, todas as palavras têm força metafórica. O que acontece é que algumas metáforas são tão usadas que perderam seu efeito de estranhamento, dando a falsa impressão de que há alguns nomes mais autênticos do que outros. Esse dualismo nome próprio x metáfora é o terreno do qual brotam tanto a atitude de ignorar as metáforas, como se fossem irrelevantes, meros adornos, quanto a de instrumentalizá-las, submetendo-as a um "trabalho forçado" a favor de fins exteriores ou transcendentes.

Isso quer dizer que deveríamos prestar mais atenção às metáforas, tanto as usuais como as não usuais, pois elas têm uma intertextualidade própria, são tão importantes na construção do pensamento quanto os conceitos. Na verdade, em estrito senso, todo conceito tem uma dimensão metafórica, e toda metáfora tem uma dimensão conceitual. Repito que não sabemos ainda como lidar com as metáforas, por isso mesmo frequentemente nos confundimos ao usá-las. Também na perspectiva dos autistas, nós, reputados como típicos, pensamos de modo muito confuso ao separar e hierarquizar insistentemente essas categorias.

Uma outra maneira de transverter a divisão entre nomes próprios e metáforas é sugerida pelo filósofo francês Gilles Deleuze, mas em sentido inverso. Nos famosos diálogos com Claire Parnet ele afirma que "não há palavras próprias, tampouco metáforas" (DELEUZE; PARNET, p. 3). Deleuze defende então uma prática literal de pensar, falar, ver e ouvir. A literalidade deleuziana indica uma atitude de levar a sério o que se diz. Por exemplo, qual a dimensão dialética das "vacas pardas na noite", mencionadas por Hegel no prefácio à *Fenomenologia do espírito* (1817), ao criticar a noção indeterminada de absoluto em Schelling? Quais as implicações conceituais da metafísica da luz, ou seja, do uso do "sol" para descrever o "sumo bem" na famosa alegoria da caverna de Platão? A linguagem figurada pode ser vista como um dizer sem dizer, pois diz algo, mas no fundo quer dizer outra coisa. A fala literal é imanente, leva a sério a coerência entre pensar, agir e viver. Pensar literalmente implica em colocar no mesmo plano conceitos, imagens e gestos, sem os hierarquizar. Talvez seja algo que possamos aprender com os autistas; talvez haja aí uma potência ainda não suficientemente explorada, a atitude de não esconder o não dito em uma dimensão transcendental, mas expor e esgotar as possibilidades do dito, nas palavras e nas ações.

Ter um filho no espectro autista não é fácil quando se vive em uma sociedade capacitista. Mas ter um pai filósofo também não é fácil; em nenhuma época. Corre por aí inclusive o boato de que todo filósofo é um pouco autista, na medida em que não vê mais os buracos do caminho, tal como na famosa anedota atribuída a Tales, não o Ninja da Floresta, mas o de Mileto. Junto com o primeiro pensador oficial da história já surgiu a pecha do filósofo como alguém que está em outro planeta, em uma concha ou torre, talvez, mas com certeza em um mundo alheio ao do cotidiano. Quero terminar defendendo que se há algo em comum entre a filosofia, especialmente a filosofia pop, e os autismos, é que ambos são perpassados por outros modos de lidar com a linguagem, nos obrigando continuamente a rever os critérios através dos quais avaliamos o mundo, os outros e nós mesmos.

Rio de Janeiro, primavera de 2021.

DO ÚLTIMO HOMEM À ÚLTIMA FLORESTA:

MANEIRAS DE TRANSVERTER O APOCALIPSE NA FILOSOFIA E NO CINEMA BRASILEIROS CONTEMPORÂNEOS [2021]

INTRODUÇÃO Em 2020, durante o auge da pandemia, vi uma matéria na internet sobre uma pesquisa realizada na Universidade de Chicago, cuja conclusão era: quem vê filmes apocalípticos lida melhor com a pandemia (Cf. https://www.tenhomaisdiscosqueamigos.com/2020/07/03/filmes-pos-apocalipticos-pandemia/). Eu, que sempre gostei de filmes sobre fins – seja na perspectiva dos indivíduos, seja na dos coletivos – me inspirei nos resultados dessa pesquisa para realizar um seminário na UNIRIO, ainda no modo remoto, com foco geral nas relações entre filosofia e cinema, mas com foco específico nas diferentes interpretações do fim do mundo nos séculos XX e XXI. O objetivo do curso era investigar em que medida as crenças tradicionais no apocalipse estavam sendo repetidas, invertidas ou reinventadas na filosofia e no cinema contemporâneos, com ênfase na produção conceitual e audiovisual brasileira recente. O que eu pretendo relatar aqui são alguns dos itinerários percorridos durante esse seminário. Em primeiro lugar, realizei uma pequena história filosófica e cinematográfica do apocalipse, tendo como fio condutor a ideia do "último homem na terra", da Bíblia a Derrida. Em uma segunda etapa, tentei sugerir alguns filmes brasileiros recentes, tais como *Sol alegria* (2018), de Tavinho e Mariah Teixeira, *Bacurau* (2019), de Kleber Mendonça, e *A última floresta* (2021), de Luiz Bolognesi, como propostas não só para adiar o fim do homem e do mundo, mas também para escapar das armadilhas metafísicas das

O presente ensaio é a versão revisada e ampliada de uma comunicação apresentada de forma remota no VI Congreso Internacional de Historia, Arte y Literatura en el Cine en Español y en Portugués – CIHALCEP, em junho de 2021, na Universidad de Salamanca/Espanha. A primeira versão foi publicada in: *RAMOS, M. M.* Mucho más que el cine: historia, literatura y arte en el cine en español y portugués. *(org.). Madrid: Editorial Dykinson, 2021, v. 1, pp. 530-542.*

escatologias tradicionais. Dentro desse contexto, procurei abordar as seguintes questões: qual é a versão clássica do apocalipse na nossa tradição? Como se caracterizam as tentativas de escapar do legado apocalíptico através de uma mera inversão? Seremos capazes de, através do cinema brasileiro, aliado à filosofia contemporânea, transverter os jogos apocalípticos?

PEQUENA HISTÓRIA DO APOCALIPSE Começo, então, com uma pequena história filosófica do apocalipse, que eu apresento de forma tripartida entre o clássico (1), o moderno (2) e o pós-metafísico (3). O que eu chamo de apocalipse clássico está obviamente dentro da tradição cristã, mas sabemos que existem diversas outras profecias sobre os fins dos tempos[1]. Nessa breve exposição irei me concentrar na herança advinda da recepção do Livro das Revelações, atribuído ao profeta João, que não apenas é o fim da coleção de livros que compõe o Novo Testamento, mas anuncia também, em linguagem hermética, o fim do mundo tal como o conhecemos. Algumas das principais características do apocalipse clássico, em poucas linhas, são as seguintes: 1) o mundo é misterioso e não pode ser compreendido apenas pela percepção humana; 2) Como tal, os humanos requerem revelação divina na forma de sonhos ou visões, que são mediadas por escolhidos, ou seja, videntes, e estes muitas vezes são interpretados como sendo também seres celestiais; 3) o mundo é fundamentalmente caracterizado por um dualismo metafísico entre os reinos divino e humano, do bem e do mal, dos justos e dos ímpios, dos anjos e demônios; 4) a história humana é delimitada por um julgamento final dos justos e dos perversos, onde ocorre tanto salvação como condenação; 5) há promessa de salvação para alguns poucos escolhidos.

---

1 Como sugestão de leitura a partir de outras matrizes culturais, proponho, entre outros, a leitura do livro de Maxine Lavon Montgomery intitulado *The Apocalypse in African-American Fiction* (1996); o livro de Motoko Tanaka, publicado em 2014 sob o título de *Apocalypse in Contemporary Japanese Science Fiction* e finalmente o ensaio de Eduardo Viveiros de Castro em parceria com Deborah Danowski intitulado *Há mundo por vir? Ensaio sobre os medos e os fins*, publicado em 2015.

O apocalipse clássico é o desfecho de uma longa luta entre o bem e o mal, é acompanhado da ideia de um julgamento final, que punirá os maus e poupará os bons, mas sua principal característica, do ponto de vista da filosofia pop, é que existe uma força externa e irresistível concentrada na ideia de um deus que tudo sabe, tudo pode e está em todo lugar. Deus decide tanto o começo como o fim do ser humano; não está em nosso poder a possibilidade de adiar, nem de evitar o fim dos tempos, somente talvez de ser perdoado, desde que recebida a graça divina do perdão[2].

Existem diversos filmes que, em maior ou menor grau, seguem o script da versão clássica do apocalipse. Entre estes podemos citar obras medíocres, tais como o filme *O Apocalipse* [*Left Behind*], de 2014, estrelado por Nicolas Cage, que mistura ficção científica com catequismo, onde a personagem mais sensata vem a ser a fanática religiosa, ex-esposa do personagem principal, que destila o clássico alerta da culpa e da punição iminente para os infiéis. Em outro extremo, podemos citar o filme *É o fim* [*This is the End*], dirigido por Seth Rogen em 2013. O filme mistura violência, bons efeitos especiais e um viés cômico ao abordar um aparente terremoto em Los Angeles que se revela como o dia do Juízo Final. Apesar da abordagem beirando às vezes o surreal, o filme dialoga de maneira surpreendentemente atenta com o material bíblico, algo incomum até na maioria das obras que se pretendem mais tradicionais. Outros filmes que se inspiram vagamente no cânone cristão são *O sétimo selo* (1957), de Ingmar Bergman; *O fim dos dias* (também conhecido como "Só Schwarzenegger salva"), de 1999, e até mesmo alguns episódios da série *Além da imaginação* [*The Twilight Zone*] (1985), dirigida por Wes Craven, ou, mais recentemente, a série *Amor, morte e robôs* (2019), realizada por Tim Miller.

---

2 Em geral, a memória coletiva referente ao apocalipse bíblico diz respeito às pragas, às catástrofes e ao sofrimento, mas há diversas passagens onde é prometida ao verdadeiros fiéis a vitória, a redenção e a salvação: "Ao vencedor darei a comer da árvore da vida, que está no paraíso de Deus" (João, 2019, 2:7); "O vencedor não será injustiçado pela segunda morte" (João, 2019, 2:11); "Ao vencedor lhe darei do maná escondido" (João, 2019, 2:17) etc.

▲ Filmes apocalípticos no modo clássico.

Se o apocalipse clássico é caracterizado por um poder supra-humano, aquilo que eu estou chamando aqui de versão moderna do apocalipse é, ao contrário, uma aposta no poder da humanidade de decidir seu próprio destino. Dentro desse esquema admitidamente provisório eu acredito que a versão moderna do apocalipse contamina e inspira a maior parte da produção cinematográfica do gênero nos séculos XX e XXI. Algumas das principais características do apocalipse moderno são: 1) a morte de Deus e a ascensão do sujeito; 2) ao invés de um fatalismo, ênfase no livre-arbítrio e nas consequências das más escolhas; 3) a crença de que o futuro depende das nossas decisões; 4) um crescente processo de laicização e secularização do discurso apocalíptico; 5) deus sai de cena, mas a ideia de culpa e punição continua, ainda que dessa vez de forma mais abrangente; 6) todos são vítimas em potencial, sejam bons ou maus; 7) a esperança passa a ser depositada no "último homem" a perambular na terra.

No modo moderno do apocalipse há um mundo sem deus, isso quer dizer, sem a ameaça de um julgamento dos bons e dos maus, mas persiste a ameaça de um fim definitivo para a humanidade, seja através de uma catástrofe advinda da natureza, seja como resultado da própria ação humana. Nos dois casos, tanto em desastre natural como no caso de um desequilíbrio ambiental provocado pela espécie humana, existe sim ao menos a esperança do ser humano resolver o problema. Não é garantido, mas, dependendo das suas ações, talvez os seres humanos consigam adiar, evitar ou sobreviver à hecatombe final. O que caracteriza o apocalipse moderno é precisamente uma crença no poder do sujeito humano de resistir. Começa uma tímida autocrítica do sujeito humano em relação à sua excessiva aposta na tecnologia, mas, ao mesmo tempo, persiste incólume a crença de que através de um uso diferenciado das próprias tecnologias conseguiremos resolver os problemas que nós mesmos criamos.

Diversos filmes se inspiram na lógica apocalíptica moderna, pois ela se adequa bem à mitologia contemporânea do heroísmo, tão bem explorada por Hollywood. O clássico do gênero é *Armageddon*, de 1998, que acompanha a saga dos humanos, liderados por Bruce

▲ Filmes apocalípticos no modo moderno.

Willis, enviados pela NASA para destruir um gigantesco asteroide em rota de colisão com a Terra. A Bíblia menciona no versículo 10 do capítulo 8 do Apocalipse a queda do céu de uma grande estrela, mas a morte que ela provoca é inevitável. Nos filmes que seguem a lógica moderna do apocalipse há sempre uma chance de salvação, seja em relação a catástrofes naturais, seja em relação a desastres nucleares e químicos decorrentes da própria ação humana. Basicamente o apocalipse moderno representa uma inversão do clássico, na medida em que promove um deslocamento de deus para o ser humano enquanto agente histórico. O ser humano tem algum campo de ação, agora ele tem escolhas, que poderão se mostrar certas ou erradas. Por outro lado, todo mundo é vítima em potencial, não importando mais se são bons ou maus. Nada mais importa, só o "nada" importa. A lógica moderna é amoral e niilista, pois funciona meramente como uma espécie de mecanicismo pragmático de ações e reações, de causas e efeitos, de gestos e consequências.

Um outro aspecto muito importante na modernidade é o surgimento da ideia do "último homem", alguém que vai sobreviver à catástrofe final e que terá o direito ou mesmo o dever de recomeçar a história do zero. O termo foi consagrado na novela distópica publicada em 1826 por Mary Shelley, mesma autora de *Frankenstein*, mas reaparece em diversas obras literárias e cinematográficas dos séculos XX e XXI – como, por exemplo, na novela *I Am Legend* (1954), de Richard Matheson, que inspirou diversos filmes e séries, na matriz zumbis x humanos, notadamente o filme *The Last Man on Earth* (1964), com Vincent Price, e sua readaptação para as telas de cinema em 2007, estrelada por Will Smith. O último homem segue suas próprias leis, luta obstinadamente pela sobrevivência, é um *homo faber*, alguém que age por conta própria. Vale ressaltar que o último homem não é uma alternativa para a imagem tradicional de humano enquanto animal que pensa, mas apenas sua derradeira manifestação. Provavelmente repetirá as mesmas apostas na racionalidade técnica que nos conduziu à catástrofe, por conta de um contínuo e estratégico desprezo pela natureza, pelo corpo e por seus afetos.

ABRINDO O JOGO DOS JOGOS APOCALÍPTICOS Finalmente, defendo a possibilidade de transverter o apocalipse através de uma concepção pós-metafísica. Obviamente essa é a parte da minha reflexão mais incipiente, mas o que eu vejo aí é a possibilidade de sair tanto da crença em uma força externa que já predeterminou o começo e fim, quanto da lógica que acredita que o ser humano é a potência máxima da natureza. Não se trata de afirmar a culpa infinita do ser humano, nem de defendê-lo a qualquer preço até o fim. Nem alarmismo, nem aceleracionismo. A ideia é sair dessas polaridades e apostar em outras formas de existência, naquilo que se convencionou chamar de pós-humano e que indica a possibilidade de hibridismo, seja entre gêneros, entre espécies ou entre os humanos e a tecnologia[3]. O que precisamos fazer no apocalipse pós-metafísico é um "apocalipse do apocalipse". A palavra apocalipse vem sendo usada na vida cotidiana como sinônimo de fim e de catástrofe, mas sabemos que ela indicava originariamente, em grego, o sentido de revelação[4]. Precisamos então revelar como são as manhas e os jogos dos discursos reveladores, que estão sempre anunciando o "fim" com "fins": econômicos, políticos, ideológicos, religiosos etc. Há sempre um certo alarmismo no apocalipse clássico ou moderno, com o objetivo de influenciar as ações das pessoas. A versão pós-metafísica do apocalipse desconstrói os fins do fim – ou seja, a exploração ideológica dos discursos apocalípticos – e propõe um fim para os fins, ou seja, interromper e modificar os seus jogos.

---

3 Dentro dessa proposta, ver respectivamente os trabalhos de Donna Haraway, tais como o *Manifest for Cyborgs* (1985) e o *Companion Species Manifesto* (2003); além dos mais recentes ensaios de Paul Preciado, mais notadamente o *Manifesto contrassexual* (2002) e *Testo junkie* (2013).

4 Derrida aponta para o uso cotidiano e até profano da palavra *apokalypsis:* "*Apokalyptô*, eu descubro, eu desvelo, eu revelo a coisa que pode ser uma parte do corpo, a cabeça ou os olhos, uma parte secreta, o sexo ou o que quer que seja escondido, um segredo, algo a dissimular, uma coisa que não se mostra nem se diz, que se significa, talvez, mas que não se pode ou não se deve à partida tomar evidente. *Apokekalymmenoi logoi*, são as intenções indecentes. Está em causa o segredo e os pudenda" (DERRIDA, 1997, p. 7).

A própria filosofia já apresentou maneiras de quebrar com os jogos apocalípticos, de interromper a exploração ideológica dos discursos que anunciam o fim da história, da humanidade, dos tempos. Uma delas é a ideia do "além do homem" [*Übermensch*] nietzschiano que se contrapõe à ideia do "último homem", lugar-comum dos discursos apocalípticos modernos. O termo *Übermensch* foi compreendido erroneamente como um "super-homem", um ser mais poderoso, aperfeiçoado, superior ao resto da espécie humana. Dentro dessa lógica o termo inspirou a eugenia nazista, o personagem do Super-Homem nos quadrinhos (cuja primeira aparição, em 1933, indicava um alienígena com pretensões vilanescas de dominação planetária) e, mais recentemente, o movimento do transumanismo, defendido por, entre outros, Max More e Stefan Lorenz Sorgner, que exalta as possibilidades de automelhoramento humano através da aliança com a tecnologia.

Nietzsche com certeza veria nessas ficções apenas manifestações tardias do velho sonho cartesiano de uma subjetividade plenamente independente da natureza, do corpo e de seus afetos. O "último homem", na visão nietzschiana, é o homem mais desprezível, é justamente este que insiste em um mero aperfeiçoamento técnico de sua força, de sua velocidade, de seu tempo de vida. É o esgotamento de um projeto sem futuro. O "além do homem", ao contrário, se realizará muito menos através da intensificação da velha humanidade, mas muito mais através de sua transversão, ou seja, pela travessia através do humano em busca de experimentações com outras formas de existência, mais vulneráveis e sensíveis, mais afetivas e imaginativas, enfim, mais parecidas com as crianças, os artistas e os animais do que com os guerreiros ou os titãs.

Outra ideia filosófica notável de transverter o apocalipse, a meu ver, é a noção derridiana de "hospitalidade incondicional", que pode ser vista como uma releitura ética e desconstrutiva dos discursos apocalípticos. Em uma famosa passagem do livro do Apocalipse, o dia do Juízo Final é anunciado como uma invasão ameaçadora: "Se não te mantiveres vigilante, virei como um ladrão, sem que saibas qual a hora [em que] virei encontrar contigo" (JOÃO, 2019, 3:3).

▲ Nietzsche vestido de Superman (imagem pública da internet).

▲ Print das duas primeiras páginas do conto "O reino do Super-Homem" [The Reign if the Superman], de Herry Siegel e Joe Shuster, 1933 (imagem pública da internet).

▲ Capa do livro O *último homem* [The Last Man] (1826), de Mary Shelley (imagem de divulgação).

Trata-se aí da forma e do conteúdo típico tanto dos apocalipses clássicos como dos modernos: alerta, defesa, perigo, fim. Mas existe uma outra passagem, menos famosa, em que a segunda volta divina é comparada a uma visita inesperada: "Eis que estou em pé, na porta, e bato. Se alguém ouvir a minha voz e abrir a porta, entrarei para junto dele e jantarei com ele, e ele comigo" (JOÃO, 2019, 3:20). Ora, é justamente essa imagem do visitante inesperado que alimenta a reviravolta interpretativa de Derrida rumo a um "apocalipse do apocalipse", ou, o que dá no mesmo, de um "messianismo sem messias". A meu ver, inauguram-se outros jogos de fim e de fins na tese derridiana da "hospitalidade incondicional":

> Aquele que chega absoluto é alguém que não deve ser somente um hóspede convidado, que estou preparado para acolher, que tenho a capacidade de acolher. É alguém cuja vinda inopinada, imprevisível, a *visitation* – e oporei aqui a visita ao convite – é tal irrupção que não esteja mesmo preparado a acolher. É preciso que eu não esteja nem mesmo preparado para acolher para que haja verdadeiramente hospitalidade, e que não esteja em condições não somente de prever, mas de predefinir esse que vem; de perguntar a ele, como se faz na fronteira: "Qual é seu nome? Sua cidadania? De onde você vem? O que você vem fazer aqui? Você vai trabalhar?". O hóspede absoluto é esse que chega para o qual não há nem mesmo horizonte de espera, esse que, como se diz, fura meu horizonte de espera ao passo que não estou preparado nem mesmo para receber aquele que vou receber. É isso a hospitalidade. A hospitalidade não consiste simplesmente em receber o que se é capaz de receber. (DERRIDA, 2001, p. 241)

Esse hóspede inesperado que chega sem avisar, que exige de nós a capacidade de acolher, mesmo quando não temos condição, mesmo quando não estamos preparados para isso, não é mais o Messias, mas simplesmente o Outro. A hospitalidade incondicional de Derrida pode ser vista como uma transversão pós-metafisica do saber apocalíptico, ou seja, a capacidade de acolher não apenas meu irmão, meu amigo, meu vizinho, mas também o migrante, o refugiado, o sem documento, o "alien-da-lei", mesmo que não estejamos preparados para isso.

Pode ser que a noção derridiana de "hospitalidade incondicional" soe utópica e inaplicável, mas ela cumpre a função de reorganizar os jogos apocalípticos de modo diferente de como vinham sendo praticados até então. Eu considero que existem alguns filmes que parecem se movimentar em uma atmosfera transapocalíptica, pois não estão seguindo nem o modelo clássico de uma força exterior divina atuando em um combate entre bem e mal, nem o modelo amoral moderno, como se tudo dependesse do ser humano fazer as decisões corretas, conseguindo através da tecnologia resolver os problemas que a própria tecnologia causou. Nesses filmes não há deus, mas também não há mais voluntarismo niilista e tecnicista. Parece-me, ao contrário, que propõem, cada um a seu modo, um certo redespertar não moral, mas ético, enquanto um certo cuidado de si, dos outros e do mundo à sua volta[5].

Como dispositivos fílmicos transapocalípticos eu gostaria de sugerir *A estrada* (2009), adaptação do livro homônimo de Cormac McCarthy, e também a obra-prima de Lars von Trier intitulada *Melancolia* (2011). O filme *A estrada* é ambientado em um cenário sombrio, que parece ter sido inspirado em uma passagem específica do Apocalipse que descreve a ausência de luminosidade no período que antecede o Juízo Final (ver JOÃO, 2018, 8:12). Pai e filho, assim mesmo, sem nomes próprios, sobreviventes de uma hecatombe que nunca é explicada, precisam constantemente rever seus valores,

5 É Deleuze, a partir de uma leitura da obra de Espinosa, quem vai mais acentuadamente insistir na distinção. Não se trata mais daquela distinção escolar entre ação (moral) e reflexão sobre a ação (ética). Moral (do latim *mores*= hábitos e costumes) nomeia toda e qualquer compreensão do agir baseada em alguma dimensão transcendente e prévia: deus, consciência, razão, etc. Ética (do grego *ethos* = modos de habitar o mundo), ao contrário, fala sempre a partir de imanência: corpo, afetos e experimentações. Ética é sempre éticas, no plural, senão é moral. Assim como a filosofia contemporânea convencionou falar de "jogos da linguagem", podemos falar também de "jogos éticos», pois a moral não joga, só cobra.

▲ Filmes apocalípticos no modo pós-metafísico.

pois o desejo de sobreviver entra em choque com as velhas determinações do que é ser bom ou mau. "Não há deus e somos seus profetas" diz paradoxalmente o único personagem nomeado, o velho Eli. No final, parece que há uma aposta na confiança recíproca entre alguns dos sobreviventes, sem que nenhuma garantia transcendental ou legal possa ser oferecida do sucesso dessa nova comunidade. Já o filme de Lars von Trier, embora se passe na maior parte do tempo em um cenário majestosamente colorido, acaba por propor, assim como em *A estrada*, uma redescoberta ética do Outro, centrada na personagem de Justine (o nome indica alguém que não julga, mas que age com justiça), vivida por Kirsten Dunst. Ambos os filmes são manifestos anti-humanistas, na medida em que expõem a falência, tanto da crença na religião, como na ciência. Ambos os filmes têm em comum não estarem contaminados por pessimismo, pois apresentam alternativas ao niilismo tecnicista europeu, na medida em que inspiram a aceitação da alteridade que há no mundo e da finitude em cada um de nós.

MANEIRAS DE TRANSVERTER O APOCALIPSE NO CINEMA BRASILEIRO CONTEMPORÂNEO O meio audiovisual brasileiro tem diversas produções, especialmente para a TV, que seguem o modelo clássico ou moderno do apocalipse. Mas, mais recentemente, fomos presenteados com pelo menos três filmes que parecem sugerir outras direções. A produção que obteve mais sucesso de público e de prêmios é *Bacurau* (2019), de Kleber Mendonça Filho e Juliano Dornelles. O filme começa indicando sinais de que uma pequena cidade do sertão talvez esteja passando por uma situação apocalíptica (desaparecimento do mapa, estranhos objetos voadores, mortes inexplicadas) e termina apresentando uma fábula de um coletivo que se organiza contra as classes dominantes e os estrangeiros colonizadores. Embora o diretor tenha afirmado em diversas entrevistas que escreveu o roteiro cerca de dez anos antes da época em que foi realizado, o filme acabou sendo recebido como uma análise da conjuntura nacional desde 2018. *Bacurau*, que mistura humor, violência e revolta contra o poder, lembrando bastante os estilos de Glauber e Tarantino, acabou servindo de um dispositivo catártico para as plateias brasileiras em 2019, acuadas e impotentes diante dos impasses da situação política no país. De qualquer maneira, trata-se de um filme não apenas sobre a presente onda de conservadorismo no Brasil e no mundo, mas sobre qualquer situação de opressão, e que claramente sai em defesa de outros futuros através da utopia de uma comunidade solidária, progressista e insubmissa.

Outro filme, muito menos conhecido, que reinventa os jogos apocalípticos é *Sol alegria* (2018), de Tavinho e Mariah Teixeira. Ao contrário de *Bacurau*, o filme dialoga diretamente com a situação brasileira dos últimos anos, mas o faz de forma não tão óbvia ou didática. O filme descreve um país dominado por grupos religiosos corruptos; todos estão contaminados por uma expectativa ansiosa do fim iminente da humanidade. Em contraste, uma família alternativa e libertária promove não apenas atentados políticos, mas também atentados contra os bons costumes da burguesia. A meu ver, uma das forças desse filme está em fazer gambiarras cinematográficas – especialmente a partir do chroma-key – que transformam a limitação de recursos em intensa riqueza imagética. O filme se destaca também por fazer uma defesa de uma vida não dominada pela técnica, mas em parceria com a música, o teatro e a performance. O clima do filme é dionisíaco, uma ode à embriaguez autoconsciente, uma defesa estratégica da alegria – mesmo quando não há razões – como forma de resistência ao apocalipse.

Por fim quero mencionar rapidamente o filme mais importante dos aqui mencionados, o recém-realizado documentário *A última floresta* (2021), de Luiz Bolognesi, coescrito pelo xamã e pensador de matriz ameríndia Davi Kopenawa Yanomami, autor do livro *A queda do céu* (2015). O filme tem como personagem principal a própria floresta, tendo como pano de fundo as tentativas de tradução de sua voz para homens brancos, incapazes de ouvi-la. Ao contrário dos apocalipses clássicos e modernos, onde o ser humano é definitivamente condenado ou incondicionalmente defendido, o filme promove um deslocamento pós-humano para esse conceito novo de "floresta", como uma outra ontologia, na qual não somos mais o

▲ Pôster do filme *Bacurau* (2019).

▲ Pôster do filme *Sol alegria* (2018).

▲ Imagem de divulgação do filme *A última floresta.*

centro da criação divina ou da natureza enquanto meio ambiente, mas sim satélites de um ser vivo que ainda nos é desconhecido: "A floresta está viva. Só vai morrer se os brancos insistirem em destruí-la. Se conseguirem, os rios vão desaparecer debaixo da terra, o chão vai se desfazer, as árvores vão murchar e as pedras vão rachar no calor" (KOPENAWA, 2015, p. 5).

A obra de Kopenawa causa estranhamento, pois nela aparece uma voz diferente, que não estamos acostumados a ouvir, a voz da própria floresta. Mas o filme é também inspirado no trabalho de Ailton Krenak, autor do livro *Ideias para adiar o fim do mundo* (2019), que eu descreveria carinhosamente como um pensador pop-filosófico-ameríndio, na medida em que mistura elementos da vida urbana com sabedorias ancestrais. Ambos, Kopenawa e Krenak, têm em comum a ideia de que não devemos temer tanto o fim da humanidade, tal como a conhecemos. O medo do fim do mundo se origina provavelmente no medo que a gente tem de perder nossa relação expropriativa da natureza. Talvez nosso tempo tenha se esgotado mesmo e seja preciso que os humanos passem, para que outras formas de existência, mais afinadas com a floresta, possam aparecer. Precisamos, como diz Krenak, reinventar as quedas:

> Por que nos causa desconforto a sensação de estar caindo? A gente não fez outra coisa nos últimos tempos senão despencar. Cair, cair, cair. Então por que estamos grilados agora com a queda? Vamos aproveitar toda a nossa capacidade crítica e criativa para construir paraquedas coloridos. Vamos pensar no espaço não como um lugar confinado, mas como o cosmos onde a gente pode despencar em paraquedas coloridos. (KRENAK, 2019, p. 12)

A ontologia tradicional, clássica ou moderna, do apocalipse sataniza não só a queda, mas o peso, a gravidade, a matéria, o corpo e seus afetos, seus desejos, sua nudez, seus pelos, suas rugas, suas olheiras. Paraquedas coloridos não interrompem a queda, mas talvez consigam transformar o cair em uma espécie de bailar.

▲ Capa do livro *A queda do céu* (2015), de Davi Kopenawa e Bruce Albert (imagem de divulgação).

▲ Capa do livro *Ideias para adiar o fim do mundo* (2019), de Ailton Krenak (imagem de divulgação).

CONCLUSÃO OUTROS FINS DO MUNDO SÃO POSSÍVEIS O filósofo pop de origem eslovena Slavoj Zizek disse em 2011, para o grupo que realizava a ocupação de Wall Street, que é mais fácil imaginar o fim do mundo que o fim do capitalismo, por isso os filmes apocalípticos estão tão na moda[6]. Quero acreditar que o cinema brasileiro contemporâneo, aliado à filosofia pós-metafísica e ao perspectivismo de matriz ameríndia, pode sugerir que outros fins são possíveis, para além do apocalipse clássico ou moderno.

Rio de Janeiro, primavera de 2021.

---

6 Ver: https://www.cartamaior.com.br/?/Editoria/Pelo-Mundo/Zizek-o-casamento-entre-democracia-e-capitalismo-acabou/6/17832. Acesso em 01/09/2021.

IMPRESSÕES POP-FILOSÓFICAS DE ROBERTO MACHADO [2022]

PRAIA, SOL E FILOSOFIA É um prazer estar nessa mesa compartilhando minhas memórias e aprendizagens a partir da convivência com o saudoso mestre Roberto Machado. Meu intuito é produzir um dispositivo de *Gedenken*, um termo em alemão que quer dizer literalmente recordar, homenagear e comemorar, mas que também está relacionado semanticamente com os verbos *danken* [agradecer] *e denken* [pensar]. Espero que esse testemunho pessoal, guiado pela memória, pela imaginação e pelos afetos, possa servir para levantar mais e melhores questionamentos, preparando caminhos que ainda estão por vir.

Parabenizo os colegas Rafael Haddock-Lobo e Susane de Castro pela bela e importante iniciativa. Como preâmbulo, ressalto que não me considero integrante do círculo mais íntimo de amigos do Roberto, mas ainda assim tive a honra e o prazer de vivenciar alguns momentos de rara intensidade, momentos relevantes para meu próprio itinerário, que gostaria de compartilhar com vocês hoje. O meu primeiro contato foi na segunda metade dos anos 80, como aluno dos cursos do Roberto sobre Deleuze. É importante enfatizar que ele destoava bastante dos seus colegas do IFCS. A frase: "É preciso reproduzir o padrão dos 'centros de excelência europeus'" era repetida nos corredores como um mantra religioso. Naquela época, por exemplo, aparecer na segunda-feira com a tez bronzeada era um sinal de preguiça intelectual, acreditava-se que praia e universidade eram incompatíveis. Existia até mesmo a teoria geodeterminista de que a filosofia nunca iria progredir no Brasil por causa do

O texto a seguir é uma transcrição, ligeiramente corrigida e aperfeiçoada, da minha participação no evento online "Filosofia a golpes de machado", realizado no dia 14/02/2022. Disponível em: https://www.youtube.com/watch?v=8qxoGpMavRw&t=2582s. Acesso em 10/09/2022.

clima tropical, afinal, "é impossível pensar com tanto sol e calor". Me lembro que circulava entre os alunos a dica de uma marca específica de filtro solar, fator 80, que permitiria você ir todos os dias à praia e continuar aparecendo no IFCS com a aparência de um rato de biblioteca.

Tudo se passava como se os conceitos exigissem de nós aridez e branquitude, o que por sua vez talvez explicasse uma certa palidez da própria filosofia no Brasil de então. Não há palavras para descrever o impacto que Roberto causava ao aparecer na aula completamente bronzeado, assumindo nos corredores, nas aulas e até nas palestras seu amor pelo sol e pelo mar. Havia uma dimensão performativa nesse simples gesto de não esconder as marcas do clima e do território na própria pele. O escândalo era ainda maior porque ao contrário do que poderia se imaginar, suas aulas e textos eram de um preciosismo inatacável, mesmo girando em torno de nomes poucos sérios para a filosofia de então, tais como Nietzsche e Deleuze.

O segundo momento de encontro já foi como colega, cerca de dez anos depois, quando voltei do doutorado na Alemanha, na segunda metade dos anos 90, e passei cerca de três anos como bolsista recém-doutor do CNPq no IFCS. Tive então a oportunidade de participar de grupos de estudos na casa dele no Jardim Botânico, do futebol filosófico no posto 9, em Ipanema, além de desfrutar de sua gaia sabedoria em diversos eventos sobre Nietzsche, no Rio, em Ouro Preto/MG e em Fortaleza/CE.

Me lembro então de pelo menos dois grandes pontos de convergência em nossas conversas. O primeiro ponto foi uma observação muito sagaz da parte dele, a de que embora o ofício da escrita fosse predominantemente solitário, era possível fazer novos amigos através dos livros e textos que a gente escrevia. Escrever pode abrir caminho para outros e melhores acontecimentos, dizia ele, não exatamente com essas palavras. Muitas vezes, na solidão silenciosa das madrugadas do Rio de Janeiro, nos hiatos entre leituras e escritas, os ecos dessa conversa retornavam aos meus ouvidos, na voz e sotaque inconfundíveis do Roberto, como uma espécie de assombração benigna e inspiradora.

Em segundo lugar, havia uma questão em comum. Diversas vezes ele me segredou uma angústia, que também era minha: a busca de outras formas de expressão em filosofia. Roberto costumava falar da tensão entre uma abordagem que ele chamava de monográfica, geralmente em torno de autores e bastante rica em detalhes, *versus* uma aproximação mais ampla e temática, que renunciava um pouco ao rigor acadêmico em prol de um aumento da potência do pensamento. Ele mesmo se sentia no meio de um cabo de força nessa tensão. Minha impressão às vezes era a de que Roberto Machado, assim como alguns outros importantes intelectuais no Brasil, levava uma espécie de vida dupla. Suas aulas eram muito dinâmicas, mesclando densidade e experimentação, articulando a leitura cuidadosa das principais obras da filosofia com materiais oriundos da cultura pop, tais como filmes, obras literárias e musicais. Se as aulas eram precisas e bem-humoradas, seus textos, ao contrário, não reproduziam essa leveza. Eram nitidamente obras de um especialista, claros, densos, mas também rígidos e formais. Havia uma "ruptura" entre os registros orais e textuais, um pouco como se fossem duas dimensões irreconciliáveis.

Parece-me que Roberto Machado conseguiu descobrir um jeito de não apenas assumir, mas também de suportar a tensão entre o rigor e experimentação na sua última obra publicada em vida, o extraordinário *Impressões de Foucault* (2017). Não se trata aí de uma mera reconciliação dialética, onde os polos contrários são controlados sob o jugo da síntese, mas muito mais de uma mistura bem-humorada de conceitos e anedotas, de filosofia e literatura, de questões universais, locais e pessoais. Roberto conseguiu finalmente nesse livro encontrar uma forma de expressão que traduzisse o clima rigoroso, mas informal, que já vigorava em seus cursos. Seu falecimento em 2021 provavelmente interrompeu um fluxo de outras e melhores experiências nesse mesmo rumo.

MARTELO, DIAPASÃO E MACHADO Antes de apresentar minhas impressões acerca dos possíveis aspectos pop-filosóficos da obra de Roberto Machado, gostaria de elogiar mais uma vez a comissão organizadora dessa série de homenagens, pois considero que o título "Filosofia a golpes de machado" não é apenas um trocadilho feliz, mas um dispositivo para inspirar nossas reflexões. Obviamente essa formulação é uma adaptação criativa do subtítulo da famosa obra de Nietzsche *Crepúsculo dos ídolos – ou como filosofar com o martelo* (1888). Uma das características da abordagem pop-filosófica é o de levar a sério não apenas os conceitos, mas também as imagens e as metáforas que sempre os acompanham, por isso gostaria de falar um pouco sobre as semelhanças e as diferenças entre o martelo e o machado.

Por causa da fama do subtítulo do *Crepúsculo dos ídolos* (e de outras frases muitas vezes retiradas de contexto, tais como "Eu sou dinamite", "eu escrevo com sangue", "deus está morto") o nome de Nietzsche ficou associado exclusivamente à figura de um iconoclasta, o destruidor das verdades metafísicas, enfim, o *enfant terrible* da filosofia.

Nos memes das redes sociais o martelo de Nietzsche é representado como o martelo de Thor. Esse lado leonino, o contestador dos deuses, também é enfatizado no famoso esquete do Monty Python, *Futebol dos filósofos* (1972), quando Nietzsche é exposto como o único jogador a receber um cartão amarelo do árbitro Confúcio. Na geografia da filosofia ele parece representar uma ilha vulcânica que atrai somente o interesse de turistas em busca de emoções fortes. Os organizadores dos eventos Assim Falou Nietzsche, na UNIRIO, tinham uma piada interna que dizia que os congressos em torno de seu pensamento não atraíam apenas o público acadêmico, mas também uma torcida, cuja animação beirava o fanatismo. Um dos méritos dos cursos e textos de Roberto Machado consiste justamente em ter contribuído para o progressivo resgate da dimensão densa e complexa de seu pensamento, para além das meras apropriações da indústria cultural, de um lado, e dos seus detratores, do outro lado, em geral oriundos das filosofias mais tecnicistas, que não o consideravam suficientemente sério e sistemático.

Homenageando, agradecendo e repetindo Roberto Machado, gostaria de propor uma rápida releitura da passagem que inspirou a relação do pensamento de Nietzsche com o martelo, pois

▲ Esboço de Jesse Prinz para a HQ *Philosophy of Punk*, 2014: (http://phil-arts.com/images.html).

acredito que há aí algumas nuances que acabaram passando um pouco despercebidas:

> Também este escrito é uma *grande declaração de guerra*; e no que concerne à ausculta [*Aushorchen*] dos ídolos, é importante ressaltar que os que estão em jogo, os que são aqui tocados com o martelo como com um diapasão [*Stimmgabel*], não são os ídolos em voga, mas os eternos; em última análise, não há de forma alguma ídolos mais antigos, mais convencidos, mais insuflados... Também não há de forma alguma ídolos mais ocos... (NIETZSCHE, 2012, p. 5)

É curioso como a imagem do martelo, enquanto instrumento de demolição, se sobrepôs à imagem do diapasão, que é um instrumento de precisão. Nietzsche diz que se trata sim de uma guerra contra os ídolos eternos, mas sua estratégia é a de auscultá-los para desvelar o quanto são ocos. O diapasão é um martelo que vibra e serve para sondar superfícies aparentemente sólidas em busca de lacunas e fissuras. É um objeto técnico ligado às nuances, é um maximizador da sensibilidade, não da agressividade. Em alemão *Stimmgabel* quer dizer literalmente "forquilha sonora" ou "garfo vocal", serve para afinar instrumentos na música e ainda para realizar diagnósticos, tendo sido muito usado na medicina anterior ao advento das tecnoimagens. A sensibilidade para nuances que o diapasão evoca tem sido infelizmente anestesiada em função das formas contemporâneas de niilismo, nas suas dimensões estéticas, políticas e digitais.

Já o machado é um instrumento ambíguo, é uma espécie de martelo aperfeiçoado, conjugando força e precisão. Costuma ser usado como arma, como instrumento para derrubar árvores, mas também para abrir caminhos nas selvas densas. A princípio é uma feliz coincidência que o estilo profundo e cortante de Roberto faça jus ao seu próprio nome. Fiquei curioso para saber se Nietzsche também usou a imagem de um machado e descobri pelo menos uma passagem, em *Humano, demasiadamente humano* (1878), onde ele fala de uma filosofia a golpes de machado:

shown, fulfils admirably these requirements. Carbolic acid does not combine with ammonia, nor decompose sulphuretted hydrogen. This is surely of importance in a sanitary sense, when it is remembered that almost to these properties alone are due the marked disinfecting powers of sulphurous acid, nitrous acid, permanganate of potassium, bisulphite of lime, protosulphate of iron, chloride of zinc, chloride of aluminium, chlorine, bromine, iodine, &c. Carbolic acid seems to act as an antiseptic solely by coagulating albumen. It does not preserve by absorbing and retaining moisture, like chloride of sodium, alcohol, &c., as, practically, it has no affinity for water. Chromic acid is the reverse.

In Dr. A. E. Sansom's book, page 28,* the following passage occurs:—"It has been shown, however, that carbolic acid has the faculty of coagulating albumen. Is it on account of this faculty that it prevents fermentation and putrefaction? On this point a comparative experiment throws some light. Let a solution of the albumen of egg be precipitated, in one case by heat or by an ordinary chemical reagent, and in the other by a solution of carbolic acid, and let the resultant precipitate be kept a considerable time in contact with the air. It will be observed that whereas in the one case the albumen will become decomposed in the ordinary manner, that precipitated by the carbolic acid entirely resists putrefactive change. It is therefore obvious that carbolic acid has an action over and above its action as a mere precipitant of albumen." The fact is here ignored that in general chemical precipitates of albumen are soluble in water, specially carbolico-albuminoid precipitates; and as the latter cannot exist without the presence of carbolic acid, the difference between the "carbolic" and "heat" precipitates is simply that the one contains an antiseptic, while the other does not. As regards the other precipitates, the alleged results only show that carbolic acid is a more powerful antiseptic than any of the ordinary chemical reagents referred to. Furthermore, it may be urged that carbolic acid is volatile, whereas chromic acid is fixed; therefore the former can arrest putrefaction by coagulating floating particles of organic débris. But in a series of experiments by Dr. R. A. Smith,† "to determine the efficiency of strong gases and volatile substances in preventing putrefaction," it is shown that pieces of fresh meat suspended in bottles containing chlorine, bromine, iodine, hydrochloric acid, ammonia, protoxide of nitrogen, nitrous acid, and sulphurous acid, were fresh at the end of twenty-eight days; while a piece suspended in a bottle containing heavy oil of tar, and a piece in a bottle containing M'Dougall's powder, of which the chief ingredient is crude carbolic acid, grew slimy and putrid in seven days. I have also made the following experiment:—A piece of

ON THE APPLICATION OF THE DIAPASON TO CLINICAL AUSCULTATION.

By W. HANDSEL GRIFFITHS, Ph.D., L.R.C.P. & S. Ed.,
ASSISTANT-LIBRARIAN TO THE ROYAL COLLEGE OF SURGEONS, IRELAND.

An extensive study of the science of acoustics with reference to clinical auscultation leads me to suggest, as a valuable adjunct to physical diagnosis, a modified form of the ordinary diapason, or "tuning-fork."

It is a well-known fact that the intensity of sound evolved, or the degree of resonance elicited, by a vibrating diapason, varies with the nature of the substance or surface on which it rests. I have been lately engaged in an experimental inquiry with a view to define the value of this principle as applied to clinical auscultation, and have been much gratified by the result. The form of diapason which I have hitherto used is intelligibly figured in the annexed cut. B B are

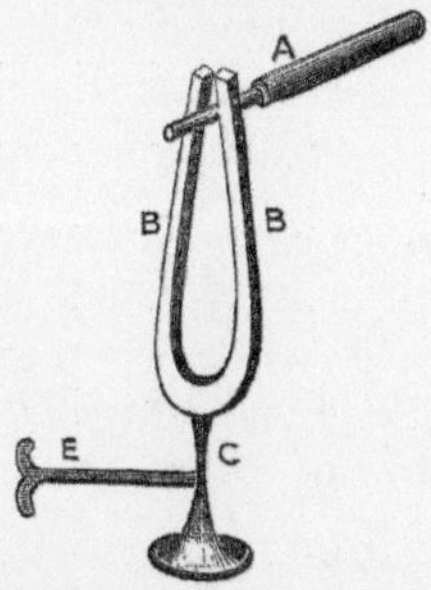

the "prongs," which, on being suddenly separated by the "sounder," A, vibrate, and so evolve sound; C is the "connector" by which the sound is communicated to the small bell-like "dome" (similar in general size and shape to the small end of the stethoscope); and E is the handle by which the instrument is held in apposition with the surface of the organ or part under examination.

Now, although the variable resonance afforded by this instrument on application to different regions of the body

▲ Ilustração retirada de um artigo publicado em 1871 sobre a aplicação clínica do diapasão (GRIFFITHS, 1871, p. 848).

> Qual a principal tese a que chegou um dos mais frios e ousados pensadores, o autor do livro *Sobre a origem dos sentimentos morais*, graças às suas cortantes e penetrantes análises da conduta humana? "O homem moral – diz ele – "não está mais próximo do mundo inteligível (metafísico) que o homem físico". Esta proposição, temperada e afiada sob os golpes do martelo do conhecimento histórico, talvez possa um dia, em algum futuro, *servir como o machado* [meu grifo, CF] que cortará pela raiz a "necessidade metafísica" do homem – se para a benção ou para a maldição do bem-estar geral, quem saberia dizê-lo? Mas, em todo o caso, como uma tese das mais graves consequências, simultaneamente fecunda e horrenda, e olhando para o mundo com aquela dupla face que possuem todos os grandes conhecimentos. (NIETZSCHE, 2005, §37)

Nietzsche está falando do livro do seu amigo Paul Rée (1849-1901) publicado em 1877[1]. O machado aparece como uma evolução do martelo, mais penetrante e mais preciso. O machado "corta pela raiz" aquilo que o martelo apenas derruba. Mas o mais interessante, a meu ver, é sua ênfase no caráter de dupla face do machado, um instrumento que pode ser tanto uma benção como uma maldição.

A dupla face evoca ambiguidade e paradoxo. É interessante observar que justamente por materializar a potência dessa ambiguidade os machados foram também usados como objetos ritualísticos na cultura clássica e há até mesmo a teoria de que a palavra labirinto teria sua origem no termo "labrys", que quer dizer um machado duplo, reforçando ainda mais seu caráter paradoxal. O labirinto seria uma casa de machados duplos, um território onde os caminhos se bifurcam. Em termos afro-americanos, o labirinto é um lugar de múltiplas encruzilhadas. Os labirintos nos obrigam a escolher se vamos tentar fugir das ambiguidades procurando qual é o caminho certo ou se vamos suportar as ambiguidades das encruzilhadas e habitá-las enquanto lugares de riqueza e potência. Parece-me que Roberto Machado vinha tendendo cada vez mais a

---

1 Há uma bela tradução publicada no Brasil: RÉE, P. *A origem dos sentimentos morais*. Trad. André Itaparica e Clademir Araldi. São Paulo: Unifesp, 2018.

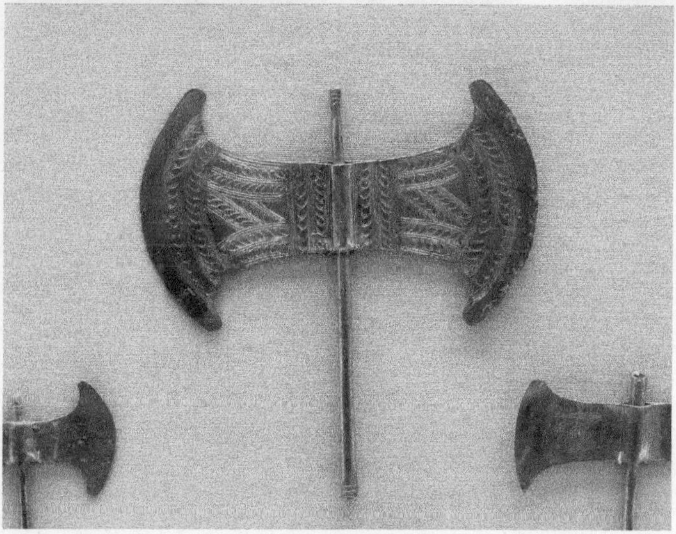

▲ Imagem pública da internet.

▲ Machados duplos da era minoica, Museu Arqueológico de Herakleion, foto de Wolfgang Sauber (2009).

fazer jus ao seu próprio nome e adotar a dupla face do machado como estilo de pensar.

CAINDO PARA CIMA Uma marca importante na minha convivência com Roberto Machado é que eu o convidei para fazer a orelha do meu livro *Explicando a filosofia com arte*, publicado em 2004, detentor do prêmio Jabuti de 2005 na categoria de paradidáticos. O livro é uma espécie de introdução a filosofia em modo "pop", ou seja, conjugando temas da história da filosofia com materiais das artes e da cultura de massa, em uma linguagem simples, mas rigorosa. Por causa dessa ambiguidade entre rigor e informalidade, minha ideia era convidar tanto um representante da academia, aberto a experiências estilísticas, como um representante da cultura pop, que tivesse contato e interesse pela filosofia. Roberto prontamente aceitou e considero seu texto de apresentação um dos presentes mais importantes que recebi nas minhas errâncias pela filosofia. O curioso é que eu consegui entrar também em contato com um famoso cantor e compositor de rock dos anos 80 e 90, defensor da pirataria cultural e que frequentava os grupos de Deleuze do Claudio Ulpiano. Ele leu o manuscrito e se comprometeu a fazer uma breve apresentação, algo que, entretanto, nunca se realizou. No final só saiu o texto do Roberto Machado e hoje, olhando em retrospectiva, considero que tive uma sorte dupla, no melhor estilo de "nem sempre o que se quer é o melhor" ou de "cair para cima", pois o roqueiro posteriormente deu uma guinada para um conservadorismo tanto político como estético, ao passo que Roberto Machado, que já reunia ele próprio essa tensão entre conteúdo e forma, foi se tornando, a meu ver, cada vez mais "pop".

Ao reler o texto do Roberto, considero hoje que a descrição também contempla, guardadas as diferenças estilísticas, sua própria trajetória. A filosofia pop, tal como eu compreendo, é justamente o esforço de realizar um pensamento que não se encastela; que é rigoroso, mas é compreensível; que articula a tradição histórica com a situação geográfica atual; que não esconde a dimensão existencial-política dos pensadores; que conjuga corpos e *corpus* da filosofia; enfim, que faz parceria tanto com as ciências como com as artes. O assinalando sua presença na arquitetura, na escultura, na pintura, na música, na literatura, no cinema através de comentários pertinentes e sugestivos. *Explicando a Filosofia com Arte* desvia-se, assim, da complexidade do texto filosófico tradicional em prol de uma abordagem mais livre e mais leve da riqueza de idéias que a filosofia nos oferece.

Roberto Machado

Doutor em filosofia pela Universidade de Louvain, Bélgica, é professor do Instituto de Filosofia e Ciências Sociais da Universidade Federal do Rio de Janeiro.

▲ Orelha do livro *Explicando a filosofia com arte* (2004), de Charles Feitosa.

 ▲ Capas dos livros de Roberto Machado (imagens de divulgação).

que eu quero expor aqui é a minha impressão de que a última obra de Roberto Machado conjura e concentra aspectos pop-filosóficos, que sempre estiveram presentes no seu itinerário, mas que foram praticados de forma estanque até então: o autor austero e o professor *performer*. Roberto Machado se tornou no derradeiro livro o que ele sempre terá sido: um pensador pop.

Talvez precisemos de uma chave de leitura para os escritos de Roberto Machado, desde o primeiro livro lançado (*Danação da norma*) até o último a ter sido lançado em vida (*Impressões de Michel Foucault*), de forma similar ao modo como ele lia os textos da tradição: não como uma evolução ou progresso, mas como experimentos plurais, com diferentes intensidades.

IMPRESSÕES POP-FILOSÓFICAS DE ROBERTO MACHADO Quais são os aspectos pop-filosóficos que me impressionam na obra de Roberto Machado? Ao contrário da ideologia uspiana que dominou o cenário de ensino universitário brasileiro desde os anos 60, Roberto acreditava que a história da filosofia, por mais importante que fosse, sempre estava a serviço da filosofia ela mesma. Em Roberto Machado a crença institucional na suposta prioridade da história da filosofia em detrimento do pensamento foi continuamente colocada em xeque. Outra característica sempre notável dos itinerários de Roberto Machado, que também é cara à filosofia pop, é a abertura e disponibilidade para a pesquisa transdisciplinar. Por "transdisciplinar" entenda-se que Roberto não apenas falava "sobre" ciência e arte, mas convivia e se deixava contaminar por essas outras áreas do conhecimento. Quem quer que tenha participado dos eventos Nietzsche na UFOP, na UFC ou na UNIRIO, se lembra que ele não apenas fazia conferências, mas promovia leituras dramatizadas de obras literárias e teatrais. O lado performativo do Roberto sempre esteve presente, embora ainda separado do lado teórico. Parece-me que no seu último livro essas duas características se mostram de forma simultânea. Como já reiterei anteriormente, não como uma síntese integradora, mas muito mais como um ziguezague lúdico.

Acho fantástico que Roberto tenha nomeado seu livro com o termo "impressões", pois na academia essa expressão tem um caráter predominantemente pejorativo. Fala-se de um texto demasiado impressionista quando o estudante faz afirmações extremamente subjetivas, meras "minhidades" (em alemão *Meinungen* = opiniões, relativo ao que é *mein* = meu), ou seja, ideias próprias, mas sem respaldo teórico, técnico ou histórico. Provavelmente Roberto Machado estava pensando na noção deleuziana de *impression* a partir de Francis Bacon e David Hume, ou seja, fora da tradicional oposição entre sujeito e objeto. Impressões também evocam marcas. Para mim, o termo remete às marcas que os encontros e os desencontros deixam em nossos corpos, e isso vale tanto para livros quanto para mestres ou amigos.

Impressões de Michel Foucault, de Roberto Machado, é uma apresentação introdutória da vida e pensamento de seu mestre e amigo Michel Foucault, conjugado com uma descrição do contexto histórico do Brasil a partir dos anos 60, além de uma reflexão sobre o que significa fazer filosofia em termos políticos e existenciais, acrescido de um forte componente autobiográfico – tudo isso temperado com histórias muito bem-humoradas.

O caráter confessional do seu texto aparece nitidamente, por exemplo, em passagens em que revela as críticas que ouviu por ter supostamente uma relação de mero reprodutor das ideias do filósofo francês, papel que ele recusa veementemente:

> Enquanto, parados, presenciávamos o encontro de dois gigante, um dos participantes dos seminários de Foucault que eu ainda não conhecia virou-se para mim, e disse: "Então é você o apóstolo no Brasil?!" Tomei um susto, pois jamais havia pensado nisso. Detectando a ironia presente na frase, procurei munição em minha formação cristã e revidei o sarcasmo de modo meio desajeitado: "Sou um simples discípulo. Apóstolos são os que vivem em torno do mestre!". (MACHADO, 2017, p. 104)

Para Roberto Machado o pensamento de Foucault, assim como o de qualquer outro autor clássico da filosofia, não deveria ser tomado como a resolução definitiva de quaisquer questões. Ao invés de absolutizar os mestres, seu projeto era "tomar distância e ousar expor suas próprias reflexões" (ibid., p. 52). Outra história admirável é o momento em que ele recebe de um amigo uma cópia datilografada do futuro livro de Deleuze sobre Foucault, mas na hora de devolver, acaba devolvendo uma fotocópia que tinha feito, sem autorização, do manuscrito inédito. Esse ato involuntário de pirataria pré-digital por pouco não acaba em tragicomédia:

> Acontece que na hora de conversar com ele sobre o texto e devolvê-lo, guardei inadvertidamente o original e lhe entreguei a cópia. Quando descobri, fiquei sem saer o que fazer, pois Daniel não tinha me autorizado a copiá-lo. Pensei até em entrar em seu apartamento pelo terraço e trocar o meu exemplar pelo dele, que estava na sala, como vi pelas portas de vidro. Mas uma amiga brasileira a quem contei a história me dissuadiu. Felizmente, antes de conversar com Deleuze, Daniel se deu conta do que havia acontecido, e me procurou sorrindo: "Não posso devolver a Deleuze uma fotocópia do seu próprio texto!" (MACHADO, 2017, p. 181)

Em outro momento incrível ele narra a sugestão de Foucault, ao perceber seu amor pelo sol e pelo mar, de realizar uma arqueologia filosófica da praia:

> Saímos da entrevista e fomos à praia. Michel gostava da praia. [...] Uma vez, andando por Ipanema, eu lhe explicava como a praia era ocupada por diversas "tribos", cada uma com um lugar certo na areia – os gays, os psicanalistas, os atletas, os artistas e os descolados, os filhinhos de papai etc. –, e ele me disse com sua ironia jocosa: "Você deveria escrever uma arqueologia da praia!" Embora jamais a tenha escrito, pois no fundo aquilo era uma brincadeira, conversa de praia, confesso minha vontade. As praias do Rio, na época – e ainda hoje – davam uma boa ideia dessa grande cidade balneária. (MACHADO, 2017, pp. 219-220)

Roberto Machado tomou a sugestão de Foucault como mero chiste, mas posso imaginar que talvez reconsiderasse a sugestão, dados os rumos do seu pensamento nos últimos anos. Teria sido uma grande contribuição para o pensamento brasileiro, e considero que precisamos não apenas de uma arqueologia filosófica da praia, mas também das ruas, das periferias, da roça, da floresta etc.

Recorro a essa pequena seleção de trechos emblemáticos do livro *Impressões de Foucault* apenas para enfatizar a característica pop-filosófica mais importante, a meu ver, desse livro: a realocação das histórias e anedotas pessoais para a vizinhança das teorias e dos conceitos. Já houve uma época em que era comum falar tanto da vida como das obras dos pensadores, misturando suas ideias com relatos de testemunhas que tiveram oportunidade de conviver com eles. A referência mais famosa é o livro de Diôgenes Laêrtios, intitulado *Vidas e doutrinas dos filósofos ilustres*, que remonta ao século III d. C. Trata-se até hoje de um dos principais documentos de acesso à filosofia clássica. Muito do que sabemos sobre Epicuro, por exemplo, deve-se às cartas que Diôgenes reproduz em seu livro. Muito do que sabemos sobre a vida desses filósofos antigos vem também das anedotas que ele conta. Há muitas controvérsias sobre a confiabilidade tanto dos conceitos, quanto das histórias em sua narrativa. Infelizmente o desenvolvimento da historiografia oficial da filosofia, em parte por culpa das *Lições sobre história da filosofia*, de Hegel, se encaminhou por um contínuo desprezo pelas anedotas, verídicas ou não, e uma atenção exclusiva para o conteúdo do pensamento de cada autor.

Se, por um lado, a vida não explica a obra, por outro, parece muito reducionista tentar compreender o pensamento de um autor sem levar em conta seu contexto social, político e biográfico. Foi Nietzsche, um grande estudioso da obra de Diôgenes Laêrtios, quem apontou como sendo mais um sintoma da má interpretação do corpo na filosofia essa tendência de desprivilegiar totalmente as anedotas. Com isso ficam emudecidos os afetos, as escolhas, os gestos cotidianos, enfim, a dimensão performativa que atravessa, quer queira ou não, a história do pensamento humano. Não se trata, portanto, apenas de um exercício de estilo ensaístico, mas de pensamento tropical, corporificado, atravessado por intensidades múltiplas, ou, como eu insisto em nomear: *pop'philosophie*. O livro de Roberto Machado coloca em rotação as forças que sempre animaram o seu itinerário, resgatando ao mesmo tempo aspectos que sempre estiveram presentes na história tradicional da filosofia, mas que foram ignorados ou deliberadamente esquecidos[2].

LUTO, SAUDADES E ALEGRIA Talvez tenha ecoado em Roberto Machado, durante a feitura do seu livro, a sugestão de Michel Foucault da tarefa urgente de reconciliar retórica e filosofia, ou seja, "retorizar a filosofia" (MACHADO, 2017, p. 31). Roberto Machado descreve ainda em diferentes momentos do seu livro algumas conversas que gostaria de continuar tendo com Foucault, como por exemplo a partir daquela observação crítica acerca de um suposto dualismo intrínseco ao pensamento de Deleuze e Bergson (Cf. id., p. 169), mas que se tornaram impossíveis com seu falecimento. Pensando na falta que Roberto Machado faz também, sinto vontade às vezes de poder retomar algumas conversas; fico curioso, por exemplo, em ouvir mais da sua própria posição em relação à obra de Derrida, cuja polêmica com Foucault é mencionada rapidamente nas páginas 191 e 192, mas infelizmente sem maiores aprofundamentos. Ou ainda perguntar a Roberto se não acharia que a ideia foucaultiana de filosofia como um "tipo de jornalismo radical" (ibid., p. 117) não poderia também ser vista como um aspecto pop de sua obra, na medida em que sua estratégia previa colocar em ação um tipo de pensar capaz de conjugar o universal e o aqui, assim como a história e o agora.

---

2 Quando comecei, vinte anos atrás, a perseguir, inspirado por Deleuze, um projeto de filosofia pop, tinha a impressão de que era algo inédito. Hoje defendo a tese contrária, a de que a tradição clássica sempre apresentou alguns aspectos "pop", na medida em que com frequência ocorreram experimentações estilísticas (diálogos, poemas, autobiografias, máximas, aforismos, cartas, tratados etc). Na maioria das vezes esses exercícios de estilo eram em prol de uma melhor compreensão por parte do leitor. Além disso, sempre existiram esforços dos pensadores em estabelecer conexões com questões locais e políticas de suas épocas; diversas vezes, em maior ou menor grau, o humor foi agenciado pelos pensadores para tornar ainda mais efetivo o seu pensamento. É a filosofia acadêmica profissional que elegeu apenas um estilo, o da ABNT, como o único rigoroso e sistemático, mas para mim as raízes da filosofia pop são clássicas.

Constata-se após a leitura que o livro de Roberto Machado sobre Foucault nada mais é do que o belo resultado de um árduo trabalho de luto. Na última frase da última página ele narra como tudo começou ao receber do amigo Chaim Katz a notícia da morte de Foucault, em 1984:

> Assim, quando Chaim me comunicou a morte de Michel Foucault e ficamos mudos ao telefone, perplexos diante da notícia inesperada, muitas dessas impressões, como no instante da morte, me passaram pela cabeça. E resolvi expressá-las não como explicação ou homenagem, mas por saudade – essa vontade de eternizar a beleza das coisas que passam. (MACHADO, 2017, p. 234)

Também não é meu intuito aqui explicar a obra de Roberto Machado através das minhas impressões pop-filosóficas, mas apenas expressar as saudades de nossas conversas e reafirmar a alegria por saber que sua voz vai continuar repercutindo de forma inspiradora até o final da minha própria vida e de tantos outros à nossa volta.

Rio de Janeiro, inverno de 2022.

EDUCAÇÃO NA ERA DIGITAL:
POR QUE LER OS CLÁSSICOS? [2022]

ENTRE A FILOSOFIA E A PEDAGOGIA POP O projeto inicial de uma filosofia pop está se abrindo gradualmente para perspectivas mais abrangentes, rumo ao projeto de um programa de *pedagogia pop*. Acredito que seja possível inventar outros e melhores caminhos de compartilhamentos dos saberes a partir de qualquer área do conhecimento, seja das humanidades, das artes, das ciências naturais, médicas ou exatas. Um desses outros modos poderia ser justamente o estilo *pop*, quer dizer, com leveza e humor, sem perder a densidade e o rigor inerentes aos conteúdos, sempre em parceria com os saberes populares e cotidianos, sempre em sintonia com os materiais oriundos das artes e da cultura de massa brasileira contemporânea.

O projeto de *pedagogia pop* poderia ser visto como uma resposta à provocação desse grafite, gravado em uma fachada bem em frente ao estádio do Maracanã, próximo à UERJ. Provavelmente foi feito antes do fatídico 7x1 contra a Alemanha na Copa de 2014, em uma época que a principal notoriedade do Brasil era justamente ser "bom de bola", e a da Alemanha, a de ser apenas a "terra dos filósofos e poetas". Por anos passei por esse muro na volta para casa, e só mais recentemente vim a saber que se trata aí da livre adaptação de um verso da música "Brazuca" (1999), do artista brasileiro Gabriel O Pensador. Eu sempre via esse grafite como uma crítica contundente aos estabelecimentos de ensino em geral. O subtexto é o seguinte: "Se a gente aprendesse futebol na escola, a gente não seria bom de bola. A gente é bom no futebol porque aprende na rua". Tudo se passa como se existisse uma desconexão entre a rua e a escola, entre a vida e o ensino. Tudo se passa como se a escola tivesse o superpoder de transformar conhecimentos fundamentais para a existência em materiais áridos e ineficazes. Esse é, inclusive, um dos argumentos para a implementação no novo currículo do ensino médio, ao incluir disciplinas de apelo imediatista, parecendo ter sido retiradas de algum manual de *coach*, tais como "educação financeira" ou "projeto de vida". Ao invés de substituir filosofia e sociologia por receitas simplificadoras de empreendedorismo, uma das motivações da *pedagogia pop* é, bem ao contrário, resgatar os liames, talvez escondidos, mas não inexistentes, entre as tradições científicas, artísticas e culturais da nossa história e as situações cotidianas típicas do Brasil no século XXI.

A ESCOLA COMO LUGAR DE TRAUMA A escola ocupa na nossa memória oficial um espaço afetivo nostálgico, geralmente conectado aos começos de nossos itinerários profissionais e existenciais. Mas ela é também um lugar de disciplina, de competição e muitas vezes de autoritarismo. Isso vale principalmente para os estudantes atípicos e/ou neurodivergentes. Em um diálogo do filme *Shrek Terceiro* (Dir. Chris Miller, 2017) – o melhor da série, por sinal – a dimensão incômoda da escola é maravilhosamente encenada justamente quando o personagem principal, à procura do jovem rei Arthur, possível sucessor do trono do Reino Tão, Tão Distante, adentra um edifício medieval desconhecido. Os adolescentes gritam aterrorizados ao vê-lo, e o Burro Falante pergunta atônito que tipo de lugar era aquele. Shrek então retruca: "Eu não sei, mas meu estômago dói e as palmas das minhas mãos estão suando. Isso aqui com certeza é uma escola de ensino médio" [*Well, my stomach aches and my palms just got sweaty. Must be a high school*]. O simpático ogro expressa de forma precisa a memória dolorosa de pouco acolhimento para quem quer que tenha sofrido bullying, seja por causa da aparência, do sotaque, da raça, da classe social, do gênero, enfim, de qualquer aspecto que constitua diversidade em relação ao paradigma do aluno normal.

Na verdade, mesmo os alunos típicos sofrem de estresse com o ambiente opressivo da grande maioria das escolas, sejam elas tradicionais ou progressistas, religiosas ou laicas, privadas ou públicas. Recentemente, ao me preparar para um debate na TV Escola, me deparei com a pesquisa do professor estadunidense em fundamentos da educação Andrew Grunzke. No seu livro, intitulado *Educational Institutions in Horror Film: A History of Mad Professors, Student Bodies, and Final Exams* (2015) [Instituições de ensino em filmes de terror: uma história de professores loucos, corpos dos alunos e provas finais], ele chama a atenção para a triste constatação de que cerca de 80 a 90% dos filmes de terror a partir dos anos 70 nos EUA tinham como seu cenário principal algum estabelecimento de ensino: "Os filmes já não retratavam as escolas como locais de segurança. Em vez disso, os filmes se concentraram em criar a imagem da escola como o *locus* do terror" (GRUNZKE, 2015, p. 11). O filme *Carrie, a estranha* (1976), de Brian de Palma, é paradigmático nesse sentido, ao mostrar justamente uma estudante de ensino médio que só consegue se defender do constante assédio dos colegas recorrendo a forças sobrenaturais. A pesquisa de Grunzke indica que não é fortuita a relação entre os filmes de horror e as escolas. Para além de todas as idealizações, há a face muitas vezes assustadora das nossas instituições de ensino, e não estou me referindo aos episódios isolados, embora cada vez mais frequentes, de massacres e tiroteios. Nas escolas nem sempre se promove civilidade, mas sim estresse, ansiedade, violência física e psicológica; enfim, revelam-se frequentemente como lugares de trauma para a maioria dos corpos daqueles que estão na delicada e vulnerável fase de transição da infância para a vida adulta. Por isso mesmo elas precisam ser constantemente reinventadas, e não abandonadas pelas políticas públicas de educação.

A IMPORTÂNCIA DE COMPARTILHAR O *MAKING OF* DOS CONHECIMENTOS Talvez uma das formas de explicar o crescente negacionismo científico da nossa era digital venha justamente de uma reação desesperada ao modo autoritário como muitas vezes o conhecimento científico é apresentado em sala de aula. Aprendemos que a terra é redonda e que gira ao redor do Sol, mas raramente nos é apresentada essa "verdade" como resultado de uma longa saga de experiências, cálculos e teorias divergentes. Como diria Hegel, a enunciação de uma verdade sem a história de sua construção soa apenas como uma arbitrariedade. Falta muitas vezes, com raras e honrosas exceções, no ensino de ciências nas escolas o compartilhamento do *making of* do conhecimento científico. Talvez por isso pareça que o discurso do cientista não apenas deve, mas pode ser facilmente refutado. Basta olhar para a janela e fazer a experiência visual, supostamente indubitável, da platitude do terreno. Autoridade por autoridade, preferimos acreditar nos nossos próprios olhos do que em meros retransmissores de informações.

Uma *pedagogia pop* deveria compartilhar não somente os resultados da busca humana de conhecimentos, mas seus processos e percursos formativos. Nesse contexto, uma das tarefas mais urgentes consiste justamente em desmontar e revelar os critérios seletivos que levaram à consolidação dos autores, livros e problemas tidos como canônicos não só na filosofia, mas nas ciências e nas artes em geral; enfim, enfrentar a questão dos clássicos. Afinal, o que é um clássico? Como se forma um cânone?

LITERATURA X YOUTUBE Estamos passando por um aceleramento dos processos de transformação das práticas de ensino. Novas tecnologias modificam o ambiente da sala de aula, alteram a relação entre professores e alunos, não só na própria sala, mas em relação ao mundo como um todo. O processo de digitalização das relações humanas traz vantagens e desvantagens. De um lado, há uma democratização do acesso às informações, antes restritas a determinados grupos privilegiados. Por outro lado, há o risco de uma redução do processo de aprendizagem (e da existência em geral) a um sistema controlado por algoritmos. Com o surgimento das novas mídias digitais, o recurso aos vídeos e às imagens estão rivalizando com os textos e os livros na capacidade de atrair a atenção das pessoas, principalmente das gerações mais jovens.

A ascensão do digital parece privilegiar a imagem em movimento em detrimento dos textos estáticos. O youtuber Felipe Neto causou polêmica em janeiro de 2021 ao questionar a leitura obrigatória de clássicos de Machado de Assis por crianças e adolescentes em idade escolar: "Álvares de Azevedo e Machado de Assis NÃO SÃO PARA ADOLESCENTES! E forçar isso gera jovens que acham literatura um saco"[1].

---

1 Alguns depoimentos de apoio ou de repúdio ao *tweet* de Felipe Neto podem ser lidos na

▲ Montagem com rostos de Machado de Assis e Felipe Neto (imagem pública da internet).

Obviamente eu reconheço o estatuto clássico de Machado de Assis e sempre vou recomendar a leitura da sua obra, mas também gosto dos vídeos do Felipe Neto, especialmente aqueles em torno da saga Minecraft, dos quais meus filhos, assim como os tantos outros filhos nesse país, são fãs assíduos. Muita gente ficou irritada com a petulância do famoso youtuber, mas penso que há aí algumas questões importantes para serem pensadas. As novas gerações cresceram cercadas de telas, ao passo que a maioria dos atuais professores ainda foi formada no antigo modo analógico. Nota-se uma crescente dificuldade em manter o foco nas aulas, a ponto de alguns colegas docentes passarem a proibir totalmente o uso dos celulares em suas salas, tentando criar um ambiente imune ao oceano de informações. Eu acredito, ao contrário, que ao invés de um regime forçado de gerenciamento das atenções, talvez seja mais proveitoso didaticamente buscar outras e melhores parcerias entre o analógico e o digital do que aquelas as quais nos vêm sendo impostas pelas redes sociais.

O QUE É UM CLÁSSICO? Confesso também que fui obrigado a ler *Dom Casmurro* de Machado de Assis na escola pública, e não entendi, à época, a relevância da discussão interminável sobre a suposta traição de Capitu. Só passei a me interessar pelo Bruxo do Cosme Velho quando descobri *Memórias póstumas de Brás Cubas* (1881). Embora Machado de Assis destoe do *mainstream*, na medida em que é um autor negro em ambiente predominantemente branco, ele faz parte indiscutivelmente do cânone, não apenas das letras nacionais, mas também mundiais. Cabe aqui perguntar: Vamos continuar insistindo em ler apenas *Dom Casmurro* nas escolas e ignorar *Memórias póstumas*, ou ainda seus contos, crônicas e peças de teatro? Vamos continuar lendo somente Machado de Assis, José de Alencar, Álvares de Azevedo, para citar alguns clássicos da literatura brasileira, e

---

seguinte matéria do Diário do Nordeste: https://diariodonordeste.verdesmares.com.br/verso/polemica-com-felipe-neto-acende-questao-machado-de-assis-e-ou-nao-e-para-adolescentes-entenda-1.3038145. Acesso em 16/06/2022.

nada mais? Vamos continuar somente "lendo" os clássicos? Quais os desafios dos educadores em relação ao ensino dos clássicos com o advento da era digital?

O termo "clássico" aponta para algum tipo de superioridade, algo que excede não apenas as comparações, mas a própria passagem do tempo. Etimologicamente, refere-se à classe no sentido social, cidadãos de estirpe elevada, em contraste com a plebe, o povo, a ralé. Há aqui nitidamente uma ideia de hierarquia; diz-se também de algo ou alguém que tem "classe", enfim, que se destaca da multidão. O clássico é o contrário do *pop*. Por extensão, o clássico está ligado diretamente aos outros sentidos do termo "classe", quer dizer, a reunião de estudantes em torno da aula, da lição, da oficina. Textos clássicos são, portanto, não apenas os melhores, mas constituem o currículo basilar da escola. Indicam excelência e ao mesmo tempo demarcam os territórios específicos de cada área do conhecimento.

Entre os muitos textos acerca da importância de se ler e se ensinar os clássicos, destaco aqui pelo menos dois livros que podem nos ajudar a pensar o lugar dos clássicos nas escolas: o ensaio de 1981 do filósofo italiano Ítalo Calvino, intitulado *Por que ler os clássicos*, e o livro publicado em 2002 pela escritora brasileira Ana Maria Machado, *Como e por que ler os clássicos universais desde cedo*. Ambos tentam descrever as características que constituem os textos mais importantes do cânone e ambos dão diferentes sugestões de como lidar com eles em situação de ensino e aprendizagem.

Calvino começa seu texto com algumas tentativas de definição. É interessante observar que ele cita vários exemplos de autores que também nós, habitantes do Brasil do século XXI, ainda reconhecemos como clássicos, tais como Heródoto, Balzac ou Dickens, mas também menciona alguns nomes que já não estamos mais acostumados a lembrar, tais como Buffon, Ruysch ou Saint-Simon. Isso já é uma pista um pouco óbvia de que o conceito de clássico não é universal, nem supra-histórico. Há aí sempre uma certa fluidez em relação a qual precisamos ficar atentos.

Calvino faz descrições vagas, com a melhor das intenções, como se houvesse uma qualidade intrínseca aos textos canônicos: "Os clássicos são aqueles livros dos quais, em geral, se ouve dizer: 'Estou relendo...' e nunca 'estou lendo...'" (CALVINO, 2007, p. 9), ou ainda "Um clássico é um livro que nunca terminou de dizer aquilo que tinha para dizer" (p. 11). Embora nem sempre o fato de se reler um livro garanta sua qualidade, a mensagem de Calvino é contundente: às vezes é mais rico reler bons livros (ou rever bons filmes) do que ler cada vez mais livros (ou ver mais filmes), somente em nome da novidade ou da quantidade. Bons livros deixam em nós o desejo da releitura, oferecendo sempre e a cada vez novas descobertas e experiências.

É interessante observar que Calvino, ele mesmo de certa maneira já um autor clássico, ele mesmo um grande defensor dos clássicos, observa que estes demandam certa maturidade dos leitores para serem apreciados plenamente. De alguma maneira Calvino está afinado com o Felipe Neto, ainda que indiretamente, ao afirmar que as leituras da juventude podem ser formativas fornecendo modelos e paradigmas de valores, mas, por outro lado, também podem ser "pouco profícuas pela impaciência, distração, inexperiência das instruções para o uso, inexperiência da vida (CALVINO, p. 10). Como diria Kant, o gosto estético precisa ser aperfeiçoado, a leitura precoce de um clássico pode não apenas não ser prazerosa, como também traumática.

Paradoxalmente, apesar de reconhecer as dificuldades nas primeiras leituras dos clássicos na juventude, Calvino critica enfaticamente todo e qualquer esforço de professores em recorrer à literatura secundária, com o propósito de introduzir, adaptar, contextualizar, enfim, facilitar seu acesso: "A escola e a universidade deveriam servir para fazer entender que nenhum livro que fala de outro livro diz mais sobre o livro em questão" (ibid., p. 12). A pedagogia prescrita por Calvino defende acesso à leitura direta dos clássicos, sem mediações, seja na forma de comentários ou interpretações. De fato, às vezes a literatura secundária acena como um mero substituto da leitura. Existe inclusive um mercado crescente de resumos, resenhas e introduções que prometem uma compreensão rápida das obras e dos autores. Na filosofia é notória a série de sucesso *Filosofia em 90 Minutos*. Na internet, diversos aplicativos oferecem sinopses de todo e qualquer livro para aqueles que precisam, mas não podem ou não querem ler por conta própria. Sem dúvida há aí algo perigosamente alienante, mas será que toda forma de facilitação se resume a uma precária substituição do original por uma cópia imperfeita? Não seria possível recorrer pedagogicamente a dispositivos que, ao contrário, fomentem o gosto à leitura? Essa é justamente a proposta da *pedagogia pop*, ou seja, ao relacionar Kant e os Simpsons, ou zoologia com personagens de desenhos animados[2], pretende-se fazer com que estudantes em geral não apenas percam o medo, mas despertem em si o desejo de conhecer melhor os conhecimentos tradicionais da filosofia e das ciências, construindo suas próprias relações com a vida cotidiana contemporânea.

Mais ou menos nessa direção segue o argumento da escritora Ana Maria Machado no seu livro *Como e por que ler os clássicos universais desde cedo*. Ao contrário de Calvino e da maioria dos defensores ferrenhos do cânone, a autora dá especial ênfase ao "como". Evitando a perspectiva tanto dos "apocalípticos" como dos "integrados", conforme a famosa nomenclatura de Umberto Eco[3], ela reconhece que a leitura dos clássicos não perdeu sentido, mas constata que hoje o mundo é diferente e que o ensino deve ser outro. Ana Maria Machado concorda com Calvino que a idade e a maturidade do leitor devem ser levadas em conta para evitar contatos forçados e dolorosos com os autores clássicos. Mas, ao contrário de Calvino, a autora brasileira defende o uso de recursos de facilitação por parte do professor, especialmente os covers, remixes e simulacros: "O primeiro contato com um clássico, na infância e na adolescência,

---

2 Sobre o projeto pop-pedagógico de "zoologia cultural" realizado na UNIRIO, ver a matéria: https://meusbichos.com.br/em-destaque/zoologia-cultural-e-pop-prof-o-elidiomar-ribeiro-da-silva-da-unirio-desvenda-os-misterios-da-ciencia-dedicada-ao-estudo-dos-animais/unirio.

3 Apocalípticos tem uma visão aristocrática da história e veem a cultura de massa como um sinal de decadência, ao passo que os integrados celebram de forma otimista a chegada das novas formas de comunicação em massa como a solução de todos os problemas pedagógicos (ver o prefácio do livro de Umberto Eco, *Apocalípticos e integrados* [1967], 1970, pp. 7-32).

não precisa ser *com o original.* O ideal mesmo é uma adaptação bem-feita e atraente" (p. 15, grifo meu). O conceito de "adaptação", muito usado para descrever transportes da literatura para o cinema, evoca de modo mais abrangente a tradução do denso e complexo em leve e acessível, mas de forma mais específica, de textos em imagens. Mas existe um outro forte sentido para o termo, mais comum na biologia, que indica uma estratégia de sobrevivência na luta entre as espécies. Eu me inspiro em Ana Maria Machado para afirmar que *adaptar* é uma tarefa fundamental da *pedagogia pop.* Misturar os clássicos com a vida cotidiana e a cultura pop, na forma de HQs,- videogames ou *lives* do YouTube, não são uma ameaça, mas uma forma de dar sobrevida aos clássicos, com a potência de reativar o desejo de conhecê-los melhor.

A LEI DO CÂNONE Ana Maria Machado sabe que o uso dos autores canônicos pode às vezes ser uma forma velada de repressão pedagógica contra toda e qualquer forma de inovação. Citando o também clássico Oscar Wilde, ela nos lembra "que aqueles que se acham donos da literatura muitas vezes empregam os clássicos como o guarda usa seu cassetete" (p. 14). Isso se dá porque o próprio processo de formação do cânone é atravessado por violência e repressão.

No Brasil, o professor e divulgador da literatura brasileira Roberto Reis (1949-1995) escreveu um artigo em 1992 sobre o modo violento como se dá o processo de canonização de obras na literatura e, por extensão, em todas as áreas do conhecimento. Em primeiro lugar, o autor nos lembra a velha lição nietzschiana de que nossa linguagem já carrega em si uma forma de violência contra o real, na medida em que simplifica, reduz e unifica a variedade intrínseca às coisas: "Ao dizer 'folha' abarco numa única palavra um imenso espectro de *realia* que mantêm entre si enormes e inúmeras diferenças em termos de aparência, cor, espessura, peso, idade, tamanho, textura, etc." (REIS, 1992, p. 2). Em certa medida é um impasse, pois se a linguagem promove uma falsa, porque estável, imagem do real, por outro lado só há "real" na medida em que nos deixamos atravessar pela sua violência organizatória e instituidora de sentidos.

Em segundo lugar, Roberto Reis, parodiando mais uma vez Nietzsche, nos relembra de que não existe um "em si" do texto esperando para ser descoberto ou revelado. Não existem "fatos literários", ou seja, qualidades intrínsecas, mas sim leituras e interpretações, enfim, relações de entrecruzamento de sentidos: "Um texto literário [...] não é uma presença, mas um espaço vazio, cuja semantização está para ser produzida pela praxis historicamente determinada do leitor. É o ato de leitura que faz com que o espaço vazio se transforme em uma obra literária, produzida depois de ter sido transformada em algo dotado de um significado pela apropriação por um leitor" (REIS, p. 3). Isso não quer dizer que "tudo vale" ou, o que é pior, de que "tudo se equivale", mas que o gosto literário está perpassado estruturalmente de aspectos históricos, sociais e, principalmente, por interesses de "classe" (de onde se compreende o cânone como repositório de "clássicos").

Por fim, Roberto Reis enfatiza em seu artigo que o conceito de cânone (do grego *kanon*, régua, medida; por extensão, norma ou lei) "implica um princípio de seleção (e exclusão) e, assim, não pode se desvincular da questão do poder: obviamente, os que selecionam (e excluem) estão investidos da autoridade para fazê-lo e o farão de acordo com os seus interesses (isto é: de sua classe, de sua cultura, etc)" (REIS, p. 4). Do modo como vem sendo defendido dos supostos ataques dos youtubers, o cânone parece ser um conjunto de obras de valor indiscutível, como se emanasse diretamente da pena dos deuses. De fato, a Bíblia é o exemplo mais nítido dessa tensão, pois embora os livros que a compõem tenham sido (e ainda são) objeto de problematizações teológicas, esta é tida pelos seguidores da fé cristã como um modelo perene, acabado e inviolável.

Ora, se é verdade que existem vários livros sagrados que compõem o cânone oficial, nenhum livro se torna sagrado somente por fazer parte do rol de clássicos. Longe de serem monumentos intocáveis, as obras que compõem o cânone dito ocidental foram selecionadas em detrimento de autores oriundos das culturas periféricas, das minorias étnicas, do gênero feminino, enfim, de todos os segmentos que destoam do patriarcado branco, hetero, europeu, cristão e elitista. Felizmente as ponderações críticas de Roberto Reis estão ecoando cada vez mais e pode-se constatar um lento, mas progressivo questionamento do uso pedagógico do cânone como instrumento de dominação cultural. Aos poucos observa-se uma ainda tímida, mas persistente ampliação dos autores e obras nos currículos escolares, surgindo então opções de autores jovens, femininos, transgêneros, ou ainda de matriz afro, ameríndia, oriental etc.[4] Essa tendência é notada também na área do ensino de filosofia, pois diferentemente da minha própria época de estudante, é cada vez mais comum que Preciado, Krenak ou Fanon sejam lidos com tanta ou até mais curiosidade do que Platão, Descartes ou Kant.

A ampliação do cânone é uma tarefa para o futuro. Nesse sentido, a fala de Felipe Neto tem sua importância. Contudo, a questão do cânone e dos clássicos que a compõem tem um matiz ainda mais sutil. Estou de acordo com Roberto Reis que, no final do seu artigo, enfatiza que a ampliação é necessária, mas é paliativa:

> Não é suficiente repensá-lo ou revisá-lo, lendo outros e novos textos, não canônicos e não canonizados, substituindo os "maiores" pelos "menores", os escritores pelas escritoras, e assim por diante. Tampouco basta – ainda que isto seja extremamente necessário – dilatar o cânon e nele incorporar outras formações discursivas, como a telenovela, o cinema, o cordel, a propaganda, a música popular, os livros didáticos ou infantis, a ficção científica, buscando uma maior representatividade dos discursos culturais. O que é problemático, em síntese, é a própria existência de um cânon, de uma canonização que reduplica as relações injustas que compartimentam a sociedade (REIS, p. 8).

A ampliação do cânone, seja na literatura, seja na filosofia, é uma correção meramente de conteúdo. É necessário também propor outras formas de lidar com esse material. Roberto Reis propõe "outros paradigmas de leitura", capazes de continuamente expor as relações

---

4 Sobre a situação brasileira atual em relação ao tema, ver o importante livro de Renato Nogueira, *O ensino de filosofia e a lei 10639*. Rio de Janeiro: Pallas, 2015.

de poder que mobilizam todos os textos. Estou em plena afinidade com essa afirmação, mas o que eu quero sugerir como breve conclusão desse ensaio é a ideia de que, do ponto de vista da filosofia e da pedagogia pop, não basta ampliar autores e obras, não basta promover outras e melhores formas de leitura; será importante também colocar em xeque não apenas o caráter sagrado dos textos, mas do próprio gesto de ler. Um dos caminhos possíveis seria resgatar a dimensão da oralidade, tão caro às culturas ancestrais. Mas minha proposta predileta é a de colocar o visual e todos os sistemas que giram em torno dele no jogo da pedagogia, da literatura e da filosofia, não apenas como ilustração, mas como experiências que nos guiem através da imaginação pela aventura do conhecimento.

UMA PEQUENA HISTÓRIA DAS RELAÇÕES ENTRE TEXTO E IMAGEM Quais as alternativas que os educadores dispõem em relação ao uso dos textos clássicos no século XXI? Uma resposta possível seria escolher persistir no acervo de autores consagrados, como uma forma de resistência à lenta extinção do ato de leitura. Outra opção seria abandonar a tradição em prol do atual. Obviamente meu projeto de uma *pedagogia pop* envolve uma terceira via, a possibilidade de inventar parcerias com o novo, ao mesmo tempo preservando os clássicos e reinventando continuamente o cânone. É preciso contextualizar esses dilemas com uma breve história das tensões entre textos e imagens na nossa cultura.

Sabemos todos da importância do gesto de ler, uma ação que não visa primordialmente modificar as coisas do mundo, mas sim o modo de pensar e de sentir daquele mesmo que o pratica. Mas, ao contrário da opinião ainda recorrente, o gesto de ler textos não é o único, nem necessariamente o melhor modo de compreender a realidade. Segundo a teoria do filósofo radicado brasileiro Vilém Flusser (1920-1991) existe na história da civilização uma tensão entre ler e ver. Flusser já estava preocupado com o advento das mídias digitais muito antes da sua hegemonização no século XXI, e apresentou um pequeno esquema de deciframento dessa história nos seus textos sobre teoria de comunicação (ainda sem edição brasileira):

▲ Imagem escaneada de trecho do livro *Kommunikologie* (1998), de Vilém Flusser, p. 214.

A primeira imagem apresenta os elementos de forma simultânea. O texto é uma decomposição desses elementos em formato linear. Olhamos para cena e escrevemos: Em um dia de sol João e Maria saíram para passear com o cachorro. Obviamente há outras maneiras de traduzir a cena, pois uma das vantagens das imagens, mas também desvantagem, é sua incontrolável polissemia. Os textos propõem uma ordem espaço-temporal no caos. O problema é que os textos também são polissêmicos, mesmo no seu aspecto de encadeamento de causas e efeitos. Ler e ver não são o mesmo gesto, embora historicamente um tenha sido convocado para apoiar o outro e ainda mais – embora ora um, ora outro, tenham sido preferidos ou preteridos.

A questão da suposta oposição entre literatura e YouTube ou, ainda, entre clássicos *versus* adaptações precisa, a meu ver, ser brevemente contextualizada a partir desse esquema sugerido pelo filósofo. Basicamente o que Flusser defende é que o ser humano inventou as imagens para entender melhor o mundo. Produzir imagens, no modo clássico, é fazer algum tipo de abstração. A realidade se apresenta normalmente em 3D, tem pelo menos 3 dimensões: altura, largura e profundidade. Quando transformamos a cena concreta em desenho, reduzimos as três dimensões a apenas duas. Renunciamos à profundidade para ter uma visão mais abrangente. É assim que funciona basicamente a cartografia antiga e os mapas do Google ou do Waze. Nós fomos treinados a vislumbrar a profundidade mesmo em uma paisagem abstraída para o 2D.

O problema, segundo Flusser, de maneira muito simplificada, é que as imagens que outrora inventamos para facilitar nossa compreensão do mundo foram ficando cada vez mais difíceis, complicadas e herméticas. Foi aí que a humanidade inventou os textos. O texto é outra abstração. Se as imagens são abstrações em formato 2D, os textos são uma dupla abstração, a redução da cena ao 1D da linearidade. Pelo menos no Ocidente o texto é essa forma linear, seguindo uma lógica mais ou menos causal e estendida, de descrever cenas e imagens com palavras, dispostas da esquerda para a direita e de cima para baixo, facilitando ainda mais nossa compreensão da realidade.

De novo outro problema, ainda segundo Flusser, é que a própria escrita dos textos foi ficando cada vez mais elaborada, complexa e intrincada. O que era para ser uma janela foi se tornando também uma parede. De novo foi preciso recorrer novamente às imagens, dessa vez usadas não mais apenas como ilustrações do mundo, mas dos próprios textos. Nessa confusão entre a centralidade das imagens (idolatria) e a centralidade dos textos (textolatria) surgiram o que Flusser chama de tecnoimagens, imagens que não são produzidas da mesma maneira das imagens tradicionais. As *tecnoimagens* são o máximo de abstração, pois são produzidas através de cálculos algorítmicos e prescindem das cenas como fonte de inspiração. Os programas embutidos nas nossas máquinas digitais é que agora decidem sobre como e o que deve ser visto. Nossas opções estão limitadas ao mero toque de botões, o processo todo é gerado no interior das caixas pretas.

LER X VER Não é o momento de aprofundar a complexidade da transformação que o advento das tecnologias digitais traz para a existência humana. Só gostaria de insistir que a polêmica em torno dos clássicos não pode ser dissociada desse contexto de tensões entre texto e imagem. Veja por exemplo o famoso quadro *A ronda noturna*, (1642) de Rembrandt:

Olhando para o quadro de Rembrandt e percorrendo diversas pessoas e objetos, percebemos diferentes áreas iluminadas, outras escurecidas, variadas expressões faciais, diversos objetos (uma arma, um tambor) e animais. Tentamos decifrar o que a imagem quer dizer. Esse quadro de Rembrandt é famoso por ser um dos primeiros a retratar um grupo em movimento. A interpretação oficial declara que se trata de uma tropa de milícia, recurso muito utilizado para a manutenção da ordem naquela época em Amsterdam. Existe uma outra interpretação, defendida no filme *Nightwatching* (2007), do cineasta britânico Peter Greenaway, de que se trata nessa pintura não da celebração cívica de "cidadãos de bem", mas sim da denúncia alegórica dos métodos violentos da milícia, ao arrepio da lei.

▲ *A ronda noturna*, Rembrandt, 1642 (reprodução da internet).

O que eu quero sugerir a partir do quadro de Rembrandt é apenas que nosso olhar não aborda a imagem do mesmo jeito que um texto, ou seja, não é conduzido por uma linearidade causal da esquerda para direita, de cima para baixo. Umas das diferenças entre ver e ler é que ver envolve um ziguezague de focos, um vai e vem da atenção, uma errância entre diversos elementos e, partir daí, uma articulação da pluralidade de percepções. Olhar uma imagem é deixar vaguear a vista na superfície da imagem. Flusser chama esse traçado de *scanning*, que tanto pode seguir a estrutura da imagem, como também impulsos no íntimo do observador. O vaguear tende a estabelecer relações, mas pode voltar sempre ao mesmo elemento, de forma circular. Para olhar a imagem exige-se um gesto que transcende a linearidade; é um movimento muito diferente do ler e, mais acentuadamente, do escrever.

Segundo Flusser, portanto, inventamos as imagens para explicar o mundo. Quando elas ficaram complexas demais, inventamos os textos para explicá-las. Como os textos estão ficando cada vez mais abstratos, precisamos por vezes voltar ao visual. Ler e ver são diferentes, embora ambos permitam, cada um à sua maneira, um acesso mais facilitado ao mundo. Vivemos infelizmente em uma guerra não declarada entre "texto-latria" e "ido-latria". De um lado, há a tendência de reduzir toda forma de ver e olhar ao ato de ler, quando, por exemplo, dizemos que alguém é capaz de "ler" corretamente o momento de um jogo de futebol, "ler" os rostos das pessoas em uma festa ou "ler" a situação política de um país. Em sala de aula trata-se muitas vezes os materiais audiovisuais como se fossem meros textos a serem lidos, como se a única dimensão que importasse neles fosse a mensagem ou a narrativa que comportam. Ao tratar uma história em quadrinhos ou um filme apenas como um texto, destrói-se sua materialidade intrínseca e, com ela, sua potência de gerar intensidades, afetos e acontecimentos.

Por outro lado, vivemos de fato em uma época de supervalorização do visual. O saudável exercício de interpretação de textos é um gesto obsoleto em processo de rápida extinção. Minha única ressalva é que não acredito que "fechar os olhos" diante do excesso de imagens, nem forçar a leitura dos clássicos seja a melhor forma de combater esse cenário. Para mim, faz-se cada vez mais necessária a tarefa de reaprender a ver – uma lacuna terrível dos currículos de nossos estabelecimentos de ensino. Na perspectiva da pedagogia pop, cabe perguntar: não estamos precisando urgentemente de uma espécie de escola do olhar, que nos prepare não apenas para aprender a ver as obras de arte tradicionais, mas também as peças de marketing e os conteúdos digitais das redes sociais?

O FUTURO ESTÁ NAS ESCOLAS DO OLHAR Para mim, um dos nós da questão dos clássicos está nessa cisão entre ler e ver e, consequentemente, na suposta necessidade de uma decisão entre um e outro. O já mencionado diretor Peter Greenaway, em entrevista para o jornal alemão *Die Zeit*, enfatiza a opinião: "A maioria das pessoas são analfabetas visuais. Toda a nossa cultura é extremamente fixada em texto, começa na escola. Todos aprendemos o alfabeto, mas não aprendemos nada sobre imagens. Só porque temos olhos não significa que podemos ver. Isso também precisa ser aprendido. E acho que o melhor jeito de aprender isso é através da arte" (*Zeit Interview*, 29/12/2005).

Embora essa afirmação pareça demasiadamente simplificadora, há nela algo para se prestar atenção, como um desafio para o educador contemporâneo. Talvez precisemos rever a crença de que a leitura é o único ou o melhor modo de acessar e produzir cultura. Temos que rever nossos currículos, pois embora tenhamos muita dificuldade de interpretar textos, ao menos recebemos treinamento para isso nas escolas. Não existe ainda a cultura de treinamento para lidar com os conteúdos imagéticos, que dirá dos conteúdos digitais. Rever a lei do cânone não envolve apenas ampliar os nomes, gêneros e nacionalidades dos autores, ainda que isso consista em tarefa urgente e fundamental. Será preciso também redimensionar o próprio lugar sagrado atribuído aos livros. As novas mídias digitais [YouTube, Instagram, TikTok] têm um grande potencial pedagógico, ainda pouco explorado. A geração de docentes a qual eu mesmo pertenço não foi treinada para essas parcerias, mas acredito que não devemos esperar que alguém nos ensine como fazer, mas sim que nós mesmos comecemos a ocupar essas novas mídias e a procurar inventar outras e melhores conexões.

Assim como é possível fazer parcerias entre literatura e o YouTube, é possível recombinar ler e ver, desde que se atente para as respectivas singularidades de cada uma dessas formas de acesso ao mundo. Encerro essa breve reflexão mais uma vez citando Vilém Flusser no seu famoso ensaio *Filosofia da caixa preta* (1983): "A cultura ocidental se dividiu em três ramos: a imaginação marginalizada pela sociedade, o pensamento conceitual hermético e o pensamento conceitual barato. Uma cultura assim dividida não pode sobreviver, a não ser que seja reunificada" (FLUSSER, 2002, p. 17). Em perspectiva pop pedagógica, fazer parceria entre textos e imagens, entre conceitos e entretenimento, entre ciência e divulgação, entre clássicos e "sem classe", não significa de forma alguma o endosso para a atitude de que "vale tudo" em educação. O que vale é a pluralidade de saberes, mesmo que não saibamos de antemão quais selecionar. Estamos abertos a realizar novas avaliações para além da tradicional divisão entre alta e baixa cultura. E, principalmente, estamos dispostos a continuamente avaliar e reavaliar nossos próprios critérios de avaliação. Não exatamente reunificados, como quer Flusser, mas recombinados, hibridizados e atravessados uns pelos outros, enfim, férteis de futuros.

Rio de Janeiro, primavera de 2022.

DA FILOSOFIA POP À PEDAGOGIA POP:

UM MANIFESTO PELO ENSINO DE ARTES, CIÊNCIAS E FILOSOFIA [2022]

I. A pedagogia pop não é um método, mas um projeto aberto e cooperativo de descolonização dos modos de produção e reprodução do conhecimento no Brasil e no mundo.

II. Pop não é simplesmente abreviação de popular, mas nomeia a estratégia de embaralhamento e enfraquecimento das categorias de "alta" e "baixa" culturas, que ainda norteiam e hierarquizam as práticas pedagógicas vigentes.

III. Toda iniciativa de compartilhamento de saberes é uma ação ética e política: questionar as versões, reconhecer as inversões, propor outras e melhores transversões.

IV. Tudo é remix, tanto na filosofia, nas artes, quanto nas ciências. Abaixo as metafísicas da pureza, da origem e da raíz! Por mais e melhores misturas!

V. Rizomatizar os currículos para deixar as perspectivas africanas, ameríndias, orientais e feministas ocuparem nossas salas de aula.

VI. Reavaliemos constantemente os modos de avaliação. Não precisamos de permissão para delimitar ou expandir o cânone de autores e de temas da tradição.

VII. A cultura de massa é capaz de nos fazer pensar, assim como o mundo erudito pode em alguns casos promover alienação. Depende das relações e conexões que estabelecemos sempre e a cada vez.

VIII. A vida cotidiana não se reduz ao mero senso comum. Circulam tanto saberes práticos como teóricos nas ruas.

IX. Não basta incluir conteúdos rejeitados pela academia, é preciso mudar o modo como se tratam esses temas, abandonando qualquer posição prévia de superioridade técnica, cultural ou intelectual.

X. Nós, professores, deveríamos aprender a compartilhar não apenas nossos saberes, mas também o modo como os conquistamos. Pedagogia pop implica desvelamento dos processos de *making of* dos conhecimentos.

XI. A tarefa paradoxal da pedagogia pop é a de proteger, divulgar e ao mesmo tempo de trair e de profanar as heranças da tradição.

XII. Nossos estabelecimentos de ensino têm sido muito mais lugares de violência e trauma do que de formação de cidadãos éticos.

XIII. O efeito didático do encontro entre professores e educandos, entre filósofos e não filósofos, não pode mais ser unilateral e assimétrico.

XIV. Ao invés de universidades, façamos "transversidades": espaços de transdisciplinaridade e transculturalidade.

XV. Chega de professores-bocas, queremos mais professores-orelhas!

XVI. Pedagogia pop exige a invenção contínua de estratégias que permitam a vinda do outro enquanto outro, para que ele possa chegar no seu modo inesperado, imprevisível e até incômodo.

XVII. Presença não é nada, aula é um gesto coletivo de produzir acontecimentos.

XVIII. Aprender com o riso e não com a dor, pois é possível ser denso e leve ao mesmo tempo.

XIX. Não existe neutralidade na educação, assim como na filosofia, nas artes e nas ciências em geral.

XX. É necessário treinar os corpos dos professores contra o dualismo corpo-mente subjacente às pedagogias tradicionais. Pela inclusão de técnicas de preparação de voz, de atuação e de performance no currículo de formação de professores.

XXI. A filosofia tem que abandonar o projeto de se tornar ciência e voltar a ser amor.

XXII. Novas tecnologias podem servir de janelas ou de biombos para o mundo. As humanidades digitais serão nossos guias nas encruzilhadas do conhecimento no futuro.

XXIII. Pedagogia pop é ver as ciências sob a ótica da filosofia pop e ver a filosofia pop, porém, sob a ótica das artes da performance.

XXIV. A pedagogia pop é uma estratégia para adiar o fim do mundo ao promover mais e melhores parcerias com as artes, as ciências e as sabedorias cotidianas em prol de outras formas de natureza e de cultura.

XXV. Pedagogia pop = tudo -1.

Rio de Janeiro, primavera de 2022.

REFERÊNCIAS BIBLIOGRÁFICAS

ADORNO, T. *Dialética do esclarecimento*. Trad. Guido de Almeida. Rio de Janeiro: Zahar, 2002.

ADORNO, T. *Minima Moralia: reflexões a partir da vida lesada*. Trad. Gabriel Cohn. Rio de Janeiro: Azougue, 2008.

ARAÚJO, F. *Avati Amuni*. Rio de Janeiro: Appris, 2020.

ARENDT, H. *Über die Revolution*. München: Piper Verlag, 1999.

ARENDT, H. "Verdade e política". In: *Entre o passado e o futuro*. Trad. Mauro Barbosa. São Paulo: Perspectiva, 2016.

ARISTÓTELES. *A política*. Trad. Roberto Leal Ferreira. São Paulo: Martins Fontes, 2006.

ARISTÓTELES. *De Anima*. Trad. Maria Cecília Gomes dos Reis. São Paulo: Ed. 34, 2007.

BATAILLE, G.: "Collège de sociologie" (1937). In: *Oeuvres complètes*, v. II. Paris: Gallimard, 1970.

BETTELHEIM, B. "Joey: A 'Mechanical Boy'". In: *Scientific American*, vol. 200, n. 3 (1959), pp. 116-127.

BLUMENBERG, H. *Das Lachen der Thrakerin – Eine Urgeschichte der Theorie*. Frankfurt: Suhrkamp, 1987.

CALVINO, I. *Por que ler os clássicos?*. Trad. Nilson Moulin. São Paulo: Companhia das Letras, 2007.

CANCLINI, N. *Culturas híbridas: estratégias para entrar e sair da Modernidade*. São Paulo: EDUSP, 1997.

CAMUS, A. "Pourquoi je fais du théâtre". In: *Théatre, récits, nouvelles*. Paris: Gallimard, 1985.

CAMUS, A. "L'homme révolté'. In: *Essais*. Paris: Gallimard, 1965.

CAVARERO, A. *In Spite of Plato: A Feminist Rewriting of Ancient Philosophy*. Trad. Serena Anderlini-D'Ambrosio. New York: Taylor & Francis, 1995.

CHAUÍ, M. *Introdução à história da filosofia: dos pré-socráticos a Aristóteles*. São Paulo: Companhia das Letras, 2002.

COULOMBE, M. *Petite philosophie du zombie*. Paris: PUF, 2012.

DELEUZE, G. "Ato de criação", palestra de 1987, trad. José Marcos Macedo, *Folha de S. Paulo*, 27/06/1999.

DELEUZE, G.; PARNET, C. *Dialogues*. Paris: Champs Flammarion, 1977.

DELEUZE, G.; PARNET, C. *Diálogos*. Trad. Eloisa Araújo Ribeiro. São Paulo: Escuta, 1998.

DELEUZE, G. "Entretien à propos des nouveaux philosophes et d'un problème plus général". *Le Monde*, 19-20.06.1977. In: LAPOUJADE, D. (org.). *Deux régimes de fous* (1975-1995). Paris: Éditions de Minuit, 2003.

DELEUZE, G. *Différence et répétition*. Paris: Éditions de Minuit, 1985.

DELEUZE, G. *Logique du sens*. Paris: Éditions de Minuit, 1989.

DELEUZE, G. *Mille plateaux*. Paris: Éditions de Minuit, 1980.

DELEUZE, G.; GUATTARI, F. *Qu'est-ce que la philosophie?*. Paris: Éditions de Minuit, 1991.

DELEUZE, G. *Conversações*. Trad. Peter Pál Pelbart. Rio de Janeiro: Ed. 34, 1996.

DERRIDA, J. *De um tom apocalíptico adoptado há pouco em filosofia*. Trad. Carlos Leone. Lisboa: Passagens, 1997.

DERRIDA, J. "Une certaine possibilité impossible". In: DERRIDA, J.; NOUSS, A.; SOUSSANA, G. *Dire L'événement, est-ce possible? – Séminaire de Montréal, pour Jacques Derrida*. Paris: L'Harmattan, 2001.

ECO, U. *Apocalíticos e integrados*. São Paulo: Perspectiva, 1970.

ESOPO. *Fábulas*. Trad. Pedro Bádenas de la Péna. Barcelona: Gredos, 1985.

FABIÃO, E. "Programa performativo: o corpo-em-experiência". In: *Revista do LUME*, n. 4, Campinas: dez. 2013, disponível em: https://orion.nics.unicamp.br/index.php/lume/article/view/276.

FEITOSA, C. "No-nada: formas brasileiras do niilismo". In: *Flusser Studies*, v. 3, 2006. Disponível em: http://www.flusserstudies.net/pag/03/no-nada.pdf.

FEITOSA, C. "Fronteiras entre as artes da performance e a filosofia". In: *Revista Brasileira de Estudos da Presença*, v. 10, 2020, pp. 1-25. Disponível em: https://seer.ufrgs.br/presenca/article/view/92410.

FEITOSA, C. "Pós-verdade e política". In: *Cult* (edição online). Publicado em 19/07/2017. Disponível em: https://revistacult.uol.com.br/home/pos-verdade-e-politica/.

FEITOSA, C. "Pensar, migrar". In: LINS, D.; PELBART, P. P. (org.): *Bárbaros e civilizados*. Rio de Janeiro: Relume Dumará, 2004, pp. 39-45.

FLUSSER, V. *Fenomenologia do brasileiro*. Rio de Janeiro: EDUERJ, 1998.

FLUSSER, V. *Ficções filosóficas*. São

Paulo: EDUSP, 1998.
FLUSSER, V. *Filosofia da caixa preta*. São Paulo: Hucitec, 1985.
FLUSSER, V. *Komunnikologie*. Frankfurt: Fischer, 1998.
GABRIEL, M.; ZIZEK, S. *Mithology, Madness and Laughter: Subjectivity in German Idealism*. London: Continuum, 2010.
GRIFFITHS, W. "On The Application Of The Diapason To Clinical Auscultation". In: *The Lancet*, vol. 98, Issue 2520, December 16, 1871, p. 848.
GRUNZKE, A. *Educational Institutions in Horror Film – A history of Mad Professors, Student Bodies, and Final Exams*. New York: Palgrave Macmillan, 2015.
HEGEL, G. W. F. "Abscheidung der Philosophie von der Populärphilosophie" [A filosofia despede-se da filosofia popular]. In: *Werke*, v. 20, Frankfurt: 1986.
HEGEL, G. W. F. "Aphorismen aus der Jenenser Zeit". In: HOFFMEISTER, J. (org.). *Dokumente zu Hegels Entwicklung*. Stuttgart: Frommans Verlag, 1936.
HEGEL, G. W. F. *Como o senso comum compreende a filosofia*. Trad. Eloisa Araujo Ribeiro. Rio de Janeiro: Paz e Terra, 1994.
HEGEL, G. W. F. *Cursos de estética*, vol. I-IV. Trad. Marco Aurélio Verde. São Paulo: EDUSP, 2000.
HEGEL, G. W. F. "Über das Wesen der philosophischen Kritik überhaupt" [Sobre a essência da filosofia crítica em geral]. In: *Werke*, v. 2, Frankfurt: 1986.
HEGEL, G. W. F. "Vorlesungen über die Geschichte der Philosophie" [Lições sobre a história da filosofia]. In: *Werke*, v. 18-20, Frankfurt: Surkhamp, 1986a.
HEIDEGGER, M. *Da experiência do pensar*. Trad. Maria do Carmo Tavares de Miranda. Porto Alegre: Globo, 1969.
HEIDEGGER, M. "Que é a metafísica?". Trad. Ernildo Stein. In: *Os pensadores – Sartre e Heidegger*, vol. XLV. São Paulo: Abril, 1982, pp. 223-261.
IONESCO, E. *Le roi se meurt*. Paris: Gallimard, 1963.
JOÃO. "Apocalipse". In: *Bíblia*, v. II. Trad. Frederico Lourenço. São Paulo: Companhia das Letras, 2018.
KAFKA, F. "A construção". In: *Um artista da fome / A construção*. Trad. Modesto Carone. São Paulo: Companhia das Letras, 1998.
KIRBY, A. *Digimodernism: How New Technologies Dismantle the*

Postmodern and Reconfigure Our Culture. New York/London: Continuum, 2009.

KRENAK, A. *Ideias para adiar o fim do mundo*. São Paulo: Companhia das Letras, 2019.

KOPENAWA, D. *A queda do céu: palavras de um xamã Yanomami*. Trad. Beatriz Perrone-Moisés. São Paulo: Companhia das Letras, 2015.

KRISTEVA, J. *Sentido e contra-senso da revolta: poderes e limites da psicanálise*. Trad. Ana Maria Scherer. Rio de Janeiro: Rocco, 2000.

LAÊRTIOS, D. *Vidas e doutrinas dos filósofos ilustres*. Trad. Mário da Gama Kury. Brasília: EdUnB, 1987.

MACHADO, A. M. *Como e por que ler os clássicos universais desde cedo*. Rio de Janeiro: Objetiva, 2002.

MACHADO, R. *Impressões de Michel Foucault*. São Paulo: n-1, 2017.

NICOLESCU, B. *Manifesto da transdisciplinaridade*. Trad. Lúcia Pereira de Souza. São Paulo: Triom, 1999.

NIETZSCHE, F. *Aurora*. São Paulo: Companhia das Letras, 2004.

NIETZSCHE, F. *A gaia ciência*. Trad. Paulo César Lima de Souza. São Paulo: Companhia das Letras, 2012.

NIETZSCHE, F. *Crepúsculo dos ídolos ou como se filosofa com o martelo*. Trad. Paulo César de Souza. São Paulo: Companhia das Letras, 2012.

NIETZSCHE, F. "Die Fröhliche Wissencharft" [A gaia ciência]. In: COLLI, G; MONTINARI, M. (ed.) *Kritische Studien Ausgabe* (KSA), v. 3. München/Berlin/New York: Walter de Gruyter, 1988.

NIETZSCHE, F. *Die Philosophie im tragischen Zeitalter der Griechen* [A filosofia na época trágica dos gregos]. In: *Kritische Studien Ausgabe* (KSA), v. 1. Frankfurt: DTV, 1988.

NIETZSCHE, F. *Escritos sobre educação*. Trad. Noéli Correia de Melo Sobrinho. São Paulo: Loyola, 2003.

NIETZSCHE, F. *Humano, demasiado humano*. Trad. Paulo César De Souza. São Paulo: Companhia das Letras, 2005.

NIETZSCHE, F. "Jenseits von Gut und Böse" [Para além do bem e do mal]. In: COLLI, G; MONTINARI, M. (ed.) *Kritische Studien Ausgabe* (KSA), v. 5. München/Berlin/New York: Walter de Gruyter, 1988.

NIETZSCHE, F. "Menschliches, Allzumenchichess I und II" [Humano, demasiado humano I e II]. In: COLLI, G.; MONTINARI, M. (ed.) *Kritische Studien Ausgabe* (KSA), v. 2. München/Berlin/New York: Walter de Gruyter, 1988.

NIETZSCHE, F. "Nachgelassene Fragmente 1880-1882" [Fragmentos póstumos]. In: COLLI, G.; MONTINARI, M. (ed.) *Kritische Studien Ausgabe* (KSA), v. 9. München/Berlin/New York: Walter de Gruyter, 1988.

NIETZSCHE, F. "Nachgelassene Fragmente 1885-1887" [Fragmentos póstumos], *Kritische Studien Ausgabe* (KSA), v. 12, ed. por G. Colli / M. Montinari, München/Berlin/New York: 1988.

NIETZSCHE, F. *Schopenhauer como educador*. Trad. Clademir Luís Araldi. São Paulo: Martins Fontes, 2020.

NIETZSCHE, F. *Vontade de poder*. Trad. Marcos Sinésio e Francisco de Moraes. Rio de Janeiro: Contraponto, 2011.

PLATÃO. "Teeteto". In: *Diálogos – Teeteto e Crátilo*. Trad. Carlos Alberto Nunes. Belém: UFPA, 1988.

REIS, R. "Cânon". In: JOBIM, J. L. *Palavras da crítica: tendências e conceitos no estudo da literatura*. Rio de Janeiro: Imago, 1992. Disponível em: https://social.stoa.usp.br/articles/0037/3007/C_NON_-_roberto_reis.pdf.

ROSA, G. *Grande Sertão: Veredas*. Rio de Janeiro: Nova Fronteira, 1989.

ROSA, G. *Sagarana*. Rio de Janeiro: José Olympio, 1980.

ROSA, G. *Tutaméia – terceiras estórias*. Rio de Janeiro: José Olympio, 1980.

ROLNIK, S. "Anthropophagie Zombie". In: *Mouvement: l'indiscipline des arts visuels*, n. 36-37, Paris, 2005.

SARTRE, J. P. *O ser e o nada: ensaio de ontologia fenomenológica*. Trad. Paulo Perdigão. Rio de Janeiro: Vozes, 2005.

SCHELLING, F. W. J. *Zur Geschichte der neueren Philosophie*. Desden: Reklam, 1984.

SOBCHAK, V. "New age mutant ninja hackers: reading Mondo 2000". In: DERY, M. (ed.). *Flame Wars: The Discourse of Cyberculture*. Durham: Duke University Press, 1994, pp. 11-28.

SONTAG, S. *A doença como metáfora*. Trad. Marcio Ramalho. Rio de Janeiro: Graal, 1984.

TIBURI, M. *O olho de vidro*. Rio de Janeiro: Record, 2011.

TUCHOLSKI, K. "Sobre a psicologia sociológica dos buracos". Trad. Eliana Stein. In: STEIN, E. "Silêncio, alteridade e reticências: da literatura de Kurt Tucholsky". Dissertação de Mestrado em Literatura, UFSC, Florianópolis, 2018, pp. 113-115. Disponível em: https://repositorio.ufsc.br/bitstream/handle/123456789/191466/PLIT0740-D.pdf?sequence=-1&isAllowed=y.

TSÉ, L. *Tao Te King*. Trad. Humberto Rohden. São Paulo: Alvorada, 1990.

TORRES, N. M. "A topologia do ser e a geopolítica do conhecimento: modernidade, império e colonialidade". In: *Revista Crítica de Ciências Sociais*, n. 80, 2008. Disponível em: https://dialnet.unirioja.es/servlet/articulo?codigo=2763900.

XAVIER, I. "Ser, não-ser e vir-a-ser da interdisciplinaridade". Rio de Janeiro: Colégio Pedro II, 1997 (mimeo).

WESTRUP, R. "Students as Zombies: How Can we Awaken the Undead?". In: CARRINGTON, V.; ROSWELL, J.; PRIYADHARSHINI, E.; WESTRUP, R. *Generation Z – Zombies, Popular Culture and Educating Youth*. Manhattan: Springer, 2016.

WHITEHEAD, A. N. *Process and Reality*. New York: Free Press, 1978.

Coordenação editorial Renato Rezende
Revisão Ingrid Vieira
Design gráfico Julia Pinto

Dados Internacionais de Catalogação na Publicação (CIP)
Catalogação elaborada por Janaina Ramos – CRB 8/9166

F311 Feitosa, Charles
Transversões: ensaios de filosofia & pedagogia pop / Charles Feitosa. – Rio de Janeiro: Circuito, 2022.
288 p., fotos.; 14 x 21 cm
ISBN 978-65-86974-60-7

1. Filosofia. I. Feitosa, Charles. II. Título.
CDD 100

Índice para catálogo sistemático
I. Filosofia

[2022]

EDITORA CIRCUITO
Rua Buarque de Macedo 15, ap 402
Flamengo, 22220-030
Rio de Janeiro – RJ
editoracircuito.com.br
/editoracircuito

Tipografias Arial, Comic Sans, Heuristica e Impact